Historia de Estados Unidos

Un apasionante recorrido por los principales acontecimientos que dieron forma a los Estados Unidos de América

© Copyright 2023

Todos los derechos reservados. Ninguna parte de este libro puede ser reproducida de ninguna forma sin el permiso escrito del autor. Los revisores pueden citar breves pasajes en las reseñas.

Descargo de responsabilidad: Ninguna parte de esta publicación puede ser reproducida o transmitida de ninguna forma o por ningún medio, mecánico o electrónico, incluyendo fotocopias o grabaciones, o por ningún sistema de almacenamiento y recuperación de información, o transmitida por correo electrónico sin permiso escrito del editor.

Si bien se ha hecho todo lo posible por verificar la información proporcionada en esta publicación, ni el autor ni el editor asumen responsabilidad alguna por los errores, omisiones o interpretaciones contrarias al tema aquí tratado.

Este libro es solo para fines de entretenimiento. Las opiniones expresadas son únicamente las del autor y no deben tomarse como instrucciones u órdenes de expertos. El lector es responsable de sus propias acciones.

La adhesión a todas las leyes y regulaciones aplicables, incluyendo las leyes internacionales, federales, estatales y locales que rigen la concesión de licencias profesionales, las prácticas comerciales, la publicidad y todos los demás aspectos de la realización de negocios en los EE. UU., Canadá, Reino Unido o cualquier otra jurisdicción es responsabilidad exclusiva del comprador o del lector.

Ni el autor ni el editor asumen responsabilidad alguna en nombre del comprador o lector de estos materiales. Cualquier desaire percibido de cualquier individuo u organización es puramente involuntario.

Índice

INTRODUCCIÓN 1
PRIMERA PARTE: LA COLONIZACIÓN DE NORTEAMÉRICA (1492-1776) ... 2
   CAPÍTULO 1: EXPLORACIÓN Y PRIMEROS ASENTAMIENTOS 3
   CAPÍTULO 2: LAS TRECE COLONIAS 10
   CAPÍTULO 3: LA GUERRA FRANCO-INDIA 14
   CAPÍTULO 4: CAUSAS DE LA REVOLUCIÓN 18
SEGUNDA PARTE: NACE ESTADOS UNIDOS (1776-1861) 23
   CAPÍTULO 5: LA REVOLUCIÓN ESTADOUNIDENSE 24
   CAPÍTULO 6: LA CONSTITUCIÓN Y LA CARTA DE DERECHOS 34
   CAPÍTULO 7: LA COMPRA DE LUISIANA Y LA GUERRA DE 1812 42
   CAPÍTULO 8: EXPANSIÓN EN EL OESTE Y EL SUR 49
   CAPÍTULO 9: LA GUERRA MEXICANO-ESTADOUNIDENSE, EL TRATADO DE OREGÓN Y LA FIEBRE DEL ORO 58
TERCERA PARTE: LA GUERRA DE SECESIÓN Y LA RECONSTRUCCIÓN (1861-1877) 67
   CAPÍTULO 10: ¿QUÉ CAUSÓ LA GUERRA DE SECESIÓN? 68
   CAPÍTULO 11: BATALLAS Y CAMPAÑAS CLAVE DE LA GUERRA DE SECESIÓN 72
   CAPÍTULO 12: ESCLAVITUD, EMANCIPACIÓN Y SECUELAS 85
   CAPÍTULO 13: LA RECONSTRUCCIÓN (1865-1877) 90
CUARTA PARTE: DE LA RECONSTRUCCIÓN A LA PRIMERA GUERRA MUNDIAL (1877-1917) 95
   CAPÍTULO 14: DE LA RECONSTRUCCIÓN A LA EXPANSIÓN 96
   CAPÍTULO 15: LA ERA PROGRESISTA 102

CAPÍTULO 16: EL DESTINO DE LOS NATIVOS AMERICANOS 109
CAPÍTULO 17: CAMBIOS POLÍTICOS Y ECONÓMICOS 118
QUINTA PARTE: PRIMERA GUERRA MUNDIAL, GRAN DEPRESIÓN
Y SEGUNDA GUERRA MUNDIAL (1914-1945) 130
CAPÍTULO 18: LA PRIMERA GUERRA MUNDIAL Y LOS LOCOS
AÑOS 20 131
CAPÍTULO 19: LA GRAN DEPRESIÓN Y EL NEW DEAL 138
CAPÍTULO 20: LA SEGUNDA GUERRA MUNDIAL: ESTADOS
UNIDOS SE CONVIERTE EN SUPERPOTENCIA 144
SEXTA PARTE: COMIENZAN LA GUERRA FRÍA Y LA CARRERA
ESPACIAL (1945-1969) 158
CAPÍTULO 21: LOS AÑOS TRUMAN: COMIENZA LA GUERRA
FRÍA 159
CAPÍTULO 22: LOS AÑOS DE IKE: GOLPES DE ESTADO Y
DERECHOS CIVILES 166
CAPÍTULO 23: LOS KENNEDY Y LOS AÑOS 60: SUEÑA CON UN
MUNDO MEJOR 175
SÉPTIMA PARTE: LA DISTENSIÓN Y EL FIN DE LA GUERRA FRÍA
(1968-1992) 188
CAPÍTULO 24: LOS AÑOS NIXON-FORD: LA DISTENSIÓN Y LOS
CAMBIOS ECONÓMICOS 189
CAPÍTULO 25: JIMMY CARTER: EL FIN DE LA DISTENSIÓN 196
CAPÍTULO 26: REAGAN Y LA REAGANOMÍA 202
CAPÍTULO 27: GEORGE H. W. BUSH: EL FIN DE LA GUERRA FRÍA ... 209
OCTAVA PARTE: DE CLINTON A TRUMP (1992-2021) 216
CAPÍTULO 28: LOS AÑOS CLINTON: LOS RÁPIDOS Y
ESCANDALOSOS AÑOS 90 217
CAPÍTULO 29: LOS AÑOS DE GEORGE W. BUSH: EL 11-S Y LA
GUERRA CONTRA EL TERRORISMO 225
CAPÍTULO 30: BARACK OBAMA: EL PRIMER PRESIDENTE
NEGRO 231
CAPÍTULO 31: DONALD TRUMP: UN PRESIDENTE
CONTROVERTIDO 238
CONCLUSIÓN: DE CARA AL FUTURO 246
VEA MÁS LIBROS ESCRITOS POR ENTHRALLING HISTORY 247
FUENTES 248

Introducción

Estados Unidos es, sin duda, una de las superpotencias mundiales. Ha desempeñado un papel importante en la política internacional y ha sido un ejemplo al que otras naciones han admirado durante muchos años.

Resulta casi imposible imaginar que, hubo un tiempo en que Estados Unidos no era más que un puñado de colonias pobladas por personas que intentaban labrarse una vida de la nada en las desconocidas tierras de Norteamérica. Esta poderosa nación fue colonizada por los europeos y tiene una larga, complicada, rica y a menudo sangrienta historia que se remonta siglos atrás.

¿Cómo se *convirtió* Estados Unidos en Estados Unidos? ¿Cómo adquirió tanto poder? ¿Y cómo se convirtió en líder del mundo global? Este libro responde a todas esas preguntas y a muchas más.

Para quienes busquen una introducción básica a la historia de Estados Unidos, desde sus primeras raíces coloniales hasta nuestros días, esta guía es el comienzo perfecto. Este libro ofrece una visión completa y sencilla de algunos de los momentos y acontecimientos más cruciales de la historia de Estados Unidos y habla de cómo pasó de ser una colonia a convertirse en una de las naciones más grandes y poderosas del mundo. El tema es enorme, por lo que no será un libro exhaustivo y en profundidad sobre la historia completa de Estados Unidos. Más bien daremos unas pinceladas generales que le permitirán comprender mejor la evolución de la nación a lo largo del tiempo.

Pase la página para conocer Estados Unidos y descubra por sí mismo qué parte de la historia estadounidense le fascina más.

PRIMERA PARTE:
La colonización de Norteamérica (1492-1776)

Capítulo 1: Exploración y primeros asentamientos

Cristóbal Colón

El hombre comúnmente asociado y al que se atribuye el «descubrimiento» de América es Cristóbal Colón. Hoy en día, Estados Unidos sigue celebrando al famoso explorador con un día festivo federal que tiene lugar el segundo lunes de octubre. La fecha pretende celebrar el momento en que Colón llegó a las Américas en 1492.

Sin embargo, como todos sabemos, Colón no descubrió un nuevo país o continente. De hecho, las Américas ya estaban habitadas por nativos americanos desde hacía cientos de años. Eran descendientes de cazadores-recolectores que llegaron al continente hace decenas de miles de años.

A Cristóbal Colón probablemente le habría sorprendido descubrir que ni siquiera fue el primer europeo que desembarcó en América. Mil años antes de su llegada, los vikingos habían llegado a lo que hoy es Canadá.

Pero en 1492, cuando Colón pisó emocionado suelo americano, ni él ni los europeos lo sabían. Su descubrimiento abrió la puerta para que los europeos comenzaran a emigrar en masa a esta nueva tierra.

Cuando Colón zarpó de España, su objetivo era encontrar un atajo hacia las Indias Orientales. Los reyes de España, Fernando e Isabel, accedieron a financiar su viaje y, en 1492, partió con el sueño de encontrar la ruta perfecta de las especias.

Cristóbal Colón
https://en.wikipedia.org/wiki/File:Portrait_of_a_Man,_Said_to_be_Christopher_Columbus.jpg

Acabó en las Bahamas, aunque creía haber encontrado la India. Colón continuó sus exploraciones y encontró Cuba y, finalmente, La Española. Cuando Colón y sus hombres se encontraron con los nativos, surgieron fricciones y problemas. La llegada de Colón sería el inicio del conflicto permanente entre los colonos y los nativos americanos. Los europeos también trajeron consigo una gran cantidad de enfermedades, como la viruela, la gripe y el tifus, por nombrar solo algunas. Estas enfermedades tuvieron un impacto devastador en la población indígena, ya que sucumbían fácilmente a ellas al carecer de inmunidad acumulada.

Entre 1492 y 1504, Colón realizó cuatro viajes a América. Cada viaje dio lugar a nuevos descubrimientos. Y cada descubrimiento condujo inevitablemente a más violencia y derramamiento de sangre.

La llegada de los exploradores fue el principio del fin de la vida tal y como la conocían los nativos americanos. Sometidos a enfermedades foráneas y a una brutalidad y violencia inimaginables a manos de los colonos, fueron tratados como seres inferiores a los humanos. Antes de que los colonos llegaran a Norteamérica, los nativos americanos ya tenían un modo de vida. Tenían comunidades con diversas culturas y etnias.

Cuando los europeos desembarcaron por primera vez en lo que se convertiría en Estados Unidos, su supervivencia en un terreno duro y desconocido dependía en gran medida de la generosidad y la ayuda de los nativos americanos. Sin embargo, esa generosidad a menudo no era recíproca y, a medida que los colonos se familiarizaban con su nueva tierra y se asentaban en ella, se volvían contra los mismos que los habían ayudado. Los nativos americanos fueron expulsados de sus tierras, a menudo por la fuerza y la violencia. Tanto los nativos americanos como los colonos cometieron terribles atrocidades durante este tenso periodo de la historia.

Expediciones españolas

A medida que las noticias de los descubrimientos de Colón se extendían por Europa, se iniciaron rápidamente una serie de expediciones, en las que los reinos clamaban por expandir sus dominios.

Varios años después de la muerte de Colón, el rey Fernando pidió a Juan Ponce de León que buscara más tierras. Finalmente descubrió la actual Florida y un paso a través de los Cayos de Florida hasta el golfo de México.

Los exploradores siguieron viajando al Nuevo Mundo con el paso de los años. Se centraron principalmente en explorar Centroamérica, Sudamérica y el Caribe. Pero el siglo XVI también fue testigo de la afluencia de exploradores españoles que conquistaron partes de Norteamérica y establecieron asentamientos en sus tierras.

Uno de los exploradores más conocidos fue Francisco Vázquez de Coronado. Coronado fue gobernador de Nueva Galicia, una provincia de Nueva España (actual México). También fue conquistador. Coronado había oído hablar de las Siete Ciudades de Oro en el suroeste de Estados Unidos y estaba decidido a encontrarlas.

Reunió una expedición, en la que invirtió grandes cantidades de su propio dinero, y partió en 1540, recorriendo la costa occidental de México. Él y sus hombres acabaron en el suroeste de Estados Unidos. Durante los dos años siguientes exploró el territorio entre México y Kansas. Aunque Coronado fue el primero en encontrar Kansas, no fue el primer español en adentrarse en Estados Unidos, ya que Hernando de Soto llegó hasta Arkansas y fue el primer europeo documentado que cruzó el río Misisipi.

Coronado nunca encontró el tesoro que buscaba, aunque su expedición permitió descubrir el río Colorado y el Gran Cañón. Sin embargo, a todos los efectos, su expedición había sido un fracaso. Cuando regresó a Nueva España, se presentaron cargos contra él por su conducta en la expedición contra los nativos americanos. Finalmente fue absuelto de los cargos y reasumió su cargo de gobernador. Permaneció en Ciudad de México hasta su muerte en 1554.

Con el tiempo, otros países europeos empezaron a poner también la mira hacia Norteamérica.

Jacques Cartier

Cuando Jacques Cartier, el famoso explorador francés, partió de Francia, se esperaba que tuviera un gran éxito en descubrir lo que Colón se había propuesto hacer todos esos años atrás. El rey Francisco I de Francia quería que Cartier encontrara el esquivo paso del Noroeste: la ruta hacia el oeste que conduciría directamente a Asia.

En abril de 1534, Cartier partió con una tripulación de 61 hombres y dos naves, con la intención de descubrir el paso del Noroeste. En lugar de una ruta hacia Asia, tropezó con Norteamérica y exploró la costa del río San Lorenzo. Acabó descubriendo el golfo de San Lorenzo, la costa oeste de Terranova y la isla del Príncipe Eduardo.

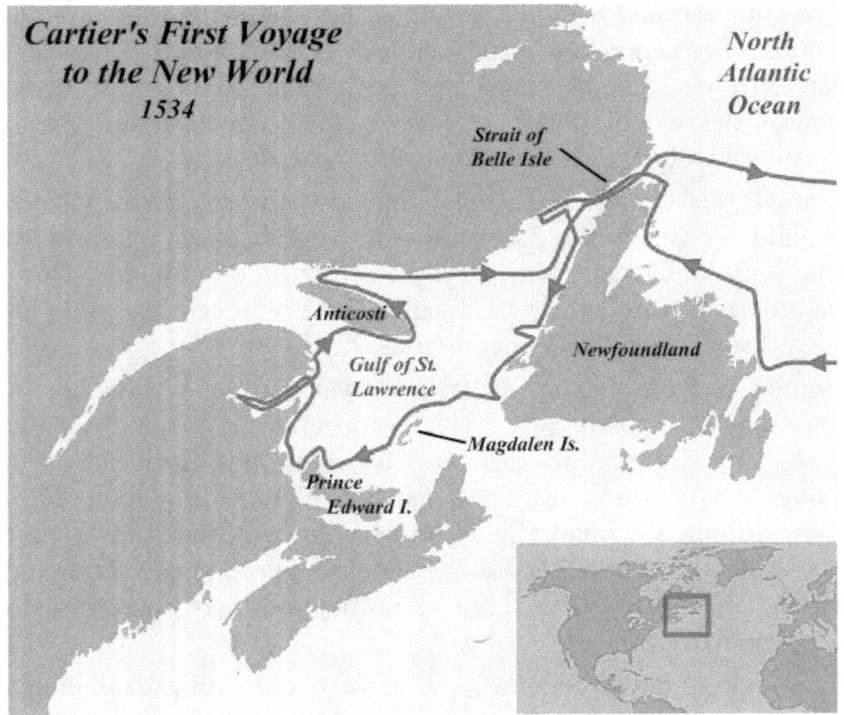

Primer viaje de Cartier

Jon Platek, CC BY-SA 3.0 <https://creativecommons.org/licenses/by-sa/3.0>, vía Wikimedia Commons; https://commons.wikimedia.org/wiki/File:Cartier_First_Voyage_Map_1.png

Cuando Cartier regresó a Francia tras la primera expedición, llevó consigo a dos nativos americanos que había capturado. Para la siguiente expedición de Cartier, el rey Francisco I le dio 110 tripulantes y un barco adicional. Cuando llegaron a Norteamérica, Cartier utilizó a los nativos cautivos como guías para seguir explorando el río San Lorenzo. Las exploraciones los llevaron a Quebec, donde establecieron un campamento base.

Comenzaron a surgir tensiones con los iroqueses. Además, muchos miembros de la tripulación de Cartier enfermaron. Al llegar la primavera, Cartier regresó de nuevo a Francia. Esta vez, regresó con jefes iroqueses que habían sido tomados por la fuerza.

La última expedición de Cartier tuvo lugar en 1541. Esta vez, el rey Francisco pidió a Jean-François de Roberval que dirigiera la expedición. Se le encomendó la construcción de una colonia permanente en las tierras descubiertas por Cartier.

Cartier partió unos meses antes que Roberval. Mientras estaba en Quebec, encontró lo que creía que eran gemas preciosas y oro. Inmediatamente regresó a Francia, solo para descubrir que su tesoro no era tal. Al rey Francisco no debió gustarle su comportamiento, porque no le envió a ninguna otra expedición.

El 1 de septiembre de 1557, Cartier murió, pero dejó tras de sí un enorme legado. Las tierras que reclamó en nombre de Francia pasarían a formar parte del actual Canadá. También es el hombre que dio nombre a Canadá, basado en la palabra hurón-iroquesa *kanata*, que significa pueblo.

Roberval abandonó la idea de establecer una colonia permanente. Los franceses no volverían a fijarse en estas tierras hasta pasados más de cincuenta años.

Exploraciones y asentamientos ingleses

En el siglo XVI, los ingleses ya habían comenzado a expandir su influencia en lugares como África y Asia. Al igual que Francia y España, Inglaterra también deseaba encontrar un atajo hacia Asia, un continente repleto de riquezas y especias.

Henry Hudson

En 1607, el explorador inglés Henry Hudson fue contratado para encontrar una ruta hacia Asia a través del océano Ártico, el llamado paso del Noroeste. Sus dos primeros intentos fueron infructuosos debido al hielo. En su tercer viaje, que tuvo lugar en 1609 y fue patrocinado por los holandeses, optó por seguir una ruta diferente.

Acabó en la costa atlántica y navegó por un río llamado inicialmente río Norte. Más tarde se conocería como río Hudson. El 11 de septiembre, su barco entró en la bahía superior de Nueva York. A finales de septiembre, decidió regresar a Europa. Su misión de encontrar el paso del Noroeste había fracasado.

Se volvió a organizar e intentó otro viaje al año siguiente. Sería su último viaje, pero también uno de los más memorables. El 2 de agosto, él y sus hombres zarparon hacia la bahía de Hudson. Creían haber encontrado por fin el océano Pacífico, pero Hudson acabó dándose cuenta de que no había encontrado el paso del Noroeste. Los meses de invierno fueron duros y la expedición fracasó.

Cuando Hudson y su tripulación regresaron a Inglaterra, las tensiones siguieron aumentando hasta que la tripulación se volvió contra Hudson y su hijo. Ellos, junto con otros hombres aquejados de escorbuto, quedaron a la deriva en la bahía de Hudson con un bote salvavidas y escasas provisiones.

El mundo nunca volvió a saber de ellos.

Los viajes de Hudson sentaron las bases necesarias para establecer colonias holandesas a lo largo del valle del río Hudson. También abrió la puerta a los ingleses para reclamar tierras en Canadá. Al igual que Jacques Cartier, dejó un legado perdurable.

Otros exploradores

Una vez abierta la puerta al Nuevo Mundo, muchos exploradores, como John Cabot, sir Walter Raleigh, Martin Frobisher y John Davis, comenzaron a embarcarse en expediciones propias.

John Cabot fue uno de los primeros exploradores, que zarpó poco después de Colón. Aunque era italiano (su verdadero nombre era Giovanni Caboto), se trasladó a Inglaterra cuando estaba cerca de sus cuarenta años y realizó exploraciones por encargo del rey Enrique VII. Estaba seguro de que había una forma mejor de llegar a Asia.

Cabot llegó a Norteamérica. Los historiadores creen que desembarcó en la zona de Terranova o cabo Bretón. Tras explorar la zona, reclamó la tierra para los ingleses y regresó a Inglaterra, entusiasmado por su descubrimiento.

Su segundo viaje terminó en catástrofe cuando los barcos quedaron atrapados en una tormenta. Se desconoce el destino exacto de Cabot, pero se cree que murió en el mar.

Sir Walter Raleigh fue un explorador inglés posterior. Emprendió su expedición en 1587 (casi cien años después de que Cabot zarpara). Raleigh exploró el territorio desde Florida hasta Carolina del Norte, bautizándolo como Virginia en honor a la reina virgen Isabel I. También partió en busca del legendario El Dorado, pero en su lugar descubrió el tabaco y la papa. Raleigh introdujo estos dos productos en Gran Bretaña.

Aunque Raleigh llevó una vida impresionante llena de aventuras, finalmente fue acusado de traición por el rey Jacobo I y decapitado.

Cada expedición llevó al descubrimiento de otra parte de Norteamérica, que acabó convirtiéndose en el continente que conocemos hoy.

Roanoke - La «colonia perdida»

El primer intento de establecer una colonia propia y permanente en Norteamérica fue la colonia de Roanoke. Situada frente a la costa de la actual Carolina del Norte, esta colonia inglesa fue fundada en 1585 por Raleigh. La colonia fue un fracaso, pero Raleigh volvió a intentarlo unos años más tarde, en 1587.

Un pequeño grupo de 115 colonos llegó a la isla con la intención de crear un puesto de avanzada inglés permanente. Sin embargo, se enfrentaron a muchas dificultades. No tenían suficientes provisiones, las cosechas eran escasas y les costó adaptarse a la tierra.

John White, nombrado gobernador de la colonia, regresó a Inglaterra ese mismo año para aprovisionarse. Dejó en la isla a su mujer, su hija y su nieta (la primera niña inglesa nacida en el Nuevo Mundo).

Cuando White llegó a Inglaterra, el país estaba inmerso en una guerra naval con España. La reina Isabel I declaró que la prioridad era que todos los barcos lucharan contra la Armada española. White no podría regresar a Roanoke hasta agosto de 1590. Cuando lo hizo, descubrió que todo rastro de la colonia había desaparecido. Quedaba una única pista tallada en un poste: la palabra «Croatoan».

Hasta la fecha, nadie sabe qué fue de la colonia ni de sus habitantes. Algunos especulan con que fueron asesinados por una tribu de nativos americanos de una isla llamada Croatoan, mientras que otros creen que, al no regresar John, intentaron navegar de vuelta a Inglaterra y se perdieron en el mar. También es posible que fueran a la isla de Croatoan. Sin embargo, nadie sabe con certeza qué pasó con la «colonia perdida».

Capítulo 2: Las Trece Colonias

Lo que hoy conocemos como Estados Unidos, un enorme país que cuenta con cincuenta estados, comenzó siendo trece colonias británicas agrupadas para formar la América Británica.

A principios del siglo XVII, las colonias empezaron a ser establecidas por la reina Isabel, deseosa de hacer crecer el Imperio británico y de seguir el ritmo de España.

Algunas de estas colonias ya existían desde principios del siglo XVII. Cada una de ellas tenía su propia historia y se fundaron por razones muy diversas, como la superpoblación de Europa, una mayor libertad religiosa o la creación de empresas.

En el siglo XVII, la mayoría de los países europeos competían entre sí por poder y riqueza. La riqueza estaba asociada al comercio, por lo que las compañías comerciales emprendieron una loca carrera para conseguir colonias. La esperanza era que las colonias en América permitieran a Inglaterra establecer puertos comerciales a lo largo de la costa, lo que generaría puestos de trabajo y dinero. Los colonos también esperaban encontrar minerales preciosos, como el oro.

Los peregrinos y los puritanos también intentaron establecerse en el Nuevo Mundo. Unas cien personas zarparon en el *Mayflower* en busca de una nueva vida. Muchos de los que iban a bordo eran peregrinos que querían escapar de la persecución religiosa en Inglaterra y separarse de la Iglesia de Inglaterra.

Este grupo llegó a Plymouth, Massachusetts, en 1620. Establecieron puestos comerciales en Maine y Cabo Cod y obtuvieron la libertad de culto que deseaban. Al igual que los demás colonos, también tuvieron dificultades con los nativos americanos. Sin embargo, mantuvieron una mejor relación con ellos que otros colonos.

Una década más tarde, los puritanos, que no eran separatistas, pero deseaban cambiar las prácticas de la Iglesia de Inglaterra, también emigraron al Nuevo Mundo. Establecieron la colonia de la Bahía de Massachusetts. Los puritanos eran personas piadosas que buscaban beneficios económicos en una nueva tierra. También eran muy cultos y se los conocía por escribir sermones y poesía.

Los puritanos fundaron Harvard en 1636. La universidad se creó inicialmente como una institución congregacionalista destinada a formar ministros. Con el paso de los siglos, evolucionó hasta convertirse en lo que es hoy, una de las universidades más conocidas y respetadas del mundo.

Los puritanos también fundaron una imprenta e hicieron hincapié en la importancia de la educación. Sus creencias e influencia acabaron dando lugar al sistema escolar estadounidense.

Panorama de las colonias

Muchas de las Trece Colonias llevan el nombre de miembros de la realeza británica o de personajes notables (por ejemplo, Pensilvania debe su nombre al padre de William Penn) y suelen dividirse en tres regiones:

- Las colonias medias
    - Delaware
    - Nueva York (esta colonia formaba parte originalmente de una colonia holandesa y se llamaba Nueva Holanda)
    - Nueva Jersey
    - Pensilvania
- Las colonias del sur
    - Maryland
    - Georgia (llamada así por el rey Jorge II)
    - Carolina del Norte
    - Carolina del Sur (ambas llevan el nombre del rey Carlos I)
    - Virginia (lleva el nombre de la reina virgen Isabel I)
- Las colonias de Nueva Inglaterra
    - Bahía de Massachusetts
    - Connecticut
    - Nuevo Hampshire
    - Rhode Island

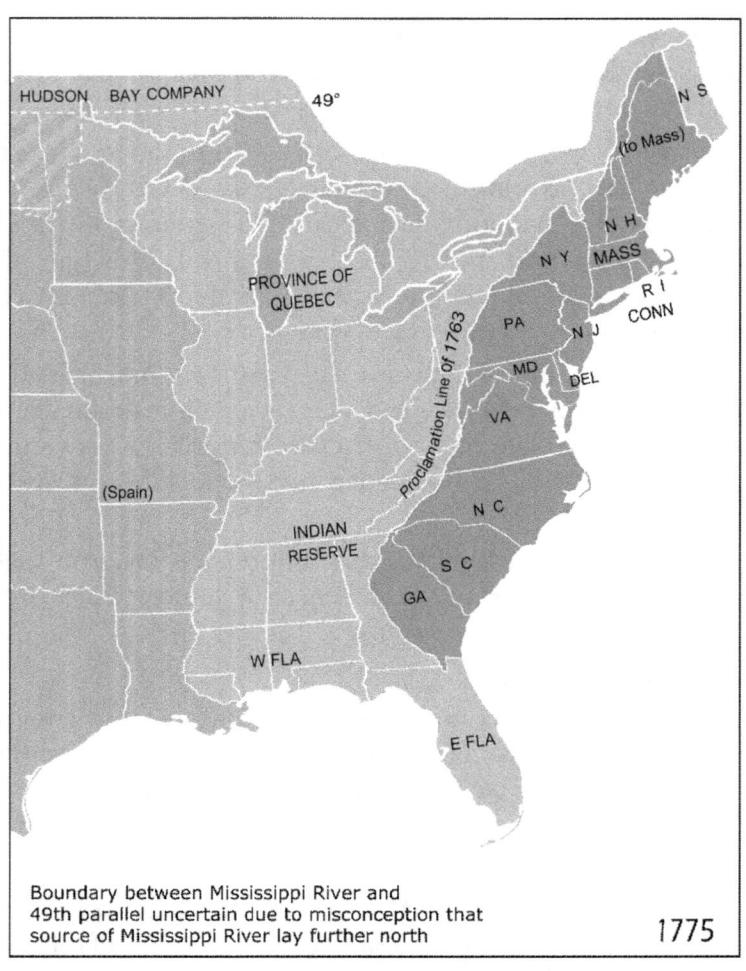

Las Trece Colonias en 1775. Sin embargo, las colonias fluctuaron a lo largo de los años; sus fronteras no siempre estuvieron tan bien establecidas
https://commons.wikimedia.org/wiki/File:Map_of_territorial_growth_1775.svg

La vida en las colonias era extremadamente difícil, y las condiciones eran a menudo muy duras y primitivas, especialmente durante los meses de invierno. Las cosas mejoraron con el paso del tiempo, pero Jamestown, el primer asentamiento inglés permanente en Norteamérica (y el primer asentamiento permanente en lo que sería Estados Unidos), se estableció en lo que sería Virginia en 1607. La colonia tuvo unos comienzos muy duros. El invierno de 1609/10 se llamó la Época del Hambre. Había quinientas personas en la colonia al comienzo del invierno; al final, solo había 61. Los colonos tuvieron que recurrir al canibalismo para mantenerse con vida.

Los colonos tardaron casi una década en empezar a ir bien en Jamestown, lo que se debió sobre todo al cultivo y comercio del tabaco. A medida que las plantaciones de tabaco se extendían y empezaban a prosperar, los colonos empezaron a importar esclavos para trabajar la tierra. Los primeros esclavos africanos llegaron en 1619.

Nueva York ya era un crisol de razas en el siglo XVII. Originalmente llamada Nueva Holanda, fue establecida por los holandeses en 1614. Holandeses e ingleses se habían enzarzado en varias guerras y disfrutaban de una tregua cuando el rey Carlos II cedió la colonia al duque de York, su hermano.

El duque de York envió al coronel Richard Nicolls para que fuera a América y se apoderara de la colonia. Armado con barcos de guerra y soldados, Nicolls hizo lo que se le pedía y entró en Nueva Ámsterdam (actual Nueva York) en la primavera de 1664 para exigir la rendición de la colonia. Peter Stuyvesant, el gobernador holandés, se rindió a los ingleses, incapaz de conseguir el apoyo de la población por la aversión que sentían hacia él.

La mayor parte de la población ya asentada, incluidos alemanes, escandinavos y belgas, permaneció allí. La población fue absorbida rápidamente por los ingleses y el nombre de la colonia se cambió por el de Nueva York. Desde sus inicios, Nueva York fue una de las colonias más diversas, y acabó convirtiéndose en una de las ciudades más multiculturales del mundo.

Las colonias de Norteamérica formaron parte del Imperio británico durante casi 170 años. Con el tiempo, sin embargo, los padres fundadores lograron la separación del Imperio británico. Las Trece Colonias se convirtieron en una nueva nación llamada Estados Unidos de América.

Capítulo 3: La guerra franco-india

La guerra franco-india (1754-1763)

La continua lucha y tensión entre Francia y Gran Bretaña acabó desembocando en otra guerra en 1754. La guerra franco-india se considera el teatro norteamericano de la guerra de los Siete Años, que comenzó más tarde, en 1756.

¿Cuál fue la causa de la guerra? Cuando Francia expandió su territorio hacia el valle del río Oho en Norteamérica a principios de la década de 1750, entró en conflicto con parte del territorio reclamado por los británicos. También hubo disputas por las vías fluviales, el comercio y diferencias religiosas. En 1754, el gobernador real de Virginia envió un grupo de hombres del Regimiento de Virginia para asegurar los fuertes de Ohio.

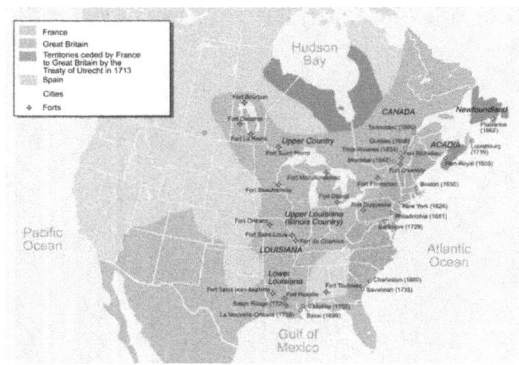

Colonias europeas en Norteamérica en 1750
Pinpin, CC BY-SA 3.0 <https://creativecommons.org/licenses/by-sa/3.0>, vía Wikimedia Commons; https://commons.wikimedia.org/wiki/File:Nouvelle-France_map-en.svg

Cuando los virginianos llegaron, descubrieron que los franceses ya habían empezado a construir Fort Duquesne en lo que hoy es Pittsburgh, Pensilvania. George Washington, de 21 años, encabezó la expedición virginiana a la zona y decidió pasar a la ofensiva. Las cosas se complicaron a partir de ahí y desembocaron en la batalla de Jumonville Glen.

También conocida como el asunto Jumonville, esta batalla fue el inicio oficial de la guerra franco-india. También fue significativa por tratarse del conflicto armado de Washington.

Antes de que estallara la batalla, Washington había llegado a Great Meadows en mayo; estaba aproximadamente a siete millas (once kilómetros) de donde los franceses habían establecido su campamento. Temeroso de un ataque inminente, Washington asestó el primer golpe dirigiendo a un grupo de soldados hacia el escondite de los franceses.

Los franceses, que estaban dirigidos por Joseph Coulon de Villiers de Jumonville, fueron diezmados. Sin embargo, resulta que los franceses no buscaban una acción militar, sino que llevaban un mensaje a Washington para que evacuara la zona.

Jumonville murió, al igual que la mayoría de sus hombres. No está claro qué ocurrió exactamente en la batalla. Según la mayoría de los relatos, los nativos americanos que ayudaban a Washington mataron y arrancaron la cabellera a Jumonville. Este inesperado ataque abrió las compuertas para que otros nativos hicieran lo mismo, y en poco tiempo, arrancaron las cabelleras a nueve soldados franceses antes de que Washington pudiera hacer nada.

Un soldado consiguió escapar y contó lo sucedido cuando regresó al fuerte. Los franceses, indignados, declararon a Washington criminal de guerra, lo que condujo a la batalla de Fort Necessity. Esa batalla en particular terminó con la rendición de Washington; fue la única vez que lo haría en su carrera.

Papel de los nativos americanos en la guerra

Muchas tribus de nativos americanos se involucraron en la guerra, pero no todas eligieron el mismo bando. Las tribus Shawnee, Seneca, Kikapú, Sandusky y Wea se aliaron con los franceses. En el bando británico-americano estaban los mohawk, los montauk, los cheroquis, los cayuga, los seneca, los chickasaw, los creek, los onondaga y los tuscarora.

Los nativos americanos que se aliaron con los franceses lo hicieron porque estaban cansados del control que Gran Bretaña ejercía sobre sus tierras y de lo mucho que los colonos ya les habían arrebatado. Cada vez eran más expulsados, y esperaban que, si los franceses derrotaban a los británicos, esto acabaría.

Las tribus nativas americanas que se aliaron con Gran Bretaña lo hicieron por la misma razón. Esperaban que, apoyando a los británicos, podrían impedir que los colonos siguieran invadiendo sus tierras. La prioridad de los nativos era mantener sus tierras tribales a salvo y en sus manos.

Dos años después del inicio de la guerra franco-india, estalló la guerra en Europa entre Francia e Inglaterra, desencadenando el comienzo de la guerra de los Siete Años.

Los franceses se vieron superados en número por los británicos, que contaban con más de dos millones de colonos en las colonias al comienzo de la guerra. Los franceses solo contaban con unos 60.000 colonos. Esto hizo que los franceses dependieran especialmente de los nativos, que unieron sus fuerzas a las suyas.

Mientras muchos en Europa veían América como otro escenario del conflicto, para los colonos norteamericanos se convirtió en su propia guerra que nada tenía que ver con Europa.

La guerra en Europa se prolongó durante siete años. La guerra franco-india y la guerra de los Siete Años llegaron formalmente a su fin tras la firma del Tratado de París en febrero de 1763. En virtud del tratado, se produjeron una serie de intercambios. Francia cedió a Gran Bretaña sus territorios al este del río Misisipi. España entregó Florida a los británicos. Se permitió a Francia conservar algunas islas canadienses, mientras que España les arrebató Luisiana.

Incluso después de finalizada la guerra, continuaron las disputas territoriales, especialmente entre los nativos americanos, que querían recuperar parte de sus tierras.

Impacto de la guerra en las colonias

La guerra franco-india se convertiría en uno de los catalizadores de la Revolución estadounidense. Los colonos norteamericanos estaban descontentos porque se les hacía cargar con los costos de la guerra, especialmente cuando no tenían representación real en el Parlamento británico. Esto creó una profunda división entre las colonias y el imperio de Gran Bretaña. Sin embargo, la guerra también había drenado a Gran Bretaña de dinero y recursos, que esperaba recuperar de las colonias.

Inmediatamente después de la guerra, los colonos se sintieron unidos, decididos y victoriosos. Habían luchado en una guerra importante y habían salido vencedores. Sin embargo, el sentimiento de euforia duró poco, ya que Gran Bretaña empezó a presionarlos. De repente, los colonos se sintieron resentidos y se cuestionaron cuál era su propósito y por qué hacían lo que hacían.

Estos sentimientos de descontento acabarían estallando en una revolución.

Capítulo 4: Causas de la Revolución

La Revolución estadounidense no se produjo de la noche a la mañana.

Las tensiones entre las Trece Colonias y el Imperio británico hirvieron a fuego lento durante muchos años antes de que estallaran conflictos violentos. La vida en las colonias distaba mucho de ser ideal y a menudo podía ser dura y difícil. Pero los colonos habían conseguido que las cosas funcionaran. Prosperaron y, con el paso del tiempo y debido a ciertos factores, simplemente se hartaron de los británicos.

Aunque la guerra franco-india no causó directamente la guerra Revolucionaria estadounidense, sus consecuencias desencadenaron una cadena de acontecimientos que culminaron en el estallido de la revolución. El conflicto mundial había terminado con una victoria británica. Los británicos aseguraron su autoridad a lo largo de la costa atlántica y pusieron nuevos territorios bajo el control de la Corona. Sin embargo, tendría un alto costo, ya que sería el principio del fin del control británico sobre la región.

Para recuperar los gastos incurridos durante la guerra y las muchas otras guerras libradas en Europa, la Corona decidió imponer impuestos a las colonias. Menos de dos años después del fin de la guerra, la Corona aprobó la Ley del Timbre. Los colonos tenían que pagar impuestos por los papeles sellados, que incluían documentos legales, periódicos e incluso naipes. Los colonos lucharon contra esta ley, que fue derogada en 1766. Sin embargo, no sería la última ley en aplicarse.

Y cada novedad servía para aumentar las continuas tensiones entre la Corona y las colonias, llegando a un punto crítico en 1776.

Algunos de los acontecimientos y causas más significativos de la revolución son los siguientes:

- Las colonias se oponían a que los británicos intentaran ejercer control sobre ellas. Consideraban que atentaban contra sus derechos y su libertad.
- No les gustaban los impuestos que Gran Bretaña les imponía para pagar su defensa durante la guerra franco-india.

Los impuestos se aumentaron de forma constante a través de una serie de leyes durante un período de ocho años. La Ley del Timbre de 1765, las Leyes Townshend de 1767 y la Ley del Té de 1773.

Los colonos se opusieron ferozmente a estos impuestos crecientes, especialmente porque no tenían representación en el Parlamento británico. Los colonos se oponían a que los británicos intentaran ejercer un mayor control sobre ellos, ya que antes habían disfrutado de mucha libertad y derechos. También estaban resentidos con los británicos en la madre patria, ya que intentaron hacer pagar a los colonos la guerra franco-india cuando habían sido los colonos los que habían luchado en el frente.

La Masacre de Boston

Las tensiones siguieron aumentando y, en 1770, la resistencia de los colonos desembocó en violencia. Un pequeño grupo de soldados británicos protegía la aduana. Los colonos acudieron a burlarse de ellos, pero la situación se agravó y se lanzaron piedras contra los soldados. Un soldado disparó, y algunos de los otros soldados lo siguieron, a pesar de que no se había dado ninguna orden directa. Al final murieron cinco hombres. Este suceso se conocería como la Masacre de Boston. La mala relación entre la Corona y las colonias estaba ahora a la vista.

A medida que la relación entre Gran Bretaña y sus colonias seguía deteriorándose, los colonos se sentían cada vez más frustrados. Cuando se aprobó la Ley del Té de 1773, los bostonianos estaban lo bastante hartos como para encontrar una forma de dar a conocer sus frustraciones.

El 16 de diciembre de 1773, en el muelle de Griffin, los bostonianos se apoderaron de 342 cofres de té que acababan de llegar de la Compañía Británica de las Indias Orientales y lo vertieron en el puerto de Boston (en dinero de hoy, eso equivale a casi dos millones de dólares). El Motín del Té de Boston, como se conocería, llevó al Parlamento a aprobar leyes adicionales en las colonias, llamadas Leyes Coercitivas o Leyes Intolerables, que se aprobaron en 1774.

Motín del Té de Boston
https://commons.wikimedia.org/wiki/File:Destruction_of_tea_at_Boston_Harbor_LCCN91795889.jpg

El Motín del Té de Boston llevó al Parlamento británico a aprobar cuatro nuevas leyes denominadas Leyes Coercitivas (en las colonias se las denominó Leyes Intolerables). Eran las siguientes

- La Ley del Puerto de Boston: Esta ley fue aprobada en marzo de 1774 y permitió a la Marina Real Británica bloquear y cortar el tráfico comercial del puerto de Boston. En virtud de esta ley, se prohibieron las importaciones y exportaciones desde puertos internacionales. Las únicas provisiones permitidas eran las utilizadas por el ejército británico y las de primera necesidad. El bloqueo se levantaría una vez que Boston pagara la restitución a la Compañía Británica de las Indias Orientales por el té destruido.
- La Ley del Gobierno de Massachusetts: Bajo esta ley, que fue aprobada en mayo de 1774, el gobierno de Massachusetts fue reestructurado con personas nombradas por el Imperio británico. Estas personas recibieron más poder y autoridad. Esta

ley privó a los colonos de sus derechos democráticos y les impidió participar en los asuntos políticos al no permitirles votar a sus representantes. Las reuniones municipales también se limitaron a una vez al año.

- La Ley de Administración de Justicia: Esta ley también es conocida como la Ley de Asesinato y fue aprobada el mismo día que la Ley de Gobierno de Massachusetts. La ley otorgaba al gobernador más poder para intervenir cuando un oficial británico era acusado de un delito capital. Permitía trasladar el juicio a otra colonia o a Inglaterra para que el delincuente pudiera tener un «juicio justo». Sin embargo, los colonos interpretaron esto como una forma de que los oficiales británicos se libraran de crímenes, incluido el asesinato.

- La Ley de Acuartelamiento: Esta fue la última Ley Intolerable y se aprobó en junio de 1774. En virtud de esta ley, los oficiales de alto rango del ejército podían exigir mejores alojamientos para sus tropas. También les permitía rechazar los alojamientos que considerasen inconvenientes o inaceptables. Para colmo de males, los colonos tendrían que pagar por estos alojamientos.

Las Leyes Coercitivas se aplicaron para recuperar el control y la autoridad sobre las colonias rebeldes. Los británicos pretendían castigar a los bostonianos rebeldes y someter a las demás colonias. Pero las leyes no sirvieron de nada. Los colonos se opusieron y decidieron abordar sus preocupaciones directamente con la Corona. Crearon una delegación para discutir qué hacer a continuación. En septiembre de 1774 se reunió en Filadelfia el Primer Congreso Continental, formado por George Washington, Patrick Henry, John Jay, John Adams y Samuel Adams, entre muchos otros.

Sus demandas eran sencillas: Mantenían el deseo de una representación justa (un grito popular era «No a los impuestos sin representación») y pretendían boicotear a los dioses británicos, golpeando a los británicos en sus bolsillos. Querían que los británicos les pidieran su consentimiento antes de establecer soldados británicos en las colonias, por lo que enviaron una carta al Parlamento británico pidiendo la anulación de las leyes.

Antes de levantar la sesión, los hombres planearon reunirse de nuevo en mayo de 1775. Pero para entonces, el conflicto se había vuelto violento. Solo un mes antes habían tenido lugar las batallas de Lexington y

Concord, que dieron inicio a la Revolución estadounidense.

Las principales causas de conflicto para los colonos eran la falta de representación en el gobierno británico y los elevados impuestos. La lista de agravios era larga, pero estaban enfadados porque sus necesidades y deseos no eran atendidos o representados por el gobierno de Gran Bretaña. Tenían que pagar impuestos a un gobierno que no parecía preocuparse ni tener interés en representarlos. Gran Bretaña no permitía a los colonos comerciar con otros países. Los colonos dependían completamente de la Corona para todas sus importaciones. También se prohibió a los colonos expandirse más allá del río Misisipi.

Con una lista tan larga de quejas, la posibilidad de un conflicto armado era alta. Y finalmente, colonos y británicos se hartaron de las mezquinas disputas y se dispusieron a resolver el problema mediante la guerra.

SEGUNDA PARTE:
Nace Estados Unidos (1776-1861)

Capítulo 5: La Revolución estadounidense

A medida que aumentaban las tensiones entre Gran Bretaña y las colonias de Norteamérica, comenzaron a producirse pequeñas escaramuzas y conflictos que acabaron desencadenando la guerra Revolucionaria estadounidense.

Las batallas de Lexington y Concord

Las batallas de Lexington y Concord en Massachusetts, donde se efectuaron los primeros disparos, marcarían oficialmente el inicio de la Revolución estadounidense el 19 de abril de 1775.

Las tensiones entre los colonos y el Imperio británico habían estado latentes durante muchos años y se agravaron aún más tras el final de la guerra de los Siete Años. Las relaciones llegaron a un punto de ruptura después de que los británicos establecieran una serie de actos y el Parlamento británico declarara que Massachusetts se estaba rebelando abiertamente contra él.

El escenario estaba preparado para que estallara la guerra en cualquier momento. Y ese momento llegó el 18 de abril de 1775, cuando un médico llamado Joseph Warren, que también era miembro de los Hijos de la Libertad, se enteró de que las tropas casacas rojas marcharían hacia Concord esa misma noche. Envió a dos hombres, Paul Revere y William Dawes, para informar a los residentes.

Revere fue a Charlestown, un barrio de Boston donde los patriotas estaban al acecho de las tropas británicas. Colgó dos faroles en la Iglesia del Norte, situada en Boston, para señalar que los británicos se acercaban por tierra y por mar.

Mientras tanto, Dawes se dirigió por otra ruta a Lexington, que se encontraba a pocos kilómetros de Concord. Revere también viajó a Lexington, adelantándose allí a Dawes por estar más cerca. A los dos se les unió Samuel Prescott, un médico.

Consiguieron avisar a la gente, pero las autoridades británicas también fueron alertadas. Revere fue capturado. Dawes y Prescott escaparon, pero solo Prescott terminó el viaje.

Al día siguiente, el 19 de abril, unos setecientos soldados británicos llegaron a Lexington para encontrarse con un arsenal patriota. Setenta y siete milicianos esperaban para detener a los británicos. Los milicianos estaban en proceso de retirada cuando alguien disparó, lo que provocó otros disparos. Cuando terminó el tiroteo, ocho milicianos habían muerto y otros nueve estaban heridos. Solo un casaca roja resultó herido.

Los británicos continuaron su marcha hacia Concord para apoderarse de armas, pero se sorprendieron al descubrir que la mayoría de las armas ya habían sido enviadas a otro lugar. Furiosos, quemaron todo lo que encontraron.

Temiendo que quemaran toda la ciudad, los milicianos avanzaron hacia el puente norte de Concord, donde un grupo de soldados británicos lo defendía. Los británicos dispararon y los milicianos respondieron.

Pronto, casi dos mil milicianos llegaron a la zona, listos para la batalla. Lucharon duro y con determinación, y los británicos acabaron retirándose. En Lexington, un nuevo grupo de casacas rojas había llegado para apoyar a sus tropas, pero los colonos mantuvieron sus ataques. Esa misma noche llegaron más refuerzos para los milicianos.

A pesar de que los colonos lucharon de forma desorganizada y dispararon arbitrariamente, errando a menudo su blanco, fue sin embargo una victoria vertiginosa. Habían conseguido plantar cara al poderoso ejército británico. La Revolución estadounidense había comenzado oficialmente.

Cuando el Segundo Congreso Continental volvió a reunirse como estaba previsto un mes más tarde, la delegación contaba con dos nuevos miembros notables: Thomas Jefferson y Benjamin Franklin.

El Primer Congreso Continental no había planeado crear una revolución cuando decidió reunirse de nuevo en un año, pero las cosas habían cambiado. El Segundo Congreso Continental acordó crear un

Ejército Continental, que sería dirigido por George Washington.

Aliados británicos

Gran Bretaña intentó formar alianzas con los esclavos de las colonias. Entre 1700 y 1775, la población de las colonias había aumentado de 250.000 a 2,5 millones de personas. Una cuarta parte de esta población (una de cada cuatro personas) eran esclavos. En noviembre de 1775, lord Dunmore, gobernador de Virginia, proclamó que se concedería la libertad a los esclavos de los colonos rebeldes que habían luchado junto a los británicos. La idea de la libertad era demasiado buena para dejarla pasar. A lo largo de la Revolución estadounidense, decenas de miles de africanos lucharon en el bando británico. Alrededor de cinco mil lucharon en el bando de los colonos.

Muchas tribus nativas americanas trataron de mantenerse neutrales al principio, pero la mayoría de las tribus acabaron poniéndose del lado de los británicos, sobre todo cuando sufrieron constantes ataques de la milicia estadounidense. Se les prometieron grandes cosas a cambio de los servicios prestados, cosas que nunca llegaron a materializarse.

Aliados coloniales

Sorprendentemente, los colonos tenían muchos aliados. Los franceses, los españoles y los holandeses acabaron ayudándolos a luchar contra los británicos. Personajes históricos muy conocidos, como el oficial prusiano Federico Guillermo, el soldado polaco Kazimierz Pulaski y otros hombres notables ayudaron en la Revolución estadounidense.

Quizá el personaje más conocido fue el marqués de Lafayette, un aristócrata francés que luchó con los colonos durante la Revolución estadounidense. Posteriormente desempeñó un papel crucial en la Revolución francesa y en la Revolución de Julio de 1830.

Nacido en el seno de una familia noble, Lafayette llegó a ser cortesano en la corte del rey Luis XVI, pero lo que realmente anhelaba era ser soldado. Así que viajó a las colonias por su cuenta a los diecinueve años y se convirtió en general de división del Ejército Continental.

No tenía experiencia militar ni en batallas, así que Washington lo acogió bajo sus alas, y ambos se hicieron íntimos amigos. Bajo la dirección de Washington, Lafayette se convirtió rápidamente en un hombre de gran habilidad. También tenía grandes conexiones con la corte francesa.

Lafayette llegó a tener su propia división y sirvió al Ejército Continental. En 1779, regresó a Francia y convenció al rey de que enviara más suministros, recursos y tropas a las colonias para ayudar a los estadounidenses, cosa que hizo. Lafayette regresó a Estados Unidos en 1780.

A su regreso a Francia en 1782, Lafayette fue nombrado general de brigada, y su ejemplar actuación le valió la ciudadanía honoraria estadounidense.

George Washington
https://commons.wikimedia.org/wiki/File:Gilbert_Stuart_Williamstown_Portrait_of_George_Washington.jpg

El otoño y el invierno de 1775 fueron duros para las fuerzas de Washington, pero la toma del Fuerte Ticonderoga ayudó a cambiar las tornas a su favor, y los soldados británicos abandonaron la ciudad y encontraron refugio en Canadá.

La Revolución estadounidense duró ocho años y está salpicada de docenas de batallas y conflictos, grandes y pequeños. No tenemos espacio para examinarlos todos, así que nos ceñiremos a algunas de las batallas más decisivas que influyeron en la guerra.

La toma de Fuerte Ticonderoga - 10 de mayo de 1775

El Fuerte Ticonderoga estaba situado en el lago Champlain, en Nueva York, una ubicación ideal. Tenía acceso al valle del río Hudson y a Canadá, lo que lo convertía en un objetivo deseable.

A primera hora de la mañana del 10 de mayo de 1775, el fuerte británico fue atacado. La ofensiva sorpresa fue llevada a cabo por el general Benedict Arnold, que había unido sus fuerzas a las de Ethan Allen y los Green Mountain Boys de Vermont.

El ataque conmocionó a los soldados británicos, completamente desprevenidos, ya que fue la primera ofensiva estadounidense de la guerra. Aunque no llegó a convertirse en un conflicto a gran escala, fue una victoria significativa para los estadounidenses. Capturaron el fuerte y se llevaron todas las armas y artillería británicas.

Fue un gran momento para el general Benedict y Ethan Allen, que se consideraban héroes en los primeros días de la guerra. Arnold traicionaría a los patriotas. Desertó a los británicos en 1780 y planeaba entregarles un fuerte, pero el complot fue descubierto a tiempo. Allen fue capturado por los británicos en 1775 tras fracasar en su intento de tomar Montreal; fue liberado unos tres años después.

Benedict Arnold
https://commons.wikimedia.org/wiki/File:Benedict_Arnold_1color.jpg

Batalla de Bunker Hill - 17 de junio de 1775

Breed's Hill, a menos de una milla de Bunker Hill, situada en Massachusetts, fue el escenario de la primera batalla real de la guerra. Aunque no acabó en victoria para los soldados coloniales, contribuyó a elevar la moral del Ejército Continental.

La mayoría de los colonos no tenían experiencia en la guerra y se enfrentaron a soldados británicos experimentados, pero consiguieron mantenerlos a raya durante varias horas. Los colonos fueron finalmente rechazados por los británicos, pero no antes de que consiguieran herir o matar a casi la mitad de los 2.200 soldados, lo que la convirtió en una de las batallas más sangrientas de la guerra. En comparación con las mil bajas de los casacas rojas, solo unos cuatrocientos patriotas resultaron heridos o muertos.

La batalla de Bunker Hill demostró a los colonos que podían estar a la altura de las circunstancias y hacer lo necesario por su país. Los británicos se dieron cuenta de que la lucha no sería tan fácil como habían pensado en un principio y tomaron medidas menos agresivas para conservar mano de obra.

Batalla de Fort Washington - noviembre de 1776

La batalla de Fort Washington supuso una de las peores derrotas de los patriotas durante la guerra. Mientras que el general George Washington lideraba el Ejército Continental, Robert Magaw era el hombre en el campo de batalla, en tanto que que el general William Howe dirigía las tropas británicas y hessianas. Los estadounidenses sufrieron aproximadamente tres mil bajas (la mayoría de las cuales fueron capturados) y también perdieron suministros y armas fundamentales.

Ante la derrota total, el Ejército Continental se retiró a Delaware, y Howe se trasladó a Fort Washington.

Batallas de Trenton y Princeton - diciembre de 1776 a enero de 1777

Durante la Revolución estadounidense, Washington ganó dos batallas cruciales para los patriotas a los diez días de cruzar el Delaware el 25 de diciembre de 1776.

Una fue la batalla de Trenton, que tuvo lugar el 26 de diciembre de 1776. Washington y sus tropas derrotaron fácilmente a un grupo de mercenarios hessianos, que estaban cansados y totalmente desprevenidos ante el calculado ataque de Washington. Se rindieron rápidamente con un mínimo derramamiento de sangre. De los 1.400 soldados que componían la fuerza hessiana, solo 22 murieron. Otros 92 resultaron heridos. En el bando estadounidense, dos soldados murieron congelados y otros cinco resultaron heridos.

Washington se dio cuenta de que sus hombres no serían capaces de mantener Trenton contra el ejército británico, por lo que se retiraron a Delaware para esperar su momento.

El 30 de diciembre, Washington volvió a cruzar el Delaware y se encontró con que su ejército era ampliamente superado en número por los soldados británicos. Washington consiguió aumentar su número de tropas a cinco mil y esperó en Trenton a los británicos.

Llegaron unos 5.500 soldados británicos, dirigidos por el general Charles Cornwallis. Los dos bandos se enzarzaron en una serie de escaramuzas antes de que Cornwallis se retirara al final de día, pensando que la victoria era casi suya.

Pero Washington no estaba dispuesto a rendirse. Dejó atrás quinientos soldados en el campamento mientras el resto del ejército marchaba durante la noche hacia Princeton, que se encontraba a doce millas de distancia. Caminaron en la oscuridad sin antorchas y envolvieron con telas las ruedas de los carros para amortiguar el ruido. Imagínense la sorpresa de Cornwallis cuando se despertó a la mañana siguiente y descubrió su desaparición.

Washington llegó a Princeton, y sus tropas rompieron fácilmente la defensa británica y ganaron la batalla de Princeton. Continuaron su marcha hasta llegar a Morristown, donde establecieron sus cuarteles para pasar el invierno, lejos de los británicos.

Estas dos batallas fueron enormes victorias para Washington. Había conseguido unir a soldados de las diferentes colonias para luchar como uno solo, y habían sido capaces de derrotar a su enemigo común como una fuerza unida.

Batallas de Saratoga - 19 de septiembre y 7 de octubre de 1777

Se libraron dos batallas en el condado de Saratoga, Nueva York. Durante la primera batalla, las fuerzas británicas, bajo el mando del general John Burgoyne, salieron victoriosas. Sin embargo, la victoria les costó cara. Cuando los británicos atacaron a los colonos en Bemis Heights, fueron derrotados contundentemente por los estadounidenses y se vieron obligados a retroceder.

Esto se convertiría en el punto de inflexión de la revolución. Desde 1776, Francia había estado ayudando en secreto a las fuerzas rebeldes a luchar contra los británicos, con aristócratas como Lafayette apoyando su causa. Tras la victoria de Saratoga, Francia salió de las sombras y prometió públicamente su apoyo a los estadounidenses. Sin embargo, pasarían otros dos años antes de que Francia declarara formalmente la guerra a Gran Bretaña.

Poco después de estas dos batallas, los británicos empezaron a centrarse en el sur, ya que creían que allí había más leales. A finales de 1778, las tropas británicas habían tomado Savannah, Georgia. En 1780, tomaron Charleston.

Batalla de Yorktown - 28 de septiembre al 19 de octubre de 1781

Un grupo de fuerzas estadounidenses y francesas acorraló al ejército británico en Yorktown. Las fuerzas no podían salir ni recibir ayuda adicional porque la flota británica había sido expulsada por los franceses.

El general Charles Cornwallis no tuvo más remedio que rendirse. La guerra había terminado, aunque Charleston y Nueva York siguieron bajo control británico unos años más. A finales de 1783, los últimos soldados británicos se marcharon, marcando oficialmente el final de la guerra.

En noviembre de 1782 se redactaron en París los tratados de paz. El Tratado de París se firmó el 3 de septiembre de 1783. Gran Bretaña cedió todo el control de las colonias y las reconoció plenamente como nación independiente. En virtud del tratado, Canadá siguió siendo una provincia británica, lo que creó la frontera norte de Estados Unidos.

Sin embargo, no todos los colonos que vivían en Estados Unidos se oponían a los británicos; se los llamaba Lealistas. La mayoría de los lealistas se mantuvieron al margen de la guerra, pero una vez que esta terminó oficialmente, aproximadamente 100.000 lealistas abandonaron Estados Unidos y se fueron a Gran Bretaña o se establecieron en otras colonias británicas, como Canadá.

Cambios territoriales posteriores a la Revolución

Padres fundadores

La guerra de la Independencia terminó como un éxito para Estados Unidos gracias a los esfuerzos colectivos de todas las colonias y naciones exteriores. Sin embargo, hubo una serie de hombres, conocidos como los «padres fundadores», que históricamente se considera que desempeñaron un papel clave para asegurar la independencia del país.

Hubo muchos hombres que podrían considerarse padres fundadores, pero siete son los que más destacan. Esta no es, ni mucho menos, una lista exhaustiva de los padres fundadores, pero da una buena idea del tipo de hombres a los que admiraba la nación.

- George Washington: Dirigió el Ejército Continental y se convirtió en el primer presidente de Estados Unidos.
- Thomas Jefferson: Fue diplomático ante Francia, donde se ganó su ayuda en la guerra. Redactó la Declaración de Independencia y fue el primer secretario de Estado, el segundo vicepresidente y el tercer presidente.
- John Adams: Se convirtió en el segundo presidente de EE. UU. y fue vicepresidente en dos ocasiones. Fue un prolífico escritor y abogado.
- Benjamin Franklin: Fue un notable inventor, escritor, impresor e intelectual. Fue diplomático en Francia y Suecia y el primer director general de Correos.
- Alexander Hamilton: Recordado sobre todo por su infame duelo con Aaron Burr, Hamilton fue el primer secretario del Tesoro. Promovió la idea de un banco central y fue un prolífico escritor, autor de casi todos los *The Federalist Papers*, que eran ensayos para recabar apoyo a la Constitución estadounidense.
- John Jay: Fue el primer presidente del Tribunal Supremo. Ayudó a crear la Constitución y escribió algunos artículos para *The Federalist Papers*. Ayudó a diseñar la política exterior tras la guerra.
- James Madison: Se convirtió en el cuarto presidente de EE. UU. Fue uno de los principales redactores de la Constitución y la Carta de Derechos.

Los padres fundadores
https://commons.wikimedia.org/wiki/File:Declaration_of_Independence_(1819),_by_John_Trumbull.jpg

Sus escritos sobre la vida y la libertad, así como sus acciones y pensamientos, sentaron las bases sobre las que se construyó el nuevo país independiente. Lo notable es que la mayoría de estos hombres eran jóvenes de entre 30 y 40 años al final de la guerra. Hubo algunos casos atípicos, como el de Washington, que rondaba los cincuenta, y el de Franklin, que tenía más de setenta.

Sus contribuciones no fueron simplemente idealistas. Washington dirigió un ejército durante la revolución y Thomas Jefferson escribió la Declaración de Independencia. John Jay fue presidente del Tribunal Supremo y Hamilton secretario del Tesoro. No se limitaron a poner palabras sobre el papel; siguieron adelante e intentaron conseguir lo que pensaban que más beneficiaría al país.

Los padres fundadores tenían una idea de cómo debía ser un país libre e independiente, y utilizaron esas ideas para crear la nación estadounidense. Consiguieron lo que muchas colonias europeas soñaban: independizarse de la madre patria.

Por desgracia, sus ideales no siempre eran justos y ponían más énfasis en garantizar los derechos y libertades de los hombres blancos terratenientes que en los de todos los estadounidenses. Muchos de ellos poseían esclavos y daban menos valor a sus vidas. Tampoco estaban siempre unidos en sus creencias, lo que provocó fricciones.

Sin embargo, no se puede negar el legado que dejaron. Las generaciones posteriores utilizaron sus cimientos de igualdad para luchar por las minorías y los desfavorecidos. Hoy, en su mayor parte, los estadounidenses disfrutan de las mismas libertades y protecciones.

Capítulo 6: La Constitución y la Carta de Derechos

La Constitución, redactada en 1787 y ratificada en 1788, es quizá la ley más importante de Estados Unidos. También es la constitución nacional más antigua del mundo que sigue vigente en la actualidad.

James Madison es el padre fundador al que se atribuye la redacción de la Constitución y de la Carta de Derechos. Sin embargo, incluso Madison admitió que muchas otras personas contribuyeron a la creación de los documentos.

Cuando se redactó la Constitución, el objetivo principal era dotar al gobierno de poder suficiente para dirigir el país. Sin embargo, el gobierno tenía límites para no vulnerar los derechos fundamentales de la población.

El gobierno federal se dividió en tres poderes: legislativo, ejecutivo y judicial. Se establecieron controles para garantizar que el poder de los tres poderes se mantuviera equilibrado. Los poderes de cada rama recaen en el Congreso (rama legislativa), el presidente (rama ejecutiva) y el Tribunal Supremo y los tribunales federales (rama judicial). También se incluyó una cláusula en la Constitución para que pudiera modificarse en caso necesario.

Influencias romanas

La antigua Roma fue una de las mayores fuentes de inspiración para los padres fundadores a la hora de decidir la mejor forma de gobierno. Roma estaba gobernada inicialmente por un rey, pero una vez abolida la monarquía, el país se convirtió en una república.

La República romana fue una especie de época dorada, especialmente en lo que se refiere a los principios democráticos, ya que vio cómo Roma crecía en importancia. Como muchos de ustedes saben, Roma se convirtió en una potencia a tener en cuenta. Este periodo de la historia fue muy estudiado en el mundo occidental. Los estudios de la mayoría de los estadounidenses cultos incluían la literatura romana antigua y las filosofías en torno a la libertad, el poder y la libertad civil.

Por lo tanto, no es sorprendente que los padres fundadores tuvieran puntos de vista similares sobre cómo sería un gobierno estadounidense ideal. A menudo se establecían similitudes entre Roma y Estados Unidos, ya que ambas luchaban por liberarse de gobernantes tiránicos. Por ello, el sistema político del nuevo mundo estuvo muy influido por la República romana.

Constitución

La Constitución de Estados Unidos se redactó y finalizó el 17 de septiembre de 1787. Fue firmada por 39 de los 45 delegados. Algunos se negaron a firmarla porque la Constitución no incluía una Declaración de Derechos (que se añadiría más tarde). Un delegado se negó a firmar el documento porque la Constitución protegía el comercio de esclavos.

La primera forma real de gobierno fue el Segundo Congreso Continental. El 4 de julio de 1776, tras una declaración formal de su independencia de la Corona, actuó como gobierno provisional. El Segundo Congreso Continental redactó los Artículos de la Confederación, que describían las funciones y responsabilidades del gobierno. Este fue el documento que precedió a la Constitución.

Una vez constituidos los Estados Unidos, George Washington no tardó en darse cuenta de que se necesitaba algo más fuerte que los Artículos de la Confederación. Con su impulso, se inició el proceso de redacción de una Constitución. El nuevo documento sustituyó a los Artículos de la Confederación originales. La mayor diferencia entre los dos documentos eran los tres poderes separados del gobierno.

La Constitución de los Estados Unidos
https://en.wikipedia.org/wiki/File:Constitution_of_the_United_States,_page_1.jpg

Carta de Derechos

Aunque la Constitución fue finalmente aprobada, el proceso no fue sencillo. El apoyo a la Constitución estaba dividido entre los federalistas y los antifederalistas.

Los federalistas apoyaban la Constitución y presionaron para que fuera ratificada. Creían en la necesidad de una unión fuerte y un gobierno centralizado. Este grupo estaba formado por banqueros ricos, hombres de negocios y otros profesionales.

Los antifederalistas, por su parte, no veían la necesidad de crear un nuevo documento, ya que pensaban que los Artículos de la Confederación eran suficientes. No querían un gobierno central más fuerte, ya que temían que un gobierno demasiado poderoso supusiera una amenaza para los derechos y libertades individuales de las personas. Este grupo estaba formado por obreros, pequeños agricultores, comerciantes y otras personas que, comprensiblemente, estaban preocupadas por no tener voz.

El rechazo de los antifederalistas condujo finalmente a la implementación de las diez primeras enmiendas. Las enmiendas fueron presentadas por James Madison y, aunque se elaboraron doce, solo se ratificaron diez. Estas enmiendas conforman la Declaración de Derechos, y garantizan los siguientes derechos a todos los ciudadanos estadounidenses[1]:

- la libertad de practicar la propia religión, la libertad de expresión y la libertad de prensa;
- el derecho a portar armas;
- prohibición del acuartelamiento de soldados;
- libertad frente a registros e incautaciones irrazonables;
- derecho al debido proceso;
- derecho a un juicio rápido si se le acusa de un delito;
- derecho a ser juzgado por un jurado;
- derecho a no ser sometido a castigos crueles o inusuales;
- otros derechos del pueblo;
- poderes reservados a los estados.

En resumen, la Carta de Derechos garantiza que las libertades individuales y civiles no puedan ser infringidas por el gobierno a su antojo.

Niveles de gobierno

En virtud de la Constitución, el gobierno federal se separó en tres poderes distintos para garantizar una división equitativa del poder y la autoridad.

Los poderes son los siguientes

- **Legislativo (Congreso)**

Esta rama está formada por la Cámara de Representantes, el Senado y agencias especiales que ayudan con el trabajo aprobado en el Congreso. Estas agencias incluyen la Oficina de Derechos de Autor, la Oficina de

---

[1] "Bill of Rights: The Really Short Version".
https://users.csc.calpoly.edu/~jdalbey/Public/Bill_of_Rights.html.

Responsabilidad Gubernamental y la Policía del Capitolio de EE. UU., por nombrar algunas.

El Congreso elabora nuevas leyes y tiene potestad para declarar la guerra. También es responsable de confirmar o rechazar a los candidatos a las agencias federales y al Tribunal Supremo. Los miembros del Congreso celebran debates e investigaciones para asegurarse de que el aparato de gobierno del país funciona eficazmente y está libre de corrupción. Los miembros del Congreso son votados por los ciudadanos.

- **Ejecutivo**

La responsabilidad de cumplir y hacer cumplir las leyes recae en el poder ejecutivo. Este poder se compone de tres funciones clave, siendo la más famosa la del presidente.

Los ciudadanos votan al presidente, aunque, técnicamente, es el colegio electoral el que vota al presidente. El público vota, y el partido con más votos gana el lote de votos de ese estado para el colegio electoral. Cada estado tiene un número diferente de votos electorales en función del número de personas que tiene en el Congreso.

El presidente es el encargado de dirigir el país y el gobierno. Le apoyan el vicepresidente y el Gabinete. En caso de que el presidente no pueda desempeñar su cargo, el vicepresidente asume la función. En la actualidad, los presidentes solo pueden ejercer un máximo de dos mandatos; sin embargo, los vicepresidentes no tienen ese límite. Pueden desempeñar el cargo durante cualquier número de mandatos.

El Gabinete incluye al vicepresidente y a otros altos funcionarios y jefes de departamentos ejecutivos. Cada miembro del Gabinete es nombrado por el presidente, aunque el Senado debe aprobar el nombramiento con una votación.

La mayor parte del trabajo en esta rama lo llevan a cabo los departamentos gubernamentales y los funcionarios públicos.

- **Poder Judicial**

El tercer poder del gobierno estadounidense se encarga de interpretar y aplicar las leyes y legislaciones federales del país. Los tribunales también deciden si alguna ley vulnera la Constitución.

Los tribunales federales y el Tribunal Supremo pertenecen al poder judicial. Según la Constitución, el Congreso es el poder autorizado para establecer tribunales federales.

Los jueces del Tribunal Supremo se nombran a propuesta del presidente. La nominación debe ser debatida y luego votada por el Senado.

Como puede ver, los tres poderes del Estado, aunque bastante distintos y separados, están entrelazados y trabajan en estrecha colaboración. Los padres fundadores creían que repartir el poder de esta manera garantizaría que el gobierno actuara siempre en el mejor interés del pueblo y de la sociedad.

El primer presidente de los Estados Unidos

Una vez creado el país, el colegio electoral se enfrentó a una perspectiva desalentadora: ¿quién iba a dirigir el país? En la actualidad, los presidentes son elegidos cada cuatro años, pero en 1788 no existía tal proceso.

La primera elección fue un asunto extremadamente simple y directo, muy diferente de las elecciones presidenciales actuales. Pocos meses después de la ratificación de la Constitución, el 21 de junio de 1788, el colegio electoral votó y decidió por unanimidad elegir presidente a George Washington.

Washington no tenía muchas ganas de llegar a la presidencia. De hecho, tras el fin de la guerra de la Independencia y la firma del Tratado de París, su plan era retirarse de la vida pública. Pero las presiones y exigencias de la opinión pública pesaron más que sus propios deseos, y asumió el cargo. Su labor al frente del comité de la Constitución fue especialmente impresionante, al igual que la forma en que se había comportado en las batallas durante la revolución. Los delegados estaban convencidos de que tenían a su primer presidente.

John Adams, otro candidato a la presidencia, fue elegido primer vicepresidente. (Durante un tiempo, la vicepresidencia se otorgaba al hombre que obtenía el segundo mayor número de votos; esto cambió con Jefferson). Washington y Adams asumieron formalmente sus cargos el 30 de abril de 1789. Como Washington D. C. aún no existía, la toma de posesión tuvo lugar en Nueva York.

Toma de posesión de George Washington
https://commons.wikimedia.org/wiki/File:Washington%27s_Inauguration.jpg

Era un gran honor y una inmensa carga a la vez. ¿Cómo iba a liderar un país nuevo que acababa de salir de una guerra con Gran Bretaña? Al cortar los lazos con Gran Bretaña, Estados Unidos se había embarcado en un viaje para abrazar la democracia, que era una noción rara en un mundo lleno de reyes, imperios y realeza que buscaban más y más poder. La democracia era magnífica en teoría, pero Washington tenía que encontrar la manera de demostrar que un país podía funcionar con esos ideales.

Tras finalizar su primer mandato, Washington fue elegido de nuevo por unanimidad el 13 de febrero de 1793 para dirigir el país una vez más. Durante su mandato, ayudó a dar forma al poder ejecutivo y a definir las funciones y responsabilidades de sus integrantes. Sabía que sentaría un precedente sobre cómo se comportarían los futuros presidentes, y estaba decidido a dar un ejemplo estelar como hombre justo y honesto, con sólidos principios e integridad. Deseoso de mantener a Estados Unidos al margen de cualquier conflicto mundial, mantuvo por lo general una postura neutral en los asuntos exteriores, incluso cuando estalló la Revolución francesa.

Algunos hombres, como Thomas Jefferson, creían que Estados Unidos debía ayudar a su antiguo aliado, sobre todo teniendo en cuenta que los franceses intentaban instalar su propia versión de la democracia. Pero Washington creía que la neutralidad era la mejor opción teniendo en cuenta que los franceses no parecían tener un plan firme sobre cómo proceder una vez terminada la revolución.

La presidencia de Washington estuvo marcada por varias primicias. Fue él quien firmó un proyecto de ley para establecer una capital permanente en Estados Unidos. Se llamó Washington D. C. en su honor. Estableció el primer banco nacional, creó el Gabinete presidencial, nombró al primer juez para el Tribunal Supremo del país y firmó una ley que protegía los derechos de autor de los autores.

Lo que los estadounidenses conocen como Día de Acción de Gracias es la fiesta nacional que Washington creó para celebrar tanto el final de la guerra de la Independencia como la ratificación de la Constitución. Se celebra el cuarto jueves de noviembre de cada año.

Bajo su presidencia, se ratificó la Carta de Derechos y Estados Unidos se amplió para incluir cinco estados más: Vermont, Kentucky, Carolina del Norte, Rhode Island y Tennessee. Washington sigue siendo una de las personas más influyentes de la historia de Estados Unidos. Dio un ejemplo difícil de seguir para algunos y siempre ha sido considerado uno de los mejores presidentes.

Capítulo 7: La Compra de Luisiana y la guerra de 1812

Luisiana

El territorio de Luisiana fue descubierto por primera vez por el explorador español Hernando de Soto en 1541 mientras exploraba el río Misisipi. Pero fue reclamado en 1682 por un explorador francés llamado René-Robert Cavelier, aunque los nativos americanos llevaban miles de años viviendo en la zona. La región recibió el nombre de Luis XIV.

En 1762, Luisiana pasó a España como parte de las negociaciones para poner fin a la guerra de los Siete Años. En virtud del Tratado de Fontainebleau, Luisiana fue entregada a España. Pero en 1800, Napoleón obligó al país a renunciar al territorio, lo que hizo en virtud del Tratado de San Ildefonso.

El plan consistía en crear una fuerza francesa y estacionarla en Luisiana para defender la «Nueva Francia» de los ataques británicos o estadounidenses. Francia quería expandir su imperio en Norteamérica.

Mientras esto ocurría, los esclavos de Haití comenzaron a rebelarse contra los franceses. Mientras se enfrentaba a esta revolución, Napoleón también luchaba en las guerras napoleónicas en Europa. Necesitaba desesperadamente dinero para la guerra, así que tomó la decisión de vender Luisiana, poniendo fin definitivamente al deseo de Francia de expandir su imperio norteamericano.

Estados Unidos compró el territorio a la Primera República francesa por 15 millones de dólares (unos 309 millones de dólares actuales). La transacción se negoció mediante un tratado que confirmaba la compra y que se firmó en París, Francia, en 1803.

La tierra estaba situada al oeste del río Misisipi y era enorme, medía aproximadamente 828.000 millas cuadradas. Incluía las montañas Rocosas, remontaba el golfo de México y se extendía hasta la frontera canadiense. Era tan grande que duplicaba el tamaño del país existente. Como seguramente ya sabe (o habrá adivinado), la actual Luisiana es mucho más pequeña que el territorio original.

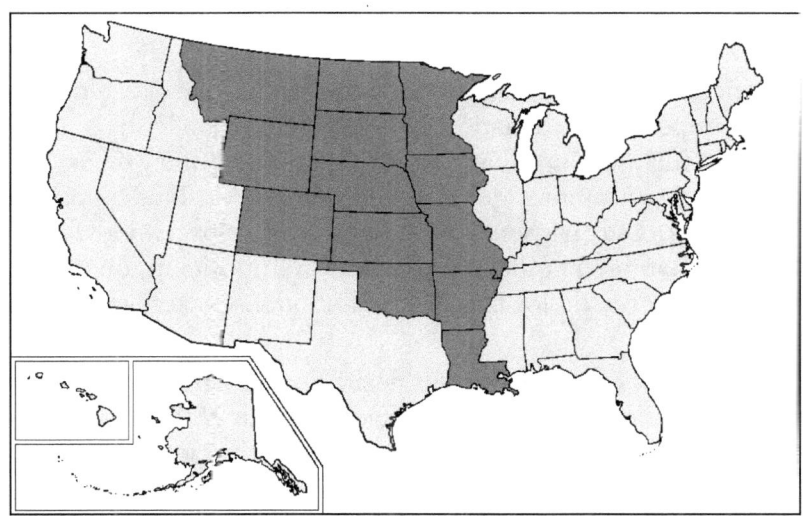

Estados que probablemente se habrían incluido en la Compra de Luisiana

MaGioZal, basado en una imagen del usuario de Wikimedia Commons Brianski, a su vez basada en una imagen del usuario de Wikimedia Commons Roke y del usuario de Wikimedia Commons Brianski, CC BY-SA 3.0 <http://creativecommons.org/licenses/by-sa/3.0/>, vía Wikimedia Commons;
https://commons.wikimedia.org/wiki/File:United_States_Louisiana_Purchase_states.png

¿Qué supuso la compra del territorio para EE. UU.? Bueno, los franceses solo poseían una pequeña parte del territorio, ya que la mayor parte estaba habitada por nativos americanos. El gobierno estadounidense tenía derecho a arrebatar la tierra a los indígenas por la fuerza o mediante la cooperación.

La compra fue una decisión inteligente. La tierra era rica en recursos naturales y estaba estratégicamente situada junto a una importante vía fluvial, el río Misisipi. Nueva Orleans era una importante ciudad portuaria con una rica cultura, influida por las culturas francesa, española y africana. Ahora, Estados Unidos tenía el control de la ciudad y el país buscaba continuar su expansión.

La guerra de 1812

Causas

Mientras Estados Unidos intentaba mantenerse al margen de los conflictos mundiales para centrarse en la expansión y consolidación de su propia nación, en Europa seguían produciéndose pequeños conflictos. Las cosas estaban especialmente tensas entre Gran Bretaña y Francia. A pesar de los esfuerzos de Estados Unidos por mantenerse al margen de las guerras napoleónicas, se vieron arrastrados a la escalada del conflicto por varias razones.

La principal de ellas fue que tanto Francia como Gran Bretaña intentaron impedir que Estados Unidos comerciara con la otra. Gran Bretaña llegó incluso a aprobar una orden en 1807 que exigía a los países neutrales una licencia antes de poder comerciar con Francia o cualquiera de sus colonias. Esto no sentó nada bien a Estados Unidos. La Marina Real Británica también empezó a practicar la imposición, que consistía en sacar a los marineros de los barcos estadounidenses y obligarlos a trabajar en buques británicos.

El presidente Thomas Jefferson decidió contrarrestar a Gran Bretaña imponiendo restricciones a las importaciones. En 1807 aprobó la Ley de Embargo, que cerraba todos los puertos estadounidenses a las exportaciones. La esperanza de Jefferson era dar una lección a Francia y, sobre todo, a Gran Bretaña, mostrándoles lo mucho que dependían de los productos estadounidenses. Quería que aceptaran la postura neutral de su país y que Gran Bretaña pusiera fin al reclutamiento de marineros.

La Ley de Embargo fue un completo fracaso y solo sirvió para perjudicar a la economía estadounidense, que vio cómo las exportaciones caían de 108 millones de dólares a 22 millones en menos de un año. El Congreso decidió derogar la ley y sustituirla por la Ley de No Interacción («Non-Intercourse Act»). Bajo esta ley, Estados Unidos podía comerciar con cualquier país excepto Francia y Gran Bretaña. Esto conllevaba sus propios problemas.

Finalmente, en mayo de 1810 se presentó un proyecto de ley que cambió las cosas. Estados Unidos se comprometía a que, si un país eliminaba sus restricciones contra Estados Unidos, este a su vez impondría restricciones contra el otro país. Cuando Francia retiró sus restricciones contra EE. UU., este país reanudó sus restricciones contra Gran Bretaña.

Inicio de la guerra

Mientras Estados Unidos lidiaba con un posible conflicto con Gran Bretaña, también se enfrentaba a problemas internos con los nativos americanos. Los estadounidenses querían expandir su territorio, pero se encontraron con la resistencia y hostilidad de los nativos.

En 1809 se acordó el Tratado de Fort Wayne. En virtud del tratado, varias tribus de nativos americanos tenían que vender a EE. UU. tres millones de acres de tierra en lo que hoy es Ohio, Michigan, Indiana e Illinois; a cambio, los nativos americanos recibirían dos centavos por acre.

Aunque los nativos americanos implicados en el proceso aceptaron el tratado (al menos en su mayor parte), no se consultó a todas las tribus de esas tierras, concretamente a los shawnee. Tecumseh, un líder shawnee, se manifestó en contra del tratado y advirtió a los estadounidenses que dejaran de invadir sus tierras. Finalmente, organizó un grupo de nativos americanos para luchar contra la implacable expansión de los colonos blancos.

El gobernador William Henry Harrison (futuro presidente de Estados Unidos) organizó una marcha de mil soldados hacia Prophetstown. Este pueblo recibió su nombre del hermano de Tecumseh, que se hacía llamar el «Profeta». Él creía que debía guiar a los nativos a levantarse contra los colonos, que habían introducido vicios malignos y habían alejado a los nativos de su cultura.

Los combates que siguieron a partir del 7 de noviembre de 1811 se conocieron como la batalla de Tippecanoe. Tecumseh estaba ausente durante la batalla y, cuando regresó a casa, encontró el pueblo en ruinas. Enfadado y derrotado, Tecumseh decidió ponerse del lado de los británicos con la esperanza de que impidieran a los estadounidenses seguir expandiéndose por sus tierras.

Mientras tanto, el Congreso estaba siendo presionado por los halcones de la guerra para tomar una decisión sobre una guerra con Gran Bretaña. Los halcones de la guerra eran un grupo de jóvenes políticos que ansiaban un enfrentamiento con Gran Bretaña. Esperaban que luchando contra los británicos podrían aumentar sus ganancias territoriales en Canadá y otras tierras protegidas por Gran Bretaña.

Para su alegría, el presidente James Madison declaró finalmente la guerra a Gran Bretaña el 18 de junio de 1812. Sin embargo, no todo el mundo estaba contento con esta decisión. Pero feliz o no, a la larga, la guerra sería un punto crucial en la historia de Estados Unidos y demostraría su crecimiento como país.

El sitio de Detroit - agosto de 1812

Como colonia de Gran Bretaña, Canadá se convirtió en el primer objetivo de las fuerzas estadounidenses. Las tropas estadounidenses, dirigidas por William Hull, se prepararon para invadir. Su objetivo era capturar Montreal. Sin embargo, Hull pensó que lo mejor sería utilizar Fort Detroit como base y atacar desde allí. Esperaba una rápida victoria.

Sin embargo, pronto empezó a ponerse nervioso, sobre todo porque se enfrentaba a la población indígena, que no dudaría en alzarse en armas contra las tropas estadounidenses.

La batalla fue dirigida por sir Isaac Brock, un soldado británico. Fue apoyado por aliados nativos americanos liderados por Tecumseh. Percibiendo la indecisión de Hull, este presionó y utilizó los temores de Hull sobre los nativos en su beneficio.

Brock y Tecumseh jugaron con su mente haciéndole creer que tenían un ejército mayor del que realmente tenían y haciéndolo sentir que estaba rodeado. Hull cayó en el engaño y rindió Detroit, Michigan, así como su tropa. El número de muertos fue mínimo y Hull no opuso una gran resistencia.

La batalla terminó en una humillante derrota para los estadounidenses y no fue un gran comienzo para la guerra, sobre todo teniendo en cuenta que Fort Mackinac, en lo que hoy es Michigan, ya había caído con un solo disparo.

La pérdida de Detroit paralizó todos los planes de invadir Canadá. Fue un momento crítico para los estadounidenses porque su estrategia de guerra acababa de venirse abajo.

La batalla del lago Erie - septiembre de 1813

Aunque a las tropas estadounidenses no les fue bien en las batallas terrestres, destacaron en los combates navales. La batalla del lago Erie es un gran ejemplo del poderío de los estadounidenses en el agua. La Armada estadounidense, bajo la dirección del capitán Oliver Hazard Perry, se enfrentó a la Marina Real Británica cerca de Put-in-Bay, Ohio.

La Marina Real Británica era la mayor armada del mundo, por lo que puede sorprender que la Marina estadounidense fuera capaz de derrotarla en múltiples ocasiones. Sin embargo, Gran Bretaña luchaba contra Napoleón en Europa, por lo que la mayoría de sus recursos se concentraban allí.

En la batalla del Lago Erie, Estados Unidos logró impedir que los británicos se hicieran con el control del lago. Fue una victoria importante para los estadounidenses, tanto moral como estratégicamente, porque se aseguraron de que el lago siguiera siendo suyo.

Fortalecidos por esta victoria, dirigieron su atención a Detroit, que fue reconquistada tras la batalla del Támesis. Tecumseh murió en esa batalla, acabando la confederación de nativos americanos. Aunque los nativos siguieron ayudando a los británicos a pequeña escala, ya no estaban unidos.

El final de la guerra

Desde el comienzo de la guerra, la armada estadounidense había obtenido varias victorias contra la británica, pero en abril de 1814, Napoleón había sido derrotado. Gran Bretaña se permitió ahora el lujo de volcar todos sus esfuerzos en la guerra contra Estados Unidos.

Durante la primavera y el verano, un gran número de tropas británicas entraron en Norteamérica y se dirigieron a Washington D. C. El 24 de agosto de 1814, los británicos entraron en la capital e incendiaron monumentos y edificios clave, como la Casa Blanca y el Capitolio. Pocos días después, una gran tormenta (algunos creen que pudo ser un huracán) extinguió las llamas y destruyó los barcos británicos.

El Tratado de Gante

Menos de un mes después, el 11 de septiembre, la armada estadounidense derrotó a la flota británica en el lago Champlain. Dos días después, Fort McHenry en Baltimore se mantuvo firme mientras la Marina Real Británica los bombardeaba durante más de veinticuatro horas. Desalentados por su falta de progreso, los británicos abandonaron la bahía de Chesapeake y dirigieron su atención hacia Nueva Orleans. Francis Scott Key se sintió tan conmovido por la visión de las bombas estallando en el aire que escribió el «Star-Spangled Banner» («La bandera de estrellas»).

Mientras tanto, los oficiales británicos ya habían iniciado conversaciones para negociar la paz. Las negociaciones finalizaron en el Tratado de Gante, firmado a finales de diciembre de 1814. Según los términos, todo territorio conquistado durante la guerra debía ser devuelto a su legítimo propietario. También se determinarían formalmente las fronteras de Canadá y Estados Unidos. En el tratado no se abordaban la imposición ni los derechos de los barcos y navíos estadounidenses neutrales. Sin embargo, el tratado permitía a EE. UU. seguir expandiéndose en la región de los Grandes Lagos.

Como las noticias del tratado no llegaron inmediatamente a Norteamérica, las fuerzas británicas en Estados Unidos continuaron su campaña. El 8 de enero de 1815 tuvo lugar una gran batalla en Nueva Orleans. Las tropas británicas sufrieron otra derrota. Las tropas estadounidenses estaban dirigidas por Andrew Jackson, que acabaría convirtiéndose en presidente de Estados Unidos.

Aunque el tratado no aportaba ninguna solución a las principales causas de la guerra, los estadounidenses lo consideraban una victoria, a pesar de que la guerra estaba técnicamente en tablas. Sin embargo, es difícil descartar lo que consiguieron los estadounidenses. Se enfrentaron a la mayor armada del mundo y salieron claramente vencedores.

Efectos de la guerra de 1812

En la larga y colorida historia de Estados Unidos, la guerra de 1812 no fue ciertamente una guerra de gran impacto. Sin embargo, ayudó a dar forma al país en los años venideros.

El Tratado de Gante ayudó a poner fin a las luchas internas partidistas y condujo a la desaparición del Partido Federalista. Muchos consideraron que su reticencia a entrar en la guerra había sido antipatriótica. Ganar la guerra supuso un gran impulso para el nacionalismo estadounidense y su sentimiento de no necesitar a nadie más para sobrevivir y prosperar. También consolidó su intención de expandirse y crecer, lo que se convertiría en su principal objetivo en el siglo XIX.

Capítulo 8: Expansión en el oeste y el sur

Doctrina Monroe

A medida que Estados Unidos continuaba expandiéndose y comenzaba a establecerse firmemente en el mundo como nación independiente, quería asegurarse de que su futuro siguiera siendo seguro. Por ello, el presidente James Monroe promulgó la doctrina Monroe en 1823.

Presidente Monroe
https://commons.wikimedia.org/wiki/File:James_Monroe_White_House_portrait_1819.jpg

La doctrina constituiría una pieza clave de la política exterior estadounidense. Básicamente, dejaba claro que ninguna potencia extranjera podía inmiscuirse en América.

Cuatro puntos clave componían la doctrina. Son los siguientes:

- Estados Unidos se mantendría al margen de los asuntos de Europa.
- Estados Unidos no interferiría en ninguna colonia existente en América.
- No se permitirían nuevos intentos de colonización europea en el hemisferio occidental.
- El gobierno estadounidense consideraría un acto hostil cualquier intento de injerencia europea en América.

En resumen, Estados Unidos quería que la dejaran en paz y, a cambio, se comprometía a hacer lo mismo. Sería el comienzo de la política de aislacionismo estadounidense y de su reticencia a involucrarse en asuntos exteriores. Fue una política que tendría un efecto significativo en ambas guerras mundiales.

Con el paso de los años, se introdujeron cambios adicionales en la doctrina Monroe. Aunque técnicamente la doctrina Monroe no se utiliza hoy en día, sus principios aún pueden verse en la política exterior estadounidense.

Florida

En los capítulos anteriores se ha hablado mucho de las colonias británicas y francesas, pero ¿qué hay de las colonias españolas?

Uno de los primeros exploradores de lo que se convertiría en Estados Unidos, el español Juan Ponce de León, descubrió el actual estado de Florida en 1513. Como la tierra era tan vibrante y hermosa, la llamó Pascua Florida en honor a la Pascua (el nombre significa literalmente «Pascua florida»). Los primeros colonos europeos llegaron a Florida, convirtiéndola en una de las primeras fronteras norteamericanas.

Florida tendría una de las historias más pintorescas de los estados de EE. UU., ya que cambió de manos en numerosas ocasiones. Durante tres siglos (del XVI al XIX), Florida estuvo bajo dominio español, salvo un breve periodo en el siglo XVIII, cuando fue gobernada por Gran Bretaña debido a que España se puso del lado de Francia durante la guerra franco-india. Una vez concluida la Revolución estadounidense y firmado el Tratado de París, Florida volvió a España. Pero las cosas distaban mucho de ser pacíficas y los problemas fronterizos seguían acosando a España.

Tras varios años de negociaciones, España y Estados Unidos firmaron el Tratado Adams-Onís. España aceptó ceder Florida Oriental a Estados Unidos y renunció a cualquier reclamación sobre Florida Occidental. A cambio, Estados Unidos aceptó pagar las reclamaciones por daños y perjuicios a ciudadanos estadounidenses en nombre de España. El costo total fue de unos 5 millones de dólares.

Florida fue inicialmente una colonia española. Durante la guerra de los Siete Años, España cedió Florida a Gran Bretaña. Los británicos dividieron Florida en Este y Oeste. Conservaron Florida hasta 1783, cuando Gran Bretaña la cedió a España.

Los desacuerdos sobre a quién pertenecía Florida continuaron durante algún tiempo, pero finalmente Estados Unidos se hizo con el territorio. En 1822, Florida se convirtió oficialmente en territorio estadounidense y, en 1845, en el vigésimo séptimo estado.

Las guerras semínolas

Las guerras semínolas desempeñaron un papel importante en la cesión de Florida. Tampoco fue uno de los momentos de mayor orgullo de la historia estadounidense, ya que la serie de guerras sirvió básicamente para expulsar de la tierra a todo un grupo de personas.

En 1817, las autoridades estadounidenses tenían la misión de recapturar a los esclavos que se habían escapado de sus dueños y vivían entre un grupo de nativos americanos llamados los seminolas. El ataque fue dirigido por el general Andrew Jackson, y las tropas estadounidenses se introdujeron por la fuerza en las tierras ocupadas por los seminolas. Quemaron aldeas y pueblos, apoderándose de Pensacola y St. Marks, dos ciudades en poder de España.

Durante esta primera de las tres guerras semínolas, Estados Unidos convenció a España de que lo mejor para ella sería ceder su territorio en Florida, lo que hizo en virtud del Tratado Adams-Onís.

En 1835 estalló la segunda guerra semínola cuando la mayoría de la población seminola se negó a trasladarse a otra zona cercana al río Misisipi. No querían abandonar su reserva cercana al lago Okeechobee, un espacio que se había establecido específicamente para ellos. Pero como querían ampliar su territorio, los estadounidenses necesitaban que los seminolas se marcharan. La Ley de Traslado Forzoso de Indios se estableció para deshacerse de ellos y de otras tribus de nativos americanos que vivían en el sureste.

Los guerreros seminolas, liderados por su jefe, Osceola, defendieron valientemente su hogar. La guerra terminó cuando Osceola fue capturado por los estadounidenses mientras parlamentaba con ellos. Los seminolas dejaron de resistirse y la mayoría aceptó abandonar la zona.

La tercera guerra semínola duró tres años (1855-1858), pero el gobierno estadounidense estaba decidido a deshacerse de todos los seminolas de Florida. Hubo muy poca violencia o resistencia. La mayoría se marchó por su cuenta, y a algunos se les pagó para que lo hicieran. Un par de cientos de seminolas permanecieron en los pantanos de Florida. Sin embargo, eran pocos y permanecieron escondidos donde los colonos no pudieran encontrarlos. Florida estaba por fin preparada para la expansión estadounidense.

El Sendero de las Lágrimas (1830-1850)

Las guerras semínolas sacaron a la luz otro acontecimiento importante: la expulsión forzosa de los nativos americanos de sus hogares. Los nativos americanos llevaban generaciones viviendo en las tierras que acabarían formando parte de Estados Unidos. Pero a finales de la década de 1830, la mayoría de los nativos habían sido empujados hacia el oeste.

El gobierno estadounidense quería las valiosas tierras en las que vivían los nativos. Los colonos estadounidenses podían cultivar algodón y otros productos en estas tierras ricas y fértiles. Se descubrió oro en algunos territorios de los nativos americanos, lo que provocó una loca carrera por hacerse con sus tierras. Los colonos invadían cada vez más territorios nativos, lo que provocaba escaramuzas entre ambos bandos. Parecía que las tensiones nunca se resolverían. Los periódicos y las historias pintaban a los nativos americanos como nobles salvajes o como una amenaza para la civilización. Los estadounidenses estaban a la vez asustados y resentidos con los nativos y querían una solución al «problema indio».

Una sugerencia, que incluso hizo George Washington, era occidentalizar a los nativos americanos y hacerlos más parecidos a los colonos blancos. De este modo, podrían asimilarse mejor. Este método se adoptó en algunos estados del sudeste.

Pero en otras partes del país, los estadounidenses obligaron a los nativos americanos a abandonar sus hogares mediante la violencia. Destruyeron sus aldeas, saquearon sus hogares y cometieron asesinatos en masa. Esto no quiere decir que los nativos americanos no fueran también culpables de atrocidades; a veces, las tropas estadounidenses tomaban medidas violentas para actuar contra la violencia que los nativos americanos habían cometido. En cualquier caso, algunos nativos americanos fueron expulsados por la fuerza y con violencia de sus tierras natales.

Andrew Jackson había sido durante mucho tiempo un gran defensor de la expulsión de los nativos americanos. Cuando se convirtió en presidente de Estados Unidos, firmó la Ley de Traslado Forzoso de Indios de 1830. Esta ley otorgaba oficialmente al gobierno la autoridad para despojar a los nativos americanos del sudeste de sus valiosas tierras a cambio de un territorio indio en el oeste. Los nativos americanos a los que se dirigió se llamaban las «Cinco Tribus Civilizadas». Habían sido muy occidentalizadas, lo que demostraba que ni siquiera la idea de occidentalizar a las tribus funcionaría en Estados Unidos.

Según la ley, el gobierno tenía que negociar la expulsión y hacerlo de forma pacífica. Sin embargo, la mayoría de las veces, los nativos americanos fueron obligados a trasladarse al oeste bajo amenaza de violencia. Los choctaw fueron los primeros en marcharse. Se marcharon durante el invierno de 1831. A algunos los encadenaron y muchos no tenían comida, agua ni suministros básicos. El viaje fue largo y muchos murieron. Quizá nadie sufrió más que los cheroquis. Se cree que casi cuatro mil cheroquis murieron en el Sendero de las Lágrimas.

Sus problemas tampoco acabaron cuando llegaron a su destino, Oklahoma. El Territorio Indio ya estaba habitado por otras tribus. Los nativos americanos también tuvieron que ingeniárselas para ganarse la vida en este nuevo territorio. Aunque el gobierno estadounidense y las organizaciones benéficas prestaban ayuda, a menudo sus esfuerzos no eran suficientes. Esto es especialmente frecuente en los internados que se crearon, que despojaron a los niños nativos de su cultura tradicional (lengua, vestimenta, religión, etc.) para hacerlos más europeos. Esto provocó el desarraigo de su cultura y el ostracismo de su comunidad nativa. Tampoco fueron plenamente aceptados por los colonos blancos, lo que les hizo estar en medio de dos mundos en los que no encajaban. Los nativos americanos no se convertirían en ciudadanos estadounidenses hasta 1924.

El Segundo Gran Despertar

Mientras el gobierno se centraba en la expansión del país y se ocupaba de las reformas y cambios políticos, también se estaba llevando a cabo una gran reforma social. A finales del siglo XVIII, una ola de avivamiento religioso protestante recorrió Estados Unidos. Esta oleada se conoce como el Segundo Gran Despertar. Las reuniones religiosas y la iglesia se convirtieron en parte integral de la vida de la gente.

La idea de la necesidad de salvar el alma se apoderó de la gente y condujo a numerosas reformas morales y sociales. Algunas de estas reformas fueron la templanza, la emancipación de la mujer y la abolición de la esclavitud. Las reformas no solo ayudaron a moldear la sociedad y la vida de los estadounidenses, sino que también tuvieron un profundo impacto en las políticas y los gobiernos. Esto se vería claramente con la cuestión de la anexión de Texas.

La Revolución de Texas

Al igual que Florida, Texas fue explorada inicialmente por un español. Alonso Álvarez de Piñeda fue el primero en explorar lo que se convertiría en Texas.

En su mayor parte, Texas fue ignorada por los colonos europeos hasta que España se puso nerviosa ante la posibilidad de que Francia quisiera apoderarse de ella. Así que los españoles intentaron establecer algunas misiones. Su intento fue un fracaso debido a la resistencia de los nativos americanos.

Los españoles regresaron a México y no volvieron a pensar en Texas hasta que empezaron a llegar colonos franceses a Luisiana. En 1718, España ya había establecido San Antonio, pero las tensiones con los nativos continuaban.

Creyendo que una mayor población ayudaría a su causa, España permitió que un gran número de estadounidenses y europeos inmigraran a Texas en 1820. Esto provocó un rápido aumento de la población, pero también empezó a preocupar a México, que se independizó poco después de que los primeros inmigrantes llegaran a Texas, porque muchos de los nuevos colonos no respetaban las leyes mexicanas. El gobierno estadounidense también intentó activamente comprar Texas. En 1832, muchos texanos empezaron a desobedecer abiertamente las leyes mexicanas y a rebelarse contra el país. México también tenía sus propios problemas, ya que su gobierno era inestable.

Las crecientes tensiones desembocaron en la Revolución de Texas. Durante varios meses, los texanos lucharon violentamente contra las tropas mexicanas.

La batalla del Álamo

La batalla del Álamo fue un conflicto importante durante la Revolución Texana. La batalla comenzó el 23 de febrero de 1836 y terminó el 6 de marzo.

En diciembre de 1835, un grupo de soldados voluntarios de Texas decidió ocupar El Álamo, una antigua misión. La misión había sido construida por colonos españoles a principios del siglo XVIII. Se utilizó para albergar a misioneros y conversos durante unas siete décadas, antes de que todas las misiones españolas se secularizaran en 1793.

Poco después, las tropas españolas empezaron a utilizar la capilla de la antigua misión como fuerte. En 1821, México obtuvo su independencia. Los soldados de la Compañía del Álamo llamaron al fuerte «El Álamo» por su ciudad natal, Álamo de Parras.

La batalla del Álamo es probablemente el acontecimiento más conocido de la Revolución de Texas. Cuando los soldados texanos tomaron la decisión de ocupar el fuerte a finales de 1835, sabían que esto enfurecería a los mexicanos. Y el 23 de febrero, un ejército de soldados mexicanos dirigidos por el general Antonio López de Santa Anna (que llegaría a ser presidente de México varias veces y desempeñó un papel fundamental en la guerra mexicano-estadounidense) marchó hacia El Álamo para apoderarse de él.

Durante casi dos semanas, los texanos consiguieron mantenerlos a raya, pero el 6 de marzo, las fuerzas mexicanas lograron abrir una brecha en el fuerte y derribar a los texanos. Casi todos murieron; solo hubo catorce supervivientes.

Pero en lugar de quebrar el espíritu de los texanos, lo ocurrido en El Álamo no hizo sino consolidar su deseo de independencia. La batalla se convirtió en un símbolo de resistencia y coraje. El 21 de abril, cuando Sam Houston y sus hombres derrotaron y capturaron a muchas de las fuerzas de Santa Anna en la batalla de San Jacinto, gritaron «Recuerden El Álamo» mientras atacaban.

La victoria en San Jacinto supuso la independencia de Texas. Santa Anna fue hecho prisionero. Rápidamente se firmó una declaración de independencia tras derrotar a México, convirtiendo a Texas en una república el 2 de marzo de 1836. Sin embargo, México se negó a reconocer la independencia de Texas y la consideró una provincia rebelde. La mayoría de la población texana quería formar parte de Estados Unidos y, al año de convertirse en república, Texas intentaba anexionarse al país.

Sin embargo, las fricciones entre los partidos de la oposición y las diferentes opiniones sobre la práctica de la esclavitud retrasaron el proceso. La abolición ya era un tema muy debatido en el Congreso, y los demócratas y los whigs se oponían ferozmente a añadir Texas, un estado proesclavista, a la Unión, ya que alteraría el equilibrio entre estados libres y esclavistas. Tampoco querían enfadar a México, donde la esclavitud había sido abolida. Además, los mexicanos seguían negándose a reconocer a Texas como estado independiente.

Para entonces, los días en que se elegía a un presidente por simple votación habían quedado atrás y habían surgido los partidos políticos. A finales de la década de 1820 surgió el Partido Demócrata. Los miembros de este partido formaban parte inicialmente del Partido Demócrata-Republicano, fundado en 1792. Con el tiempo, el partido empezó a desmoronarse y acabó dividiéndose en dos: los Demócratas y los Whigs. Los dos partidos tenían sus diferencias de opinión, pero estaban unidos por una causa: Texas no debía formar parte de Estados Unidos.

Anexión de Texas

Durante casi una década, la anexión de Texas siguió siendo una cuestión política, y el gran debate se prolongó. El octavo presidente de Estados Unidos, Martin Van Buren, vio en Texas un enorme lastre y rechazó la propuesta de anexión. El asunto quedó zanjado durante algún tiempo.

Sin embargo, la anexión volvió a surgir cuando William Henry Harrison fue elegido presidente en 1840. Solo ocupó el cargo durante 32 días antes de morir, lo que convirtió a su vicepresidente, John Tyler, en presidente.

El presidente Tyler abrió de nuevo la conversación sobre la anexión como parte de su agenda expansionista. Texas se convirtió en su principal objetivo porque estaba convencido de que le haría ganar un segundo mandato. También se temía que Texas pudiera amenazar la seguridad estadounidense si se la dejaba a su suerte.

Mientras tanto, la situación económica en Texas se volvía cada vez más crítica. A principios de la década de 1840, Sam Houston, presidente de Texas, decidió intentar reconciliarse con México utilizando a Gran Bretaña como mediador. Quería que México reconociera oficialmente a Texas como república o les permitiera funcionar de forma independiente dentro de las fronteras mexicanas. A cambio, Texas emanciparía a sus esclavos.

Mientras iniciaban estas conversaciones, también se mantenían en secreto conversaciones con Estados Unidos para formar parte de la

Unión, donde el clima político había cambiado un poco. Cuando México se enteró, comunicó al Congreso que, si Estados Unidos seguía adelante con la anexión, se romperían todos los lazos diplomáticos entre ambos países y se declararía la guerra.

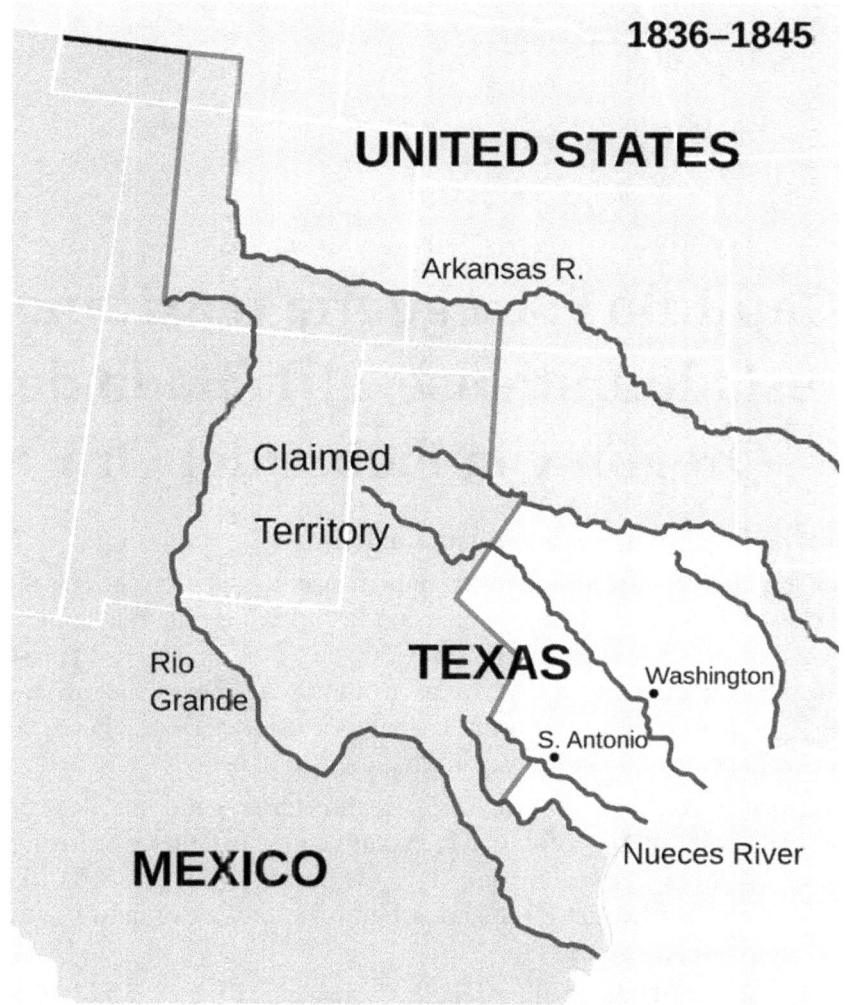

Límites de Texas tras la anexión en 1845
Este archivo está bajo licencia Creative Commons Attribution-Share Alike 3.0 Unported; https://en.wikipedia.org/wiki/File:Wpdms_republic_of_texas.svg

Texas siguió siendo una república durante casi diez años, pero su anexión se produjo finalmente el 29 de diciembre de 1845, el mismo año en que James K. Polk se convirtió en el undécimo presidente de Estados Unidos.

Capítulo 9: La guerra mexicano-estadounidense, el Tratado de Oregón y la Fiebre del Oro

Causas de la guerra mexicano-estadounidense

Como muchos en Estados Unidos habían predicho y previsto, la anexión de Texas enfureció a México y provocó la ruptura de las relaciones entre ambos países. Además de la anexión de Texas, los dos países se enzarzaron en una disputa sobre las fronteras de Texas. Según Estados Unidos, el río Grande constituía la frontera sur de Texas. Pero México sostenía que el río Nueces era el límite.

California también se convirtió en un tema candente, ya que el presidente Polk quería continuar la expansión de Estados Unidos hasta el océano Pacífico, creyendo que era el destino del país. El destino manifiesto era la idea de que Estados Unidos estaba destinado por Dios a colonizar Norteamérica.

Para colmo, México había dejado de pagar a Estados Unidos. Había prometido pagar casi 3 millones de dólares a los estadounidenses cuyas propiedades habían sido dañadas o destruidas como consecuencia de la Revolución de Texas.

La combinación de estos problemas desembocó en una guerra total. Pero antes de que comenzara la guerra, Polk había ofrecido comprar California y Nuevo México. Cuando México rechazó la oferta, las tropas estadounidenses se trasladaron a la disputada zona comprendida entre el río Nueces y el río Grande. En el pasado, todos habían reconocido que esta zona pertenecía legítimamente a Coahuila, un estado mexicano.

El 25 de abril de 1846 comenzaron una serie de escaramuzas a pequeña escala. Las fuerzas estadounidenses y mexicanas libraron la batalla de Palo Alto y la batalla de Resaca de la Palma.

Los mexicanos fueron fácilmente derrotados en ambas batallas, pero Polk dejó claro al Congreso que tenían que hacer algo más. El 13 de mayo, el Congreso aprobó declarar la guerra. Algunos legisladores se opusieron a esta declaración, pero ya era demasiado tarde, pues Estados Unidos y México estaban oficialmente en guerra.

La guerra mexicano-estadounidense

El número de mexicanos que vivían al norte del río Grande era relativamente pequeño. La población se estimaba en unos 75 mil habitantes. Las tropas estadounidenses que avanzaban hacia la zona pudieron conquistar el territorio fácilmente sin apenas resistencia. La ciudad de Monterrey fue capturada con la misma facilidad.

Por aquel entonces, el general Antonio López de Santa Anna volvió a la palestra. Había sido un líder carismático y popular que encabezó el gobierno de México en once ocasiones y se autodenominaba el «Napoleón de Occidente». En 1835, derogó la Constitución mexicana, lo que esencialmente condujo al inicio de la Revolución de Texas. Tras el fin de la revolución, permaneció cautivo en Texas durante unas tres semanas. Fue obligado a firmar un humillante tratado por el que renunciaba a Texas. Con el tiempo se le permitió regresar a México.

Santa Anna pronto volvió a tener el control del ejército. Se convertiría en presidente intermitentemente de 1839 a 1844. Gobernó como un dictador. En 1844, Santa Anna, que temía por su vida, abandonó el poder debido a las crecientes tensiones sobre su forma de gobernar. Fue capturado por un grupo de nativos americanos, que lo entregaron a las autoridades, obligándolo a exiliarse.

Estaba exiliado en Cuba cuando comenzó la guerra entre México y Estados Unidos. Santa Anna prometió a Polk que, si volvía a México, se aseguraría de que Estados Unidos saliera vencedor en los acuerdos de paz. México también había dejado a un lado su ira hacia Santa Anna y quería que volviera para liderar la carga.

Cuando Santa Anna regresó, tomó el control del ejército mexicano y lo dirigió contra Estados Unidos. No tenía intención de cumplir su promesa a Polk. Durante la batalla de Buena Vista, en febrero de 1847, las tropas estadounidenses aplastaron a México, obligándolos a retirarse.

Hubo varias batallas importantes, pero todas acabaron igual. Las tropas mexicanas lucharon valientemente, pero sufrieron demasiadas bajas. Su liderazgo era deficiente y no estaban a la altura de las tropas estadounidenses.

Un año después del inicio de la guerra, estaba cada vez más claro que la guerra había terminado. También estaba claro quiénes eran los vencedores.

Tratado de Guadalupe Hidalgo

En septiembre de 1847, el gobierno mexicano se rindió formalmente tras la caída de Ciudad de México y comenzaron las negociaciones de paz. El Tratado de Guadalupe Hidalgo se finalizó y firmó el 2 de febrero de 1848. Los términos del tratado establecían que México tendría que reconocer la anexión de Texas. Definía la frontera entre EE. UU. y México como el río Grande, no el río Nueces. México también tuvo que vender todo el territorio al norte del río Grande y California al gobierno estadounidense por 15 millones de dólares.

Estados Unidos salió de la guerra como claro vencedor y con una enorme porción de tierra. El territorio que recibió era casi tan grande como el de Luisiana, y su adquisición cambió por completo a Estados Unidos. Para México, la guerra fue desastrosa, y los mexicanos salieron de ella con grandes pérdidas y ninguna ganancia.

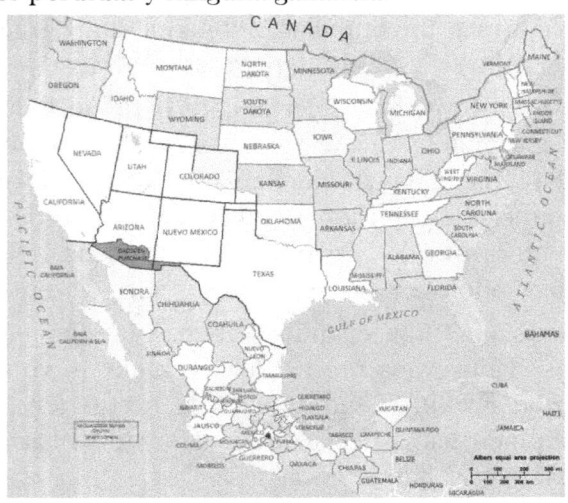

Resumen de lo que ganó EE. UU. tras la guerra. Recibió todo lo que está en blanco; el área en marrón fue disputada por México después del tratado
https://commons.wikimedia.org/wiki/File:Mexican_Cession_in_Mexican_View.PNG

Territorio del Noroeste

Estados Unidos también tenía sus ojos puestos en otras partes de Norteamérica. El noroeste del Pacífico era una codiciada extensión de tierra por la que competían varios países ya en el siglo XVIII. España, Gran Bretaña, Rusia y Estados Unidos querían el territorio para sí. Tras la guerra de 1812 cobró aún más importancia por razones diplomáticas. En 1825, tanto Rusia como España firmaron tratados por los que retiraban formalmente sus reclamaciones sobre la región, dejando a Estados Unidos y Gran Bretaña con el control disputado de la zona.

Siguió una disputa sobre quién tenía la soberanía de una zona específica del Territorio del Noroeste. Para los británicos, la región se denominaba Distrito de Columbia, mientras que los estadounidenses la llamaban Oregon Country.

En 1844, el Partido Demócrata sugirió la anexión de la zona. El Partido Whig no estaba interesado en la disputa, ya que consideraba que había asuntos más importantes que considerar.

Después de algún tiempo, Polk ofreció a los británicos un compromiso, el paralelo 49, pero los británicos se negaron. Querían que la frontera estuviera a lo largo del río Columbia.

Tras rechazar la oferta, se aconsejó a Polk que se anexionara todo el noroeste del Pacífico, pero las tensiones con México por Texas iban en aumento. Polk no quería encontrarse en una situación en la que Estados Unidos tuviera que librar dos guerras simultáneamente.

Tratado de Oregón

Estados Unidos llegó a un compromiso con los británicos y firmó el Tratado de Oregón el 15 de junio de 1846. Durante casi tres décadas, Gran Bretaña y Estados Unidos habían ocupado conjuntamente el noroeste del Pacífico. Pero con los recursos estadounidenses al límite en la guerra entre México y Estados Unidos, los estadounidenses sabían que tenían que resolver el asunto en el noroeste para evitar librar una guerra en dos frentes.

La propuesta original del paralelo 49 se estableció en el tratado como frontera entre los dos países. Los que estuvieran al sur del paralelo 49 serían ciudadanos estadounidenses, mientras que los que estuvieran al norte serían británicos. La isla de Vancouver siguió siendo territorio británico, mientras que las islas San Juan quedaron como una incógnita sobre la que se decidiría más adelante.

Paralelo 49

Kmusser, CC BY-SA 2.5 <https://creativecommons.org/licenses/by-sa/2.5>, vía Wikimedia Commons; https://commons.wikimedia.org/wiki/File:Oregoncountry.png

El tratado no fue del agrado del Alto Canadá, ya que sus habitantes consideraban que Gran Bretaña no estaba velando por sus intereses ni teniendo en cuenta sus opiniones. Cada vez querían más independencia, sobre todo en asuntos internacionales.

La fiebre del oro en California (1848-1855)

A medida que Estados Unidos seguía expandiéndose, su población crecía a un ritmo constante. A lo largo de los años, se producirían oleadas de nuevos inmigrantes, y la fiebre del oro sin duda dio lugar a tal oleada. Fue un acontecimiento de enorme importancia en la historia de Estados Unidos y marcaría los años venideros, especialmente en el estado de California.

A principios de 1848, un hombre llamado James Marshall, que trabajaba en un molino propiedad de John Sutter, encontró escamas de oro en California. Intentaron mantener el descubrimiento en secreto, pero pronto se corrió la voz, desatando la fiebre del oro.

La gente empezó a emigrar en masa, lo que provocó un aumento espectacular de la población del país. En cuestión de diez años (de 1850 a 1860), el número de habitantes de California pasó de 92.597 a 379.994 personas.

Los hombres e incluso algunas mujeres renunciaron a todo lo que tenían. Dejaron atrás a sus familias y se jugaron los ahorros de toda una vida para intentar triunfar en California. Conocidos como los *Forty-Niners* (los del 49), estos mineros del oro llegaron en masa a California, viajando a pie, a caballo y en barco.

Buscadores de oro durante la fiebre del oro
https://commons.wikimedia.org/wiki/File:1850_Woman_and_Men_in_California_Gold_Rush.jpg

El oro fácilmente accesible en la superficie se agotó rápidamente y en 1850 apenas quedaba nada, por lo que la gente no tuvo más remedio que empezar a extraerlo. La minería era cara, así que las empresas y los individuos ricos dirigían las empresas y contrataban ayuda.

La minería era difícil, peligrosa y laboriosa. La vida en los campamentos mineros era dura. Los propios campamentos mineros eran anárquicos y revoltosos. La delincuencia, la bebida, la violencia y la prostitución prosperaban allí.

Durante la fiebre del oro se encontraron más de 750.000 libras de oro. Miles de personas extrajeron oro por valor de 2.000 millones de dólares, lo que hizo muy ricos a algunos y cambió sus fortunas para siempre. Sin embargo, para la mayoría, la fiebre del oro no supuso dinero extra en sus bolsillos. Algunos murieron o quedaron en la indigencia en California. Muchos acabaron quedándose en California, dando forma a la historia del estado de maneras que no podrían haberse imaginado antes de la fiebre del oro.

Por desgracia para México, el oro se descubrió pocos días antes de que se firmara el Tratado de Guadalupe Hidalgo. Para Estados Unidos era de suma importancia hacerse con el control de California.

A finales de 1849, California solicitó formar parte de Estados Unidos. La solicitud fue rápidamente aceptada en gran parte debido al descubrimiento de oro y a la enorme afluencia de población. California incluso se saltó el paso de convertirse en territorio. Pero los californianos tenían una salvedad: querían unirse como estado libre. Esto provocó una crisis en el Congreso, ya que la esclavitud seguía siendo un tema controvertido.

El Compromiso de 1850 admitió a California como estado libre. También reforzó las leyes sobre esclavos fugitivos y prohibió el comercio de esclavos en Washington D. C. (aunque la esclavitud seguía estando permitida allí).

Genocidio en California

Aunque la fiebre del oro significó riqueza y buena fortuna para muchos, para la población indígena de california fue todo lo contrario. Su existencia, bastante pacífica, se vio alterada y, lo que es peor, los colonos blancos los consideraron un estorbo. Lo que más tarde se conocería como el genocidio de California se considera uno de los actos más atroces y vergonzosos del estado.

Poco después de convertirse en estado, el gobierno decidió que necesitaba más tierras para buscar más oro y hacer sitio a la creciente población de California. Para adquirir la tierra, necesitaban deshacerse de la población nativa americana, y la forma más fácil de hacerlo era matándolos.

Alimentados por el fanatismo y el miedo, los colonos blancos emprendieron una cruzada para «exterminar a los salvajes antes de que pudieran trabajar mucho más tiempo en las minas con seguridad», con la bendición y el apoyo del gobierno[2].

---

[2] Blakemore, Erin. "California's Little-Known Genocide".

Durante un periodo de veinte años, más del 80% de la población indígena de California fue erradicada mediante el genocidio. Las poblaciones y aldeas tribales fueron aniquiladas por completo mediante masacres.

Se aprobó una ley que otorgaba a los estadounidenses el derecho a esclavizar a los nativos americanos o a llevarse a sus hijos. Los colonos blancos también recibieron la autoridad para arrestar a los nativos u obligarlos a trabajar. Aunque en esencia se los seguía manteniendo como esclavos, las leyes permitían a los estadounidenses hacerlo de forma «legal». A menudo se llevaban a los niños y los obligaban a asistir a escuelas para ayudarlos a asimilarse a la cultura blanca. La mayoría de estos niños nunca regresaban a casa.

Se calcula que de los 150.000 indígenas que había en California al comienzo de la fiebre del oro, 100.000 murieron en los dos primeros años. Poco más de veinte años después, solo quedaban treinta mil indígenas.

En la actualidad, California es uno de los estados más diversos de Estados Unidos y alberga 109 tribus indígenas. En 2019, el estado ofreció una disculpa formal por las atrocidades cometidas durante el genocidio de California.

El Partido Republicano en 1854

Antes de hablar del siguiente gran acontecimiento de la historia de Estados Unidos (la guerra de Secesión), es importante hablar de otro hecho notable que ocurrió durante el periodo de la fiebre del oro: la formación del Partido Republicano.

Hasta la década de 1850, los dos partidos políticos dominantes eran los Demócratas y los Whigs. Los antiguos miembros del Partido Whig empezaron a reunirse para discutir la posibilidad de crear un nuevo partido que se opusiera a la esclavitud. La disolución del partido se produjo como consecuencia de la admisión de Kansas y Nebraska como estados de la Unión.

En enero de 1854, se derogó el Compromiso de Missouri (que establecía los límites entre los estados que podían ser esclavistas y los que podían ser libres) y se promulgó la Ley Kansas-Nebraska. Según esta ley, la extensión de tierra al oeste de Misuri se dividiría en dos territorios, a los que se permitiría decidir por sí mismos si querían mantener o abolir la

---

https://www.history.com/news/californias-little-known-genocide.

esclavitud. Esencialmente, podían unirse como estado libre o esclavista.

Esto no sentó bien a los que se oponían a la esclavitud porque abría la puerta a que esta existiera en territorios donde antes estaba prohibida. Los políticos que se oponían a la esclavitud lo hacían más por miedo a que los estados esclavistas se hicieran con todo el poder que por oposición moral a la esclavitud. Si el número de estados esclavistas dominaba al de estados libres, entonces, políticamente, esos estados se saldrían con la suya en el gobierno y tendrían más poder.

Mientras el Partido Whig se desmoronaba por esta controversia, los Whigs antiesclavistas continuaron reuniéndose. El 20 de marzo de 1854 formaron el Partido Republicano. Rápidamente ganaron mucho apoyo y desempeñaron un papel muy importante durante la guerra civil estadounidense.

Un republicano llamado Abraham Lincoln llegaría a la presidencia. Fue él quien abolió formalmente la esclavitud en los Estados Confederados, lo que puso en marcha la abolición de la esclavitud en todo Estados Unidos.

TERCERA PARTE:
La guerra de Secesión y la Reconstrucción (1861-1877)

Capítulo 10: ¿Qué causó la guerra de Secesión?

Cuando Estados Unidos no era más que Trece Colonias, era fácil encontrar puntos en común y permanecer unidos. Sin embargo, a medida que el país se expandía y se unían más territorios, las diferentes opiniones políticas, valores, moral y objetivos empezaron a causar tensiones entre los estados.

Uno de los problemas más evidentes eran las notorias diferencias económicas entre el norte y el sur. Esto, unido al continuo debate sobre la esclavitud, provocó un aumento de las fricciones.

A mediados del siglo XIX, Estados Unidos empezaba a despuntar. Había derrotado a los imperios europeos, resuelto sus conflictos con los vecinos México y Canadá y ampliado espectacularmente su territorio. La inmigración estaba en auge y había crecimiento en casi todos los sectores. Sin embargo, había diferencias clave en la forma de ganar dinero entre los estados del norte, como Nueva York, y los del sur, como Georgia.

En el norte, la economía estaba impulsada por la manufactura y la industria, y los negocios estaban en auge. Los estados del norte se industrializaban rápidamente y disfrutaban de riqueza y prosperidad, mientras que el crecimiento económico en el sur era menos espectacular. En los estados del sur, la agricultura y la ganadería eran las principales fuentes de ingresos. Algunos poseían plantaciones ondulantes e interminables acres de tierra, que utilizaban para cultivar algodón, tabaco y otros productos. Pero la mayor parte del sur estaba formada por granjas más pequeñas. Por supuesto, el trabajo agotador era realizado casi en su totalidad por esclavos negros. Los propietarios de las plantaciones e incluso los pequeños agricultores dependían de los esclavos. Les preocupaba qué pasaría con su fuente de ingresos y su economía si se abolía la esclavitud.

A principios de 1854, el Congreso aprobó la Ley Kansas-Nebraska, que básicamente permitía a estos nuevos territorios tener esclavos si así lo deseaban. Esto intensificó la ya acalorada cuestión y desencadenó una serie de acontecimientos que finalmente culminaron en la guerra civil o guerra de Secesión.

En primer lugar, tras la creación del estado de Kansas en 1854, estallaron en el territorio batallas entre fuerzas a favor y en contra de la esclavitud, que continuaron esporádicamente durante los cinco años siguientes. Fueron batallas despiadadas y violentas que se conocieron como *Bleeding Kansas* o «Sangrado de Kansas».

El caso Dred Scott

La ya tensa atmósfera política empeoró tres años después, cuando el Tribunal Supremo dictó sentencia en el caso Dred Scott.

Dred Scott era un joven que había nacido en la esclavitud. Cuando su amo lo llevó a un estado libre, técnicamente quedó libre, pero al regresar a un estado esclavista, volvió a ser esclavizado.

Scott demandó su libertad argumentando que, una vez liberado, ya no podía ser legalmente un esclavo. Los tribunales no estuvieron de acuerdo y, en 1854, Scott apeló la decisión ante el Tribunal Supremo. En 1857, el tribunal falló en su contra y perdió su petición de libertad. El Tribunal Supremo dictaminó que las personas con ascendencia africana no podían reclamar la ciudadanía. Ha sido calificada como una de las peores decisiones que ha tomado el Tribunal Supremo.

Dred Scott
https://commons.wikimedia.org/wiki/File:Dred_Scott_photograph_(circa_1857).jpg

La decisión parecía apoyar la Ley Kansas-Nebraska. Los abolicionistas se enfurecieron por la decisión, y los sentimientos antiesclavistas aumentaron y cobraron impulso.

Secesión de Estados

En 1860, Abraham Lincoln, un republicano que estaba firmemente en contra de la práctica de la esclavitud, fue elegido decimosexto presidente de Estados Unidos. A pesar de que Lincoln no había hecho planes para liberar a los esclavos porque hacerlo iría en contra de la Constitución, los estados del sur decidieron que ya estaban hartos.

En enero de 1861 se convocó una convención y los delegados decidieron que Carolina del Sur se separaría de Estados Unidos. Otros seis estados también se separaron: Florida, Georgia, Luisiana, Mississippi, Alabama y Texas. Otros cuatro estados —Tennessee, Arkansas, Carolina del Norte y Virginia— hicieron lo mismo ese mismo año. Finalmente, el grupo de once estados se uniría para convertirse en los Estados

Confederados de América. Durante la guerra de Secesión, se los conocería como la Confederación, mientras que a los que luchaban por el Norte se los denominaría la Unión.

Inicio de la guerra

Un mes después de la secesión inicial, los estados crearon un gobierno y nombraron presidente interino a Jefferson Davis.

La Confederación empezó a mover ficha casi de inmediato. El presidente James Buchanan, que dejaba el cargo en 1861, se negó a entregarles ninguno de los puertos del Sur. Las tropas confederadas tomaron represalias apoderándose de ellos por la fuerza. Un barco que se dirigía a Fort Sumter con suministros para las fuerzas federales se vio obligado a dar la vuelta.

Sin embargo, la guerra no comenzó oficialmente hasta que Lincoln tomó posesión de su cargo. Cuando Lincoln tomó posesión, reafirmó que no tenía intención de abolir la esclavitud en los estados esclavistas. También se negó a aceptar la secesión y pidió que el país se uniera y resolviera sus diferencias.

Mientras tanto, Fort Sumter seguía sin suministros, por lo que se hizo otro intento de entregarlos. Lincoln esperaba evitar un enfrentamiento, por lo que avisó a Carolina del Sur de antemano. Se pidió a Robert Anderson, el hombre al mando del fuerte, que se rindiera. Anderson volvió a negarse a abandonar Fort Sumter. Al día siguiente, el comandante de la milicia, P. G. T. Beauregard, abrió fuego a primera hora de la mañana, sobre las 4:30, contra Fort Sumter.

Unas horas más tarde, Abner Doubleday respondió al fuego, momento en el que Beauregard desató una lluvia de disparos, efectuando tres mil disparos en un lapso de 34 horas. El 13 de abril, los cañonazos atravesaron la fortaleza, provocando incendios en el puesto. No hubo bajas en esta primera batalla, aunque algunos soldados de la Unión murieron cuando un cañón estalló en el fuerte mientras daban una salva el 14 de abril. Anderson aceptó finalmente evacuar el fuerte. La guerra de Secesión había comenzado.

Capítulo 11: Batallas y campañas clave de la guerra de Secesión

Antes de profundizar en las batallas y campañas de la guerra de Secesión, echemos un vistazo más de cerca a los grupos enfrentados.

Ejército de la Unión

También conocido como el Ejército Federal, el Ejército del Norte o los yanquis, la Unión incluía veinte estados:

- Nueva York
- Maine
- Vermont
- Nuevo Hampshire
- Connecticut
- Massachusetts
- Rhode Island
- Pennsylvania
- Ohio
- Nueva Jersey
- Indiana
- Illinois
- Kansas

- Wisconsin
- Michigan
- Minnesota
- Iowa
- Nevada
- California
- Oregón

Una imagen del Ejército de la Unión; el general George McClellan, que dirigió la campaña de la Península, está a la derecha del tocón
https://commons.wikimedia.org/wiki/File:GeorgeMcClellan1861a.jpg

El presidente de la Unión era Abraham Lincoln. La Unión era antiesclavista, aunque no todos luchaban para abolir la esclavitud. Muchos lucharon porque querían mantener intacta la Unión.

También hay que señalar que los residentes que vivían en el oeste de Virginia no querían separarse, por lo que esa parte del estado pasó a formar parte de la Unión como estado de Virginia Occidental. Aunque formaba parte de la Unión, no luchó por ella. Junto con otros cuatro estados esclavistas —Delaware, Maryland, Kentucky y Misuri—, era un estado fronterizo. Mantuvieron una postura bastante neutral durante toda la guerra. No dependían tanto de la mano de obra esclava como los estados del sur, pero creían que abandonar la Unión era una decisión equivocada. Muchos individuos de los estados fronterizos lucharon en la guerra, la mayoría de ellos a favor de la Unión.

Ejército confederado

Los soldados confederados, a veces denominados sureños o rebeldes, procedían de los estados que se separaron de Estados Unidos. Eran los siguientes:

- Texas
- Luisiana
- Arkansas
- Mississippi
- Tennessee
- Georgia
- Alabama
- Florida
- Carolina del Sur y del Norte
- Virginia

Jefferson Davis era el presidente de la Confederación.

El Ejército Confederado planeaba librar una guerra defensiva. Los confederados confiaban en que el Norte no querría entrar en un conflicto a gran escala y aceptaría un compromiso para evitar una guerra prolongada. Los sureños también pensaban que su forma de vida les dejaba mejor preparados para ser soldados. Tenían algunos grandes líderes militares y una causa por la que merecía la pena morir. Una combinación de estos factores los llevó a creer arrogantemente que una guerra con el Norte sería corta y rápida; también creían que saldrían vencedores.

Una de las cosas más importantes que tenían a su favor los soldados de la Unión era la capacidad del Norte para fabricar y producir armas. Cuando comenzó la guerra de Secesión, la fuerza industrial del Norte crecía rápidamente. La economía del Sur se basaba en la agricultura, lo que no era ideal para financiar o planificar una guerra. El Sur también tenía una población mucho menor, lo que suponía una desventaja significativa a la hora de recaudar impuestos y fondos para financiar la guerra. Una población más pequeña también significaba que cuando sufrían pérdidas en el campo de batalla, tenían menos gente para reemplazar a los soldados caídos.

La Armada de la Unión también era mucho más fuerte y capaz que la Confederada. Cuando los puertos del Sur fueron sometidos a bloqueos por parte de la Unión, el Sur no pudo enviar su algodón a puertos extranjeros, lo que redujo drásticamente su capacidad exportadora y afectó financieramente a la Confederación.

En resumen, el Ejército de la Unión estaba mejor situado para librar la guerra en casi todos los aspectos. Sin embargo, no tuvieron en cuenta que el Sur estaba más apasionado por la causa de la guerra y conocía mejor el terreno del Sur. Ambos bandos esperaban una guerra corta y una victoria rápida. Lo que ninguno de los bandos anticipó fue la tenacidad y determinación de su enemigo.

Ejército Confederado
https://en.wikipedia.org/wiki/File:ConfederateArmyPhoto.jpg

Guerra de Secesión estadounidense
Primera batalla de Bull Run - 21 de julio de 1861

La Primera batalla de Bull Run (también conocida como la batalla de Manassas) fue la primera gran batalla a gran escala de la guerra de Secesión. Fue una experiencia reveladora para los dos bandos, que ingenuamente habían asumido que la guerra terminaría rápidamente y con pocas bajas.

Tras el inicio de la guerra de Secesión en Fort Sumter, las fuerzas de la Unión se sintieron seguras de poder ganar la guerra en poco tiempo. Esto condujo a una ofensiva prematura en Virginia de unos 34 mil soldados de la Unión, que estaban dirigidos por el general Irvin McDowell. Solo unos 18 mil tomaron parte en la lucha.

Cuando el Ejército Confederado se enteró del avance, el general Beauregard reunió a unos 22 mil soldados. El general Joseph Johnston también se le unió con otros 12 mil soldados. De nuevo, solo unos 18 mil tomaron parte en la batalla.

En la mañana del 21 de julio, ambos bandos estaban listos para la batalla. Comenzó cuando tres divisiones de la Unión cruzaron el arroyo Bull Run, haciendo retroceder a las tropas confederadas hasta Henry House Hill.

Pero Beauregard tenía una fuerte línea defensiva, que disparó y contraatacó desde una ladera oculta. Una repentina carga de los rebeldes (otro nombre para los confederados) colina abajo rompió la línea de McDowell, y las tropas de la Unión se vieron obligadas a retirarse.

Esto dio paso a una lucha caótica y desorganizada, y al derramamiento de sangre. Casi tres mil soldados de la Unión murieron, desaparecieron o resultaron heridos. Los confederados tuvieron casi dos mil bajas. Fue algo horrible de presenciar para los civiles y las tropas. Las familias adineradas de Washington acudieron a merendar y ver la batalla, esperando una fácil victoria de la Unión. También tuvieron que retirarse apresuradamente cuando la batalla no fue a su favor. Por otro lado, dejó al gobierno sin saber cómo proceder. Una guerra que creían fácil de ganar se presentaba ahora mucho más complicada.

La guerra de Secesión comenzó el 12 de abril de 1861, cuando los rebeldes dispararon contra Fort Sumter. Terminó el 9 de abril de 1865, con la rendición de la Confederación a la Unión. En el transcurso de cuatro años, se calcula que entre 620.000 y 750.000 soldados perdieron la vida en las sangrientas y violentas batallas. Esta cifra no tiene en cuenta los miles de civiles inocentes que murieron como consecuencia directa de la guerra. Los historiadores estiman que esa cifra ronda los cincuenta mil, aunque es probable que el número real de bajas sea bastante mayor.

Sin embargo, la guerra de Secesión no se libró totalmente en vano. Al final de la guerra, el país se había unido de nuevo, aunque las tensiones seguían siendo elevadas. La esclavitud también fue abolida definitivamente a finales de 1865.

Aunque en la guerra hubo miles de batallas, solo unas cincuenta fueron significativas, y algunas de ellas fueron más decisivas que otras. Si está interesado en este periodo (o en cualquier otro periodo de la historia de EE. UU.), le recomendamos encarecidamente que consulte las referencias para obtener más información sobre lo que ocurrió.

La batalla de Antietam - 17 de septiembre de 1862

Durante la campaña de Maryland, la Unión ganó la batalla de South Mountain, mientras que los Confederados ganaron la batalla de Harpers Ferry. Con la esperanza de asegurar otra victoria para los confederados, el general Robert E. Lee ordenó a sus fuerzas que convergieran cerca de Antietam Creek. La topografía de la zona la hacía ideal para montar una defensa. Las tropas de Lee tomaron posiciones el 15 de septiembre y esperaron la llegada de las tropas de la Unión.

Las tropas del general de la Unión George McClellan llegaron la tarde siguiente. Envió un cuerpo al otro lado del arroyo, donde se encontraron con algunas de las tropas de Lee. Las dos divisiones lucharon, y a la mañana siguiente, al amanecer, las tropas de la Unión lanzaron un ataque. Los dos bandos atacaron de un lado a otro, librando una formidable batalla.

A última hora de la tarde, las tropas de la Unión habían logrado hacer retroceder a los confederados y reclamar la victoria. Incluso después de terminada la batalla, continuaron las escaramuzas menores durante otros dos días antes de que Lee y sus hombres se retiraran por completo. McClellan decidió no seguir a Lee, lo que hizo que Lincoln se cuestionara su capacidad. Sintiéndose inseguro respecto a McClellan, Lincoln decidió poner el Ejército del Potomac bajo el mando del general de división Ambrose Burnside.

Antietam se convertiría en la batalla de un día más sangrienta de la historia del país. La batalla se saldó con la asombrosa cifra de 22.717 bajas: 12.401 en el bando de la Unión y 10.316 en el bando confederado.

Tras esta victoria, el presidente Lincoln firmó la Proclamación de Emancipación, que se tratará con más detalle en el capítulo 12.

La batalla de Fredericksburg – del 11 al 15 de diciembre de 1862

Casi 200.000 hombres lucharon en la batalla de Fredericksburg, convirtiéndola en la batalla con mayor número de tropas. El general Lee lideró la carga con 72.500 soldados confederados contra el general Burnside, que contaba con 106.000 soldados. Esta fue una de las primeras grandes batallas de la guerra de Secesión, y terminó con una gran victoria para los confederados.

Aunque Burnside y sus tropas habían llegado a Falmouth, Virginia, en noviembre, no disponían de pontones para cruzar el río Rappahannock. El mal tiempo y la nieve los retrasaron aún más.

El retraso permitió a Lee prepararse. Predijo correctamente que Burnside cruzaría el río, por lo que estacionó tropas rebeldes en posiciones defensivas a lo largo del río. Cuando la batalla comenzó el 11 de diciembre, con los soldados de la Unión cruzando hacia Fredericksburg, recibieron disparos de soldados confederados.

Las cosas siguieron yendo mal para los soldados de la Unión; perdieron el doble de hombres que los confederados. El 15 de diciembre, los hombres de Burnside se retiraron y los rebeldes consiguieron una increíble victoria. La victoria supuso una enorme inyección de moral para los estados del Sur y fue un golpe devastador para la Unión.

En enero de 1863 se montó una segunda ofensiva contra Lee, pero también fue un fracaso. Después de esto, Burnside renunció a su puesto y fue reemplazado por «Fighting» (Luchador) Joe Hooker.

La batalla de Chancellorsville – del 30 de abril al 6 de mayo de 1863

Tras la desastrosa batalla de Fredericksburg, el Ejército de la Unión quedó sacudido y desorganizado. Burnside dimitió y Hooker tomó el mando. La primera tarea de Hooker fue entrenar a las tropas. Su objetivo era capturar Richmond, Virginia, que era la capital de la Confederación.

El plan de Hooker era simple. Enviaría dos tercios de sus tropas cerca de Fredericksburg para engañar a Lee haciéndole creer que planeaban un asalto frontal. Mientras tanto, llevaría al resto de sus tropas a través del río Rappahannock.

Pero Lee, que había pensado con antelación, también decidió dividir sus tropas y así estaba preparado para el ejército de Hooker cuando llegaron cerca de Chancellorsville el 1 de mayo de 1863. Lee decidió dividir sus tropas una vez más. Thomas «Stonewall» Jackson, uno de los generales de mayor confianza de Lee, se adelantó con 28 mil soldados para atacar el flanco derecho de Hooker, que había quedado expuesto.

Jackson destruyó la mitad de las tropas de la Unión ese día. Más tarde esa noche, mientras él y sus hombres iban de exploración por el bosque, un regimiento de Carolina del Norte empezó a dispararles, pensando que eran tropas de la Unión. Algunas de las balas le alcanzaron y se rompió el brazo, por lo que tuvieron que amputárselo. Contrajo neumonía y murió el 10 de mayo de 1863. La Confederación lo aclamó como héroe de guerra.

El 6 de mayo, Hooker y sus tropas se retiraron a Washington. La batalla de Chancellorsville duró una semana y terminó con una gran victoria para los confederados. Lee parecía casi imparable.

La batalla de Gettysburg - del 1 al 3 de julio de 1863

La serie de victorias del aparentemente imparable general Lee terminó en la batalla de Gettysburg, que es quizás la batalla más conocida de la guerra de Secesión. Sería el punto de inflexión de la guerra.

Recién salido de su victoria en Chancellorsville, Lee tomó la decisión de cruzar a territorio de la Unión. Un año antes, Lee se había visto obligado a retroceder desde el Norte tras una victoria de la Unión en Antietam, pero estaba dispuesto a intentarlo de nuevo. También esperaba que la invasión del Norte desviara algunas tropas norteñas del asedio de Vicksburg, del que hablaremos en breve.

Lincoln tenía dificultades para encontrar al comandante adecuado para el Ejército del Potomac. Apenas unos días antes de la batalla de Gettysburg, nombró al general George Meade. Las órdenes de Meade eran seguir a Lee y asegurarse de que las tropas de la Unión le impidieran llegar a Washington.

El 15 de junio, Lee condujo a parte de su ejército a través del Potomac y, a finales de mes, habían llegado al río Susquehanna. La batalla comenzó el 1 de julio, cuando un grupo de tropas confederadas se dirigió a Gettysburg, Pennsylvania, en busca de suministros. Se enfrentaron a una unidad de caballería de la Unión, que los contuvo hasta que llegaron más refuerzos.

Por la tarde, el encuentro fortuito en un cruce de carreteras entre las dos fuerzas se convirtió en una feroz batalla. Durante tres días, las tropas de la Unión y los Confederados continuaron luchando con grandes pérdidas en ambos bandos. Se calcula que murieron 51.112 soldados: 23.049 del bando de la Unión y 28.063 del bando confederado.

La batalla de Gettysburg
Adam Cuerden https://en.wikipedia.org/wiki/File:Thure_de_Thulstrup_-_L._Prang_and_Co._-_Battle_of_Gettysburg_-_Restoration_by_Adam_Cuerden.jpg

Fue la batalla más sangrienta de la guerra de Secesión. Cuando quedó claro que el Ejército de la Unión estaba ganando, Lee se retiró y comenzó a dirigirse hacia el sur. Meade tomó la decisión de no ir tras él, para disgusto de Lincoln.

Sintiéndose derrotado, Lee intentó dimitir de su cargo, pero fue rechazado por el presidente Davis. Aunque todavía se librarían otras batallas antes de que terminara la guerra de Secesión, Gettysburg se consideraba la última batalla decisiva en la que las tornas cambiaron a favor de la Unión. Gettysburg sería la última invasión a gran escala en el Norte por parte de las tropas confederadas. La derrota de Lee puso fin a cualquier esperanza de que los Estados Confederados se convirtieran en una nación independiente.

Pocos meses después del final de la batalla, se creó el Cementerio Nacional de Gettysburg. El 19 de noviembre de 1863, Lincoln pronunció su discurso más famoso. En su discurso, destacó que la guerra de Secesión ya no era solo una lucha para preservar la Unión. Era una lucha por la democracia, la libertad y la igualdad. Prometió que la nación «tendrá un nuevo nacimiento de libertad y que el gobierno del pueblo, por el pueblo y para el pueblo, no perecerá de la tierra»[3].

Campaña de Vicksburg – del 29 de diciembre de 1862 al 4 de julio de 1863

Cuando comenzó la guerra de Secesión, los estados del Sur tenían el control del río Misisipi, que era una vía fluvial importante para el país, ya que servía de enlace con países fuera de los EE. UU. La Unión acabaría haciéndose con el control de la vital vía fluvial. Vicksburg acabaría siendo una victoria decisiva y exitosa para el ejército de la Unión, pero también sería la campaña más larga de la guerra.

Durante el invierno de 1862/63, el general Ulysses S. Grant intentó tomar la ciudad, pero su campaña no tuvo éxito. Lo intentó de nuevo en la primavera de 1863. Esta vez, esperaba un largo asedio, por lo que hizo que el ejército construyera trincheras para encerrar a los soldados confederados, dirigidos por el general John Pemberton.

Veintinueve mil soldados quedaron atrapados dentro del perímetro y, en cuestión de semanas, Vicksburg fue capturada por Grant y sus hombres. Otras tropas confederadas intentaron sin éxito rescatar a las fuerzas atrapadas.

Pemberton hizo un valiente esfuerzo y resistió durante casi dos meses. El 4 de julio, 47 días después del inicio del asedio, Pemberton se rindió finalmente a la Unión. Esta derrota fue un acontecimiento clave en la guerra de Secesión. Después de que el Ejército de la Unión derrotara con éxito a los rebeldes en Port Hudson, en Luisiana, el control del río Misisipi estaba finalmente en sus manos.

La batalla de Spotsylvania – del 8 al 21 de mayo de 1864

Después de Gettysburg, se libraron una serie de batallas en Virginia. El objetivo principal del general Ulysses Grant era perseguir a Lee, derrotar a su ejército y capturar Richmond, la capital de los estados confederados. Dio instrucciones al general Meade y al Ejército del Potomac para que persiguieran a Lee sin descanso. Esa persecución los llevó hacia Spotsylvania; su objetivo era interponerse entre Richmond y el ejército de Lee.

Cuando ambos ejércitos llegaron a la zona, estaban decididos a bloquear el avance del otro. Siguió una batalla de doce días, con numerosas bajas en ambos bandos. Casi 3.000 soldados de la Unión

---

[3] "Battle of Gettysburg". https://www.history.com/topics/american-civil-war/battle-of-gettysburg#section_1

murieron durante la batalla, mientras que otros 15.400 fueron heridos, capturados o desaparecieron. El Ejército Confederado sufrió menos bajas, con aproximadamente 1.500 muertos y otros 11.000 heridos o desaparecidos.

El resultado final de la batalla permanece inconcluso hasta el día de hoy, ya que ambos bandos se declararon vencedores de la batalla. El Ejército Confederado había mantenido sus defensas, y el Ejército de la Unión había incapacitado gravemente al ejército de Lee. Este perdió hombres que no podría reemplazar.

Ganador o no, terminó siendo una victoria significativa y estratégica para Grant porque, poco a poco, Lee y su ejército estaban siendo arrinconados. Finalmente se rindió en abril de 1865 en Appomattox, Virginia.

La batalla de Atlanta - 22 de julio de 1864

La campaña de Atlanta del Ejército de la Unión comenzó en mayo de 1864. El plan era que el Ejército de la Unión se abriera paso desde Tennessee hasta Atlanta, que era estratégicamente importante para el Ejército Confederado porque tenía un ferrocarril y era un centro de fabricación. También estaba cerca de Richmond, Virginia, que era la capital de la Confederación.

Capturar Atlanta sería una victoria significativa. La batalla comenzó el 22 de julio de 1864. Las tropas de la Unión estaban dirigidas por el general de división James McPherson y el general de división William Tecumseh Sherman. Durante un enfrentamiento con las tropas confederadas, lideradas por el general John Hood, McPherson fue abatido.

Las tropas de la Unión no estaban dispuestas a rendirse y siguieron luchando. Consiguieron rechazar la ofensiva confederada, pero los confederados sufrieron muchas bajas y perdieron alrededor de 5.500 hombres (aproximadamente el 10% de todas sus fuerzas).

Aunque Hood y sus tropas retrocedieron, no se rindieron. Sherman había conseguido aislar Atlanta del ferrocarril por el este, pero las tropas confederadas resistieron tenazmente. Sherman continuó bombardeando la ciudad y estacionó su ejército cerca del oeste para cortar las conexiones con el ferrocarril por allí.

La ciudad de Atlanta fue capturada con éxito por Sherman y sus hombres unos meses más tarde, en septiembre. Tras la victoria, Sherman y sus hombres salieron de la ciudad y arrasaron la campiña de Georgia en una campaña que ahora se conoce como la Marcha de Sherman hacia el Mar.

La marcha duró desde mediados de noviembre hasta el 21 de diciembre de 1864. Las tropas atravesaron Georgia, saqueando y destruyendo todo lo que caía en sus manos. Finalmente rodearon Savannah, Georgia, y exigieron su rendición. El 21 de diciembre, el alcalde se rindió formalmente.

Nativos americanos en la guerra de Secesión

Casi veinte mil nativos americanos lucharon en la guerra de Secesión. Eligieron bando en función de sus lealtades existentes y de aquello en lo que creían. Lucharon por sus familias, su soberanía y sus tribus.

Muchos nativos americanos querían que se mantuviera el statu quo (o que las cosas mejoraran). Muchos también lucharon basándose en sus creencias sobre la esclavitud. También hubo tribus que fueron alentadas por nativos americanos ricos que poseían esclavos para que firmaran tratados con la Confederación y lucharan en su nombre. Muchas tribus se pusieron del lado de la Confederación, que prometió devolverles sus tierras.

Al final, ninguno de los nativos americanos consiguió lo que quería y acabaron luchando entre sí, sin ganar nada con ello.

Fin de la guerra de Secesión

La rendición se produjo poco después de la batalla de Appomattox Court House. A principios de la primavera de 1865, los soldados confederados sabían que estaban perdiendo la batalla. A medida que los rebeldes se retiraban hacia el oeste, se vieron rodeados casi por completo por las tropas de la Unión. Sin embargo, reacios a admitir la derrota, los rebeldes, bajo el mando de Lee, montaron una última ofensiva en la mañana del 9 de abril. Pero pronto les quedó claro que los soldados de la Unión los superaban en número.

A última hora de la mañana, sin comida ni suministros y frente a un gran número de tropas de la Unión, Lee tomó la difícil decisión de rendirse. Lee y Grant se reunieron en casa de Wilmer McLean, donde Lee se rindió formalmente.

Aunque la guerra había terminado, no puso fin inmediato a las batallas, ya que las noticias viajaban lentamente en aquel entonces. Tras la rendición de Lee, tuvieron lugar otras seis pequeñas batallas. La última, la batalla del Rancho Palmito, tuvo lugar a mediados de mayo. Después de esto, la guerra había terminado realmente.

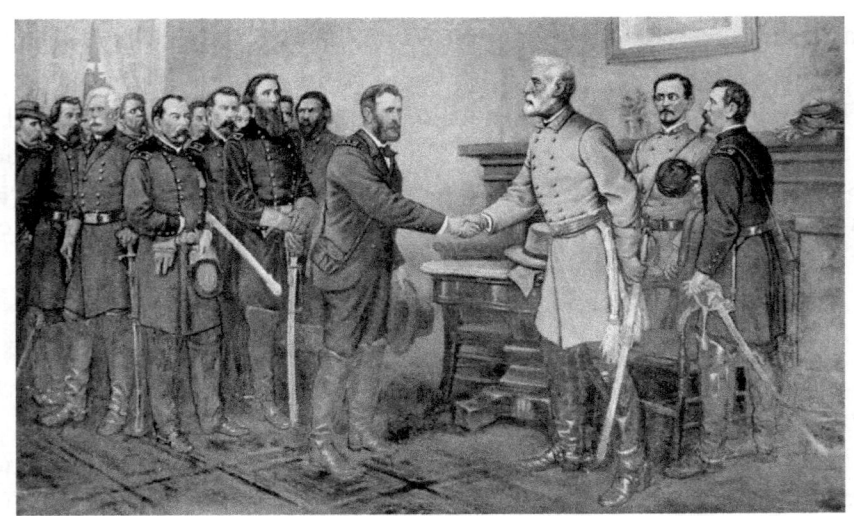

Pintura de la rendición de Lee a Grant
https://commons.wikimedia.org/wiki/File:General_Robert_E._Lee_surrenders_at_Appomattox_Court_House_1865.jpg

Grant fue muy generoso con Lee. Indultó a todos los soldados del Ejército Confederado y les permitió conservar su propiedad privada, incluidos sus caballos y armas. Incluso insistió en que los soldados de la Unión compartieran sus raciones de comida con los rebeldes porque, a sus ojos, todos eran estadounidenses.

Capítulo 12: Esclavitud, emancipación y secuelas

La esclavitud

Desde los primeros días del país, la esclavitud había sido una fuente de tensión en Estados Unidos. Con el paso del tiempo, la división entre los que estaban a favor y en contra de la esclavitud se profundizó.

El presidente Lincoln aborrecía la idea de la esclavitud y no creía que tuviera cabida en Estados Unidos. Sin embargo, no creía que pudiera abolir la esclavitud por completo, ya que iría en contra del derecho constitucional de los estados esclavistas. Incluso lo dijo en su primer discurso inaugural en 1861. En su lugar, trató de educar a la nación al respecto e intentó asegurarse de que a los nuevos estados que se unieran al país no se les permitiera establecer la esclavitud.

Cuando estalló la guerra de Secesión, la esclavitud era una de las razones del descontento del Sur. El propio Lincoln declaró que la guerra no pretendía conseguir la libertad de los esclavos; el objetivo era evitar que el país se dividiera en dos.

A medida que avanzaba la guerra y los esclavos empezaban a huir del Sur, algunos argumentaban que, si los esclavos del Sur eran liberados, se debilitaría la posición confederada, ya que dependían mucho de la mano de obra esclava. Esto ayudaría al esfuerzo bélico del Ejército de la Unión.

En julio de 1862, el Congreso decidió que los hombres negros tendrían permiso para servir en las fuerzas estadounidenses. Se llamó Ley de Milicias. Una segunda ley, llamada Ley de Confiscación, establecía que todos los esclavos que fueran capturados de los estados confederados o de sus partidarios serían puestos en libertad.

Lincoln pidió ayuda a los estados fronterizos para la emancipación, pero no estaban interesados. Los abolicionistas lo instaron a adoptar una postura más firme respecto a la esclavitud, pero Lincoln no quiso hacerlo porque su principal prioridad era volver a unir al país.

Proclamación de la Emancipación

Mientras tanto, el Gabinete de Lincoln trabajaba en un documento sobre la esclavitud. El secretario de Estado de Lincoln, William Seward, le aconsejó que no publicara el documento hasta que el Ejército de la Unión obtuviera una gran victoria.

La victoria llegó durante la batalla de Antietam, donde las fuerzas de la Unión aplastaron a Lee y sus tropas. Pocos días después, se anunció el documento de Lincoln, que se conocería como la Proclamación de Emancipación. La proclamación imploraba a los Estados Confederados que regresaran a la Unión antes del 1 de enero de 1863. Si no lo hacían, entonces Lincoln prometía que todas las «personas mantenidas como esclavos... dentro de los estados rebeldes... son y serán libres en lo sucesivo»[4].

Cuando llegó el 1 de enero, la Proclamación de Emancipación se convirtió en ley. En el pasado, cuando Lincoln alentaba la emancipación, había hablado de ofrecer compensaciones a los propietarios de esclavos o de la emigración de estos, pero su postura ya no era la misma. Consideraba la proclamación como una medida de guerra.

Contrariamente a la creencia popular, Lincoln no liberó a todos los esclavos. La proclamación solo se aplicó a los esclavos de los Estados Confederados. En cualquier caso, la Proclamación de Emancipación sentó las bases y preparó el terreno para la abolición permanente de la esclavitud. También dio a los afroamericanos una razón más fuerte para ganar la guerra. Hizo de la guerra una lucha por la libertad.

El objetivo de la guerra de Secesión empezó a cambiar. Aunque la unificación de la Unión seguía siendo prioritaria, la abolición empezó a cobrar importancia. Tal vez a los políticos del Norte les resultaba difícil imaginar que los liberados volvieran a la esclavitud. El Congreso y Lincoln empezaron a trabajar en la Constitución para añadir una enmienda que

---

[4] "The Emancipation Proclamation". https://www.archives.gov/exhibits/featured-documents/emancipation-proclamation

aboliera la esclavitud.

A finales de enero de 1865, se aprobó la Decimotercera Enmienda. No sería ratificada hasta diciembre. Lincoln, que inicialmente había dudado en adoptar una postura firme sobre la emancipación, declaró en febrero de 1865 que esperaba que esta se convirtiera en su legado. Se puede decir con seguridad que así fue.

Estados fronterizos

No todos los estados esclavistas abandonaron la Unión para unirse a la Confederación. Los cinco estados que siguieron formando parte de Estados Unidos fueron Kentucky, Maryland, Misuri, Virginia Occidental y Delaware. A lo largo de la guerra de Secesión, se los conoció como los estados fronterizos.

Al comienzo de la guerra de Secesión, la mayoría de los estados fronterizos eran neutrales. Algunos incluso se pusieron del lado de la Confederación, ya que consideraban que el Norte estaba siendo injusto con ellos. Pero a medida que la guerra avanzaba, se produjo un cambio en los sentimientos.

Kentucky era neutral al principio, pero cambió su postura y se puso del lado del Norte. El apoyo de Kentucky contribuyó en gran medida al esfuerzo bélico de los federalistas.

Lo mismo ocurrió con Maryland. Estaba estratégicamente situado entre Virginia y Washington D. C. Si Maryland se hubiera separado, las cosas podrían haber ido muy mal para el ejército de la Unión. En 1864, Maryland votó a favor de abolir la esclavitud.

Aunque oficialmente era neutral, un porcentaje significativo de la población consideraba que la guerra contra la Confederación era un error y envió soldados para apoyarla. A medida que avanzaba la guerra, el gobierno del estado se dividió en dos: uno era favorable a la Confederación y el otro a la Unión.

Delaware era leal a la Unión, y su lealtad no flaqueó durante la guerra de Secesión.

Las cosas fueron un poco más complicadas para Virginia Occidental, ya que la guerra de Secesión fue el catalizador que dividió Virginia en dos. Aunque Virginia Occidental era una firme partidaria de la Unión, mucha gente no estaba de acuerdo y se unió al esfuerzo bélico en el banco de la Confederación.

Aunque, en su mayor parte, los gobiernos de los estados fronterizos no participaron activamente en la lucha, fueron aliados estratégicos de la Unión y ayudaron al esfuerzo bélico proporcionando suministros, materiales y dinero. Los individuos lucharon en la guerra, pero no fueron enviados por el gobierno estatal. Geográficamente, su apoyo también fue importante.

La neutralidad de los estados fronterizos es una de las razones por las que Lincoln dudaba tanto en atacar la esclavitud. No quería enemistarse con los estados fronterizos que seguían siendo favorables a la esclavitud.

Cuando la guerra de Secesión estaba en pleno apogeo, una mayoría significativa de la población de los estados fronterizos se había puesto del lado de las tropas de la Unión. Aproximadamente 275.000 hombres de los estados fronterizos se unieron a la guerra en el bando de la Unión. El Ejército Confederado tuvo mucho menos apoyo, con aproximadamente 71 mil hombres de los estados fronterizos luchando para ellos.

Secuelas

Una vez finalizada oficialmente la guerra, el país quedó devastado y destrozado por la guerra, especialmente en el Sur. La Decimotercera Enmienda de la Constitución, ratificada a finales de 1865, afectó aún más al Sur, ya que supuso la abolición de la esclavitud en todo el país.

Aproximadamente cuatro millones de esclavos pasaron a ser libres. En los cinco años siguientes, se concedió a los antiguos esclavos la igualdad de ciudadanía, así como el derecho al voto. Por desgracia, el presidente Lincoln, el hombre que tanto había luchado por este momento, nunca llegaría a verlo hecho realidad.

Presidente Lincoln
https://commons.wikimedia.org/wiki/File:Abraham_Lincoln_O-77_matte_collodion_print.jpg

El asesinato del presidente Lincoln

El hombre que arrastró al país durante la guerra de Secesión no viviría para ver al país unido una vez más.

Incluso cuando Lee y su ejército se rindieron, algunos sureños se aferraron firmemente a la creencia de que aún podrían crear un país confederado si Lincoln era asesinado. Un famoso actor llamado John Wilkes Booth era un firme partidario de la Confederación. Urdió un complot para asesinar al presidente Lincoln y a sus sucesores, de modo que el gobierno estadounidense quedara sin un liderazgo o una dirección claros. Y en esa confusión, la Confederación podría ser restaurada.

El 14 de abril de 1865, cinco días después de la rendición de la Confederación, el presidente Lincoln estaba en su palco privado del teatro Ford viendo una representación de *Our American Cousin*. Booth esperó un momento en el que el público se estuviera riendo y disparó al presidente en la nuca. Lincoln murió al día siguiente.

Ninguna otra figura importante fue asesinada, aunque hubo un atentado contra la vida de Seward. El 26 de abril, las tropas de la Unión localizaron e intentaron capturar a Booth. Acabó siendo abatido por un sargento de la Unión y murió a las pocas horas. Los hombres y una mujer que conspiraron con Booth fueron arrestados, condenados y colgados hasta morir el 7 de julio de 1865.

Puede que Lincoln no viviera para ver el fruto de su trabajo, pero su legado sentaría las bases del país en que se convertiría Estados Unidos.

Capítulo 13: La Reconstrucción (1865-1877)

La historia estadounidense es colorida y volátil. Sin embargo, a mediados de la década de 1850, nada había sido tan significativo, brutal o impactante como la guerra de Secesión. El país volvía a estar unificado, aunque el proceso de admisión formal de los Estados Confederados llevaría algún tiempo. La guerra también traumatizó a una generación, provocó la pérdida de cientos de miles de vidas y creó un profundo resentimiento.

Una vez que el polvo se asentó, el país se enfrentó a una tarea monumental. El gobierno tenía que reconstruir la nación. La turbulenta década que siguió al final de la guerra de Secesión se conoció como la Reconstrucción. El país se encontraba en un territorio desconocido y le resultó difícil navegar por él. Los Estados Confederados regresaron a la Unión y millones de esclavos liberados lucharon por encontrar su lugar en la sociedad.

La Reconstrucción del Congreso

Las Leyes de Reconstrucción esbozaron los términos y condiciones para que los Estados Confederados se reincorporaran a la Unión. Las leyes fueron redactadas en el Congreso por republicanos radicales y se promulgaron en 1867 y 1868.

Tras el asesinato de Lincoln, el vicepresidente Andrew Johnson tomó posesión como decimoséptimo presidente de los Estados Unidos. Quería unificar el país, pero como sureño y antiguo propietario de esclavos, tampoco quería ser demasiado duro con los Estados Confederados. Sus instintos le decían que debía ser más laxo e indulgente con el sur. Los republicanos radicales se opusieron ferozmente a este enfoque. El grupo antiesclavista del Congreso determinó que los esclavos liberados debían tener los mismos derechos, y querían medidas más estrictas para los Estados Confederados.

Tras idas y venidas, se crearon las Leyes de Reconstrucción. Un punto importante de una de las leyes era el requisito de crear cinco distritos militares en el sur. Para que un estado rebelde pudiera reincorporarse a la Unión, también tenía que crear y redactar una nueva constitución estatal, que tendría que ser aprobada por el Congreso, y ratificar las Enmiendas Decimotercera y Decimocuarta (la Decimocuarta Enmienda concedía la ciudadanía a las personas anteriormente esclavizadas). El presidente Johnson no estaba de acuerdo con estas medidas, pero el Congreso hizo caso omiso de sus preocupaciones.

A partir de 1868, los Estados Confederados comenzaron a regresar a la Unión. Georgia se reincorporó ese mismo año, pero fue expulsada rápidamente por eliminar a los negros de su asamblea legislativa estatal. Dos años más tarde, el 15 de julio de 1870, Georgia se reincorporó por segunda vez, y Estados Unidos volvió a estar completo.

Los Códigos Negros

A instancias del presidente Johnson, se concedió la amnistía a los Estados Confederados. También se les permitió establecer sus propios gobiernos. Es lógico que estos gobiernos hicieran lo mejor para su pueblo y se mantuvieran fieles a sus valores y creencias. Y para estos estados, la esclavitud seguía siendo importante.

Para ellos, la esclavitud era una institución preciosa que generaba mucho dinero. El Sur se había construido sobre la mano de obra esclava, y ahora el Sur no solo se enfrentaba a muchos daños por la guerra, sino que también tenía que idear una nueva forma de reconstruir su economía.

Para evitar que los afroamericanos ascendieran en la escala política y obligarlos a trabajar por un salario bajo, se establecieron leyes llamadas códigos negros, que limitaban drásticamente la capacidad de los afroamericanos para integrarse en la sociedad. Al crear leyes que restringían sus vidas, los políticos blancos crearon un sistema en el que la vida de un esclavo liberado era bastante similar a su vida de esclavo.

Los esclavos del Sur eran «libres» sobre el papel, pero se les negaban las oportunidades y privilegios de que disfrutaban los blancos. Su libertad estaba muy restringida. En muchos sentidos, estaban tan atrapados como siempre.

Esto fue posible gracias a una laguna en la Decimotercera Enmienda, que establecía que la esclavitud estaba prohibida a menos que se utilizara como castigo por un delito. Esto llevó a los estados del Sur a criminalizar actividades normales que luego podían utilizarse para encarcelar a los afroamericanos. Aunque los códigos variaban según el estado, algunas leyes comunes incluían cosas como prohibir a los afroamericanos merodear por zonas o entablar conversaciones en grupo numeroso. Estar desempleado también se consideraba un delito.

Los negros tenían que firmar contratos anuales en los que se comprometían a recibir el salario más bajo posible. Cualquiera que se negara a firmar el contrato o lo olvidara podía ser detenido y obligado a pagar una multa. Por supuesto, la mayoría de los negros apenas tenían dinero, así que su única opción era saldar su deuda trabajando en granjas. Nadie estaba exento, ni siquiera los niños. Este círculo vicioso garantizaba que los antiguos Estados Confederados siguieran teniendo sus esclavos; solo que no eran etiquetados como tales. La situación enfureció a muchos en los estados del Norte.

En 1866, el Congreso aprobó la Ley de Derechos Civiles, que otorgaba a los negros algunos derechos más, como el de poder poseer propiedades o alquilarlas. Se les permitía firmar contratos e incluso demandar a alguien. Fue un buen comienzo, pero no fue suficiente.

Decimocuarta y Decimoquinta Enmiendas

Las cosas mejoraron ligeramente, al menos sobre el papel, con la ratificación de las Enmiendas Decimocuarta y Decimoquinta.

En virtud de la Decimocuarta Enmienda, aprobada en 1868, se permitió a los afroamericanos adquirir la ciudadanía. En teoría, la ciudadanía significaba que tenían los mismos derechos, protecciones y libertades que los demás ciudadanos estadounidenses. La Decimoquinta Enmienda se ratificó dos años después, en 1870. Afianzaba el derecho al voto de los hombres negros al prohibir a los estados que prohibieran votar a cualquier ciudadano varón por motivos de raza.

Con el tiempo, los estados del Sur derogaron los códigos de los negros, pero, por desgracia, no sirvió de mucho para mejorar sus vidas, sobre todo una vez establecidas las leyes de Jim Crow. El racismo sistémico, el odio y el miedo hacia los afroamericanos persistieron y persistirían durante décadas, permitiendo el florecimiento de grupos supremacistas blancos como el Ku Klux Klan.

La destitución de Johnson

Johnson se enfrentó fuertemente al Congreso por las Leyes de Reconstrucción. Los republicanos radicales lo despreciaban, mientras que los demócratas del Sur lo tachaban de traidor. Johnson no hizo nada para hacer cumplir las leyes, a pesar de que necesitaban una mano dura para asegurarse de que funcionaban. También indultó con frecuencia a ex confederados y desafió abiertamente al gobierno al que servía.

En 1867 se aprobó la Ley de Permanencia en el Cargo, a pesar de que Johnson intentó vetarla (vetó veintinueve leyes y el Congreso lo invalidó quince veces). La ley pretendía limitar el poder presidencial exigiendo el permiso del Senado antes de que el presidente pudiera destituir a un funcionario del gobierno.

Johnson hizo caso omiso de la ley y suspendió al secretario de Guerra, un hombre llamado Edwin Stanton, que apoyaba abiertamente a los republicanos radicales. Ulysses S. Grant, el famoso general de la Unión, fue nombrado en su lugar. El Congreso anuló la suspensión y Grant renunció al cargo, lo que aumentó el respeto y la admiración de la gente por él. Pero Johnson no cedió y volvió a destituir a Stanton.

Finalmente, el Congreso se hartó. El 24 de febrero de 1868, la Cámara de Representantes aprobó una medida para someterlo a juicio político. Tras once semanas de juicio, se salvó de ser destituido por un voto. Cuando terminó su mandato, Ulysses S. Grant, candidato republicano, ganó las elecciones y asumió la presidencia.

Las leyes de Ulysses S. Grant

Cuando Ulysses S. Grant se presentó a las elecciones presidenciales de 1868, las actividades terroristas del Ku Klux Klan estaban en su apogeo y el clima político de la nación estaba cargado de tensiones.

Proteger los derechos de los afroamericanos era una de sus principales prioridades, pero tampoco deseaba sumir al país en otra guerra civil. Cuando llegó a la presidencia, tenía ante sí una tarea abrumadora, y se dispuso a intentar crear un país para todos.

En 1870 se ratificó la Decimoquinta Enmienda, que concedía a los hombres afroamericanos el derecho al voto. También ayudó al Congreso a aprobar una serie de leyes entre 1870 y 1875. Estas leyes se denominaron Leyes de la Fuerza, y su propósito era proteger los derechos constitucionales de los estadounidenses, garantizando al mismo tiempo las Decimocuarta y Decimoquinta Enmiendas para los afroamericanos. En virtud de las Leyes de la Fuerza, el gobierno federal tenía derecho a imponer sanciones (incluido el uso del ejército) a cualquier estado o funcionario que interfiriera en el derecho de un ciudadano a votar, registrarse u ocupar un cargo.

Estas leyes fueron fundamentales para frenar las actividades ilegales de grupos como el Ku Klux Klan. Aunque no todo el mundo estaba de acuerdo con sus políticas, Grant ganó las elecciones presidenciales de 1872 por un amplio margen. Sin embargo, sus prioridades cambiarían durante su segundo mandato, pasando de los derechos de los negros a hacer frente al pánico de 1873, cuando el mercado de valores se desplomó y sumió al país en una crisis financiera.

Incluso con su atención dividida, Grant firmó la Ley de Derechos Civiles en 1875, que afirmaba que todos los hombres eran iguales ante la ley.

Grant fue el presidente del siglo XIX que más luchó por los afroamericanos. Se aseguró de que se les concedieran derechos y de que esos derechos fueran protegidos. También hizo posible que los negros votaran, poseyeran tierras y fueran considerados iguales ante la ley.

Sin embargo, esto no duraría. Los demócratas empezaron a ganar de nuevo, recuperando escaños en el Congreso. La atención del gobierno se desvió hacia otros problemas a los que se enfrentaba el país. Una vez finalizada la Reconstrucción, se aprobaron las leyes Jim Crow en el Sur. Se establecieron impuestos de sondeo y pruebas de alfabetización que dificultaban el voto de los negros. Como los negros no podían votar, su voz no se escuchaba en los asuntos que les importaban. Y como no votaban, no podían formar parte de jurados. Las escuelas y las bibliotecas carecían de fondos suficientes. La segregación era la ley del país, y seguiría siéndolo hasta el movimiento por los derechos civiles de la década de 1960.

CUARTA PARTE:
De la Reconstrucción a la Primera Guerra Mundial (1877-1917)

Capítulo 14: De la Reconstrucción a la Expansión

Durante las últimas décadas del siglo XIX, Estados Unidos volvió a centrar su atención en la expansión. Centró sus esfuerzos de expansión en la inmigración y la innovación y se anexionó lugares de todo el mundo.

Ferrocarril transcontinental

El ferrocarril llegó por primera vez a Norteamérica en 1827 y, tres años más tarde, empezó a prestar servicios de pasajeros. En 1831 ya se transportaba correo sobre rieles.

En las décadas siguientes, el ferrocarril siguió expandiéndose. En 1860, los trenes circulaban por más de treinta mil millas de vías férreas en Estados Unidos y, en 1863, comenzó el ambicioso plan de construir el primer ferrocarril transcontinental. Tardó seis años en completarse, pero cuando lo hizo, transformó los Estados Unidos.

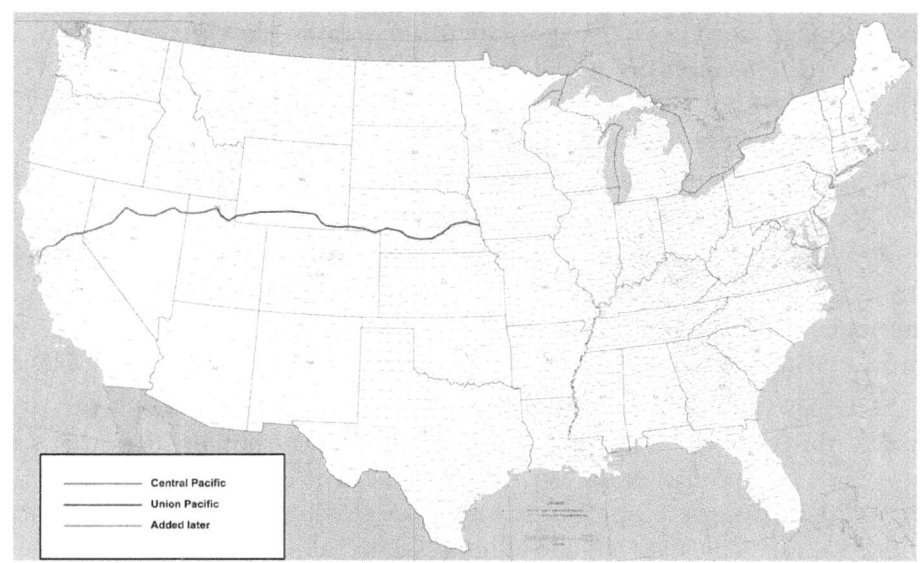

Ferrocarril transcontinental

Cave cattum, CC BY-SA 3.0 <http://creativecommons.org/licenses/by-sa/3.0/>, vía Wikimedia Commons; https://commons.wikimedia.org/wiki/File:Transcontinental_railroad_route.png

El ferrocarril conectó las dos costas estadounidenses. Hizo que viajar fuera más asequible y más fácil exportar recursos de un extremo a otro del país. Antes del ferrocarril transcontinental, se tardaba casi seis meses en ir de Nueva York a California y podía costar 1.000 dólares (20.000 dólares en la actualidad). Después del ferrocarril, el tiempo de viaje se redujo a solo una semana, y el costo se redujo a aproximadamente 150 dólares (5.300 dólares en la actualidad).

La facilidad en el transporte permitió que florecieran nuevos negocios, como los catálogos de venta por correo, y ayudó a la expansión del país hacia el oeste, dando a la gente más opciones sobre dónde querían vivir. A medida que el país prosperaba, los europeos empezaron a mirar hacia Norteamérica con gran interés, lo que dio lugar a un periodo de emigración masiva.

La era industrial

El desarrollo del ferrocarril y otros avances tecnológicos, como los inventos del teléfono, la electricidad y el telégrafo, entre otros, cambiaron radicalmente el modo de vida de la gente en Estados Unidos.

En Europa, muchas personas buscaban una vida mejor, ya que tenían que hacer frente a la escasez de tierras, la falta de empleo y las malas perspectivas económicas. Muchos se volvieron hacia Estados Unidos, con la esperanza de una vida mejor, y en un periodo de cincuenta años, de 1870 a 1920, llegaron a Estados Unidos más de once millones de inmigrantes. La mayoría eran europeos del sur o del este, pero hubo una importante oleada de chinos que acudieron en masa al país. Sus culturas se mezclaron con las que ya vivían en el país, dando lugar a tradiciones únicas. Estados Unidos merece sin duda su título de «Crisol de culturas».

La población afroamericana también siguió creciendo, y muchos se trasladaron al norte. El número de inmigrantes podría haber seguido aumentando de no ser por el estallido de la Primera Guerra Mundial, que provocó un fuerte descenso de la inmigración.

Además de la guerra, el gobierno estadounidense también empezó a hacer más restrictiva la inmigración estableciendo límites al número de europeos que podían entrar en Estados Unidos. A mediados de la década de 1920, el Congreso aprobó una ley que prohibía la entrada en el país a todos los asiáticos, excepto a los filipinos.

Alaska

A medida que Estados Unidos se expandía, había un extremo del continente que seguía fuera de su control: Alaska. Estados Unidos estaba ansioso por incorporar Alaska a la Unión. Alaska ayudaría a la nación a convertirse en una potencia del Pacífico, y las posibilidades de encontrar oro o comerciar con pieles a gran escala eran demasiado tentadoras como para dejarlas pasar.

Rusia tenía dificultades para gestionar el territorio de Alaska debido a la distancia y a la falta de asentamientos sólidos. Le preocupaba perder el territorio a manos de Gran Bretaña, por lo que estaba ansiosa por vender la tierra a Estados Unidos.

Tras una serie de negociaciones, Rusia aceptó vender Alaska a Estados Unidos por 7,2 millones de dólares. La compra se concretó el 30 de marzo de 1867. Algunos se refieren a la compra como la locura de Seward. El secretario de Estado William Seward impulsó la compra para que el país pudiera afianzarse en el Pacífico. A un precio aproximado de dos centavos por acre, la mayoría coincide en que fue una buena compra. Alaska posee muchos recursos naturales y contribuye a la grandeza de Estados Unidos.

Anexión de Hawái

Desde que las Trece Colonias originales se unieron para formar Estados Unidos, el gobierno estaba más preocupado por los asuntos internos que por la expansión internacional. Cuando empezaron a considerar la conquista de otras tierras, la mayor parte del mundo ya se había repartido, excepto algunas islas remotas del Pacífico.

Hawái era una de ellas, y Estados Unidos la quería. Llevaba queriendo el territorio desde la década de 1820, pero no podía hacer mucho al respecto. Hawái tenía una monarquía y su pueblo estaba decidido a mantener a las potencias europeas conquistadoras fuera de su isla.

Estados Unidos entró en Hawái a través del comercio del azúcar. Los cultivadores de azúcar (principalmente hombres blancos estadounidenses) de Hawái recibían generosos pagos por sus productos. Sin embargo, en 1890, el Congreso aprobó el Arancel McKinley. Esto elevó las tasas de importación del azúcar procedente de fuera de EE. UU. Los azucareros se dieron cuenta de que si Hawái se anexionaba a EE. UU., sus problemas arancelarios desaparecerían.

Por aquel entonces, la reina Liliuokalani subió al trono. No le gustaba que las potencias extranjeras interfirieran en los asuntos de la isla, lo que provocaría un enfrentamiento entre ambas potencias. Cuando los cultivadores de azúcar se sublevaron contra la monarquía en enero de 1893, el gobierno envió a la isla a los marines estadounidenses, que obligaron a la reina a abdicar.

Correspondió al Congreso averiguar cómo navegar en estas aguas desconocidas. El recién estrenado presidente Grover Cleveland (que ejercía su segundo mandato; hasta ahora, es el único presidente que ha ejercido dos mandatos no consecutivos) consideró que los marines se habían equivocado. Era antiimperialista y creía que había que dejar en paz a Hawái, aunque la mayoría de la población estadounidense apoyaba la anexión.

Así que el asunto quedó en el limbo hasta que dejó el cargo. Tras el inicio de la guerra con España, Hawái adquirió una nueva importancia, ya que podía proporcionar bases navales en el Pacífico. El presidente William McKinley firmó una resolución para anexionar formalmente las islas. Hawái se convirtió en territorio en 1900, y en 1959 pasó a ser el quincuagésimo estado de EE. UU.

La guerra hispano-estadounidense

Mientras Estados Unidos estaba ocupado con el ferrocarril, la inmigración y la compra de nuevos territorios, España se enfrentaba a una rebelión de Cuba, cuyo pueblo luchaba por la independencia. Esto sería importante para la historia de Estados Unidos porque conduciría a una guerra entre España y Estados Unidos.

La guerra de Independencia de Cuba y las medidas y acciones represivas de España recibieron una amplia cobertura en los periódicos estadounidenses, lo que provocó una gran simpatía por los cubanos y su difícil situación. Se empezó a presionar al gobierno estadounidense para que interviniera o hiciera algo, especialmente después de que el USS *Maine*, un acorazado estadounidense, se hundiera en el puerto de La Habana. Se culpó de la explosión a los españoles, aunque se cree que había algún problema con el barco.

Deseosa de evitar conflictos con Estados Unidos, España anunció sus intenciones de conceder a Cuba una forma limitada de autogobierno, pero el Congreso estadounidense declaró que Cuba tenía derecho a ser totalmente independiente e insistió en que las fuerzas españolas abandonaran la isla. En represalia, el 24 de abril de 1898, España declaró la guerra a Estados Unidos. Estados Unidos respondió declarando la guerra a España al día siguiente, pero haciéndola retroactiva al 21 de abril.

Dos meses más tarde, las fuerzas estadounidenses llegaron a Cuba y, en cuestión de días, participaron en la batalla de la Colina de San Juan, donde las tropas españolas fueron derrotadas por completo. El 3 de julio de 1898, la flota española en la bahía de Santiago de Cuba fue destruida por los estadounidenses. Poco más de un mes después, España se rindió formalmente.

Las hostilidades entre España y Estados Unidos terminaron oficialmente tras la firma del Protocolo de Paz el 12 de agosto. La guerra finalizó formalmente el 10 de diciembre con la firma del Tratado de París.

Según los términos del tratado, España renunció a cualquier reclamación sobre Cuba, mientras que Guam y Puerto Rico fueron cedidos a Estados Unidos. Cuba permanecería bajo control estadounidense hasta 1902, cuando el país obtuvo su independencia y se convirtió en la República de Cuba. La excepción era la bahía de Guantánamo, de la que se habían apoderado los estadounidenses durante la guerra con España para establecer una base naval. Un año después de convertirse en república, Cuba accedió a que Estados Unidos arrendara la bahía de Guantánamo y siguiera utilizándola como base. EE. UU. paga por la base cada año, pero solo se ha cobrado un pago desde la revolución cubana de 1959.

España también acordó aceptar 20 millones de dólares de EE. UU. a cambio de transferir la soberanía de Filipinas. Esta transferencia de soberanía se convertiría más tarde en otro dolor de cabeza para EE. UU., ya que condujo a otra guerra. Estados Unidos colonizó Filipinas durante 48 años. En 1946, Estados Unidos reconoció formalmente a Filipinas como nación independiente.

Pero inmediatamente después de la guerra hispano-estadounidense, Estados Unidos se sentía bastante victorioso y poderoso. Estaba emergiendo rápidamente como potencia mundial con intereses y posesiones más allá del continente norteamericano. Para España, perder la guerra significaba que su imperio estaba en declive.

Capítulo 15: La era progresista

En el siglo XVII, Estados Unidos se centraba en la expansión y en la construcción de un país fuerte y unificado. A finales de la década de 1890, el país estaba bastante bien establecido geográficamente y había disfrutado de varias décadas de prosperidad económica y crecimiento industrial.

La burbuja de prosperidad se rompió con el pánico de 1893, y la depresión económica terminó en 1897. Para entonces, una ola de activismo social recorría el país. Este deseo de crear una sociedad mejor se conoció como la era progresista.

Los reformistas tenían la visión de una sociedad igualitaria y justa. Querían deshacerse de los políticos corruptos y de las prácticas injustas o poco éticas. El movimiento tenía cuatro objetivos:

- Protección del bienestar social
- Mejora moral
- Creación de una reforma económica
- Fomentar la eficiencia

Aunque la industrialización había traído una gran prosperidad al país, también había muchos aspectos negativos, especialmente en el trato y la remuneración de los trabajadores. Muchos empresarios no tenían inconveniente en maltratar a los trabajadores para aumentar sus beneficios, y los políticos hacían poco o nada por ayudar a las clases bajas.

Los reformistas querían una mejor protección para las personas, ya que creían que los seres humanos eran capaces de mejorar sus condiciones y su entorno. También creían que el gobierno tenía un papel que desempeñar para ayudar a que eso sucediera. Estas creencias condujeron lentamente a un cambio hacia valores más democráticos y liberales.

En este capítulo analizaremos algunos de los acontecimientos más significativos de una época que estaría marcada por una serie de importantes reformas y avances sociales en torno a los derechos laborales, las reformas económicas, el sufragio femenino y las desigualdades raciales.

Primeras huelgas laborales

Una de las primeras huelgas que tuvieron lugar fue la gran huelga ferroviaria de 1877. Los trabajadores se indignaron cuando el ferrocarril B&O (Baltimore y Ohio) recortó sus salarios. El 14 de julio, los trabajadores comenzaron a protestar, cerrando vías férreas en Virginia Occidental y Pensilvania. Más de 100.000 trabajadores protestaron en varias ciudades y estados.

Gran huelga ferroviaria de 1877
https://commons.wikimedia.org/wiki/File:Harpers_8_11_1877_Blockade_of_Engines_at_Martinsburg_W_VA.jpg

Con la mitad de los ferrocarriles cerrados, los gobernadores de los estados llamaron a la milicia para poner fin a las revueltas. Un total de cien manifestantes fueron asesinados y otros mil encarcelados. Finalmente, los trabajadores volvieron al trabajo. La huelga no supuso grandes cambios ni logros para ellos.

La minería del carbón en Pensilvania comenzó a mediados del siglo XVIII y pronto se convirtió en una parte importante de la economía. Las minas empleaban a cientos de miles de hombres y niños. El trabajo infantil fue una de las muchas cosas que los progresistas se esforzaron por solucionar. En 1938 se promulgaron leyes contra el trabajo infantil. Las condiciones de trabajo de los mineros eran extremadamente peligrosas y el trabajo en sí era muy duro. Los mineros no cobraban mucho y a menudo estaban muy endeudados. Sin embargo, los propietarios de las minas obtenían grandes beneficios.

En algún momento, los trabajadores se hartaron. El 12 de mayo de 1902 comenzó la huelga del carbón de 1902. Los mineros querían mejores salarios, horarios de trabajo más razonables y el reconocimiento de su sindicato. Sería una de las huelgas más famosas de la era progresista. Duró un total de cinco meses y afectó profundamente a diferentes sectores del país. Cada semana que pasaba, las empresas, los ferrocarriles y las fábricas empezaban a quedarse sin carbón. Incluso las escuelas y las oficinas de correos amenazaron con tener que cerrar. La falta de carbón tuvo un efecto dominó, provocando subidas de precios en restaurantes, panaderías, habitaciones de hotel e incluso alquileres.

El presidente Theodore Roosevelt estaba desesperado por solucionar la situación, pero no encontraba la forma de poner fin a la huelga. Finalmente se puso en contacto con J. P. Morgan, un acaudalado hombre de negocios, que elaboró un plan para poner fin a la huelga. Roosevelt también creó una comisión para mediar en los problemas y quejas entre los mineros y sus empleados.

Según el plan firmado por ambas partes, la jornada laboral de los mineros se redujo a nueve horas en lugar de diez. Se les concedió un aumento salarial del 10%, con carácter retroactivo. La patronal no reconoció al sindicato, pero declaró que sus empleados tenían derecho a sindicarse.

Fue una gran victoria para los mineros e impulsó el movimiento obrero estadounidense. Hizo que los trabajadores sintieran que podían influir en el trato que recibían y también demostró a los empresarios que se podían conseguir resultados mediante negociaciones pacíficas. Cuando los mineros volvieron al trabajo, las cosas volvieron poco a poco a la normalidad.

Otra huelga que tuvo un impacto significativo en Estados Unidos fue la de «pan y rosas» (Bread and Roses). Los trabajadores de la fábrica Everett, en la ciudad de Lawrence (Massachusetts), recibieron su paga el 11 de enero de 1912. Se indignaron al descubrir que les habían pagado 0,32 dólares menos.

La reducción se debía a una nueva ley de Massachusetts que reducía las horas de trabajo de 56 a 54 horas semanales, por lo que los empresarios decidieron recortar los salarios en consecuencia. Los 0,32 dólares eran muy significativos, ya que los trabajadores ganaban menos de 9 dólares a la semana.

Al día siguiente, los trabajadores de las fábricas vecinas empezaron a hacer lo mismo. Reinó un caos absoluto, ya que los huelguistas destruyeron cintas y pernos de máquinas de ropa. Rompieron ventanas con ladrillos e infligieron otros daños a las propiedades.

En un día, más de diez mil trabajadores estaban en huelga. Miles más se sumaron a lo largo de las semanas siguientes, exigiendo salarios suficientes que les dieran comida y dignidad. Muchas de las pancartas decían: «Queremos pan y rosas también», dando nombre a la huelga.

Otros trabajadores estadounidenses apoyaron a los huelguistas. Recaudaban dinero para ellos, repartían comida y les brindaban su apoyo. Pero las cosas se pusieron tensas entre los huelguistas, sus empleadores y la policía. Algunos padres estaban tan preocupados que enviaron a sus hijos a Manhattan, confiando en extraños para que los cuidaran.

Cuando el presidente William Howard Taft abrió una investigación sobre las reivindicaciones de los trabajadores, el Congreso se horrorizó al conocer las condiciones de trabajo en las fábricas, los malos tratos a los trabajadores y cómo se había reducido drásticamente su esperanza de vida. Las condiciones de trabajo también eran malas en muchas otras industrias, como la del envasado de carne y otros trabajos en fábricas.

Finalmente, los empresarios aceptaron un aumento salarial del 15% y la compensación de las horas extraordinarias. Tras nueve semanas de huelga, los trabajadores volvieron al trabajo. Esta victoria ayudó a los trabajadores de Lawrence y también allanó el camino para que los trabajadores de otras industrias recibieran aumentos salariales.

En Estados Unidos se produjeron muchas huelgas, pero podemos ver en cada uno de estos ejemplos el importante papel que desempeña el gobierno central. Se remonta a la creencia de los reformistas de que el gobierno puede ayudar a mejorar la vida de la población.

El movimiento por el sufragio femenino

Aunque el sufragio femenino había comenzado en la década de 1820, se hizo más prominente y visible durante la era progresista. Este fue el periodo en el que las mujeres empezaron realmente a destacar. Se convirtieron en las principales impulsoras de los movimientos sociales y políticos. Estaban cansadas de que les dijeran que su papel estaba en casa; querían marcar la diferencia.

El sufragio femenino era una gran prioridad para muchas. Querían tener derecho a una mejor educación y más oportunidades de empleo. También querían la libertad de participar en política y, lo que es más importante, que se oyera su voz a través del poder del voto.

Aunque cada grupo ganó terreno a su manera, algunas consideraron que serían más fuertes unidas. En 1890, dos grupos, la Asociación Nacional por el Sufragio de la Mujer y la Asociación Americana por el Sufragio de la Mujer, se unieron para formar un grupo llamado Asociación Nacional Americana por el Sufragio de la Mujer (NAWSA, por sus siglas en inglés).

NWSA, o Asociación Nacional del Sufragio Femenino
https://commons.wikimedia.org/wiki/File:National_Women%27s_Suffrage_Association.jpg

Las mujeres de este grupo ya no luchaban por obtener los mismos derechos que los hombres. En su lugar, argumentaban que las mujeres debían tener derecho al voto precisamente por lo diferentes que eran.

Este enfoque ayudó a su causa, ya que diferentes grupos vieron cómo el voto femenino ayudaría a su propia agenda política. Por ejemplo, los defensores de la templanza estaban dispuestos a conceder el voto a las mujeres porque sumaría un gran número de votos a su favor.

La lucha por el sufragio femenino concluiría con éxito el 18 de agosto de 1920, cuando se ratificó la Decimonovena Enmienda. En virtud de esta enmienda a la Constitución, las mujeres obtuvieron el derecho al voto.

Gracias a la incansable labor de los reformistas, se permitió finalmente a las mujeres estadounidenses poseer propiedades y se les concedió el derecho a controlar y administrar su propio dinero. Se les permitió tener la custodia de sus hijos en caso de divorcio. Sin embargo, todos estos cambios tardaron décadas en producirse. Por ejemplo, una mujer no podía tener su propia cuenta bancaria hasta la década de 1960.

Además de conseguir el derecho al voto, las mujeres también impulsaron la prohibición y reformas en la sanidad pública.

El progresismo en las comunidades negras

Durante la era progresista, el activismo generalizado y la lucha por la justicia social excluyeron en gran medida a los negros. Aunque se les habían concedido ciertos derechos tras la guerra de Secesión, seguían enfrentándose a la discriminación, la violencia y la segregación racial.

Las leyes Jim Crow estaban en plena vigencia en la década de 1920. Prohibían el matrimonio entre blancos y negros. Las leyes legalizaban la segregación racial, suprimían los derechos de los votantes y garantizaban que los negros siguieran oprimidos.

Para que sus preocupaciones fueran escuchadas, los afroamericanos sabían que tenían que luchar por sí mismos contra la injusticia racial a la que se enfrentaban. Con esa idea en mente, activistas blancos y negros crearon en 1909 la Asociación Nacional para el Progreso de las Personas de Color (NAACP, por sus siglas en inglés). Hoy en día, es la mayor y más antigua organización de derechos civiles de Estados Unidos. La NAACP trabajó incansablemente para concientizar sobre las injusticias a las que se enfrentaban los negros.

Tras el asesinato de William McKinley en 1901, el vicepresidente Theodore Roosevelt asumió el cargo. Abogó firmemente por leyes favorables al trabajo, el comercio justo y reformas para solucionar las desigualdades raciales.

Theodore Roosevelt
https://commons.wikimedia.org/wiki/File:ROOSEVELT,_Theodore-President_(BEP_engraved_portrait).jpg

Roosevelt intentó dar más estabilidad a los empleados negros, que solían ser considerados desechables por los empresarios. Normalmente eran los primeros en ser despedidos. Roosevelt también introdujo cambios para que las personas tuvieran las mismas oportunidades de formación y empleo, independientemente del color de su piel. Cuando era gobernador de Nueva York, puso fin a la segregación en las escuelas, permitiendo que los niños blancos y negros recibieran clases juntos.

Su invitación al activista negro de los derechos civiles Booker T. Washington a cenar con él en la Casa Blanca fue recibida con una severa desaprobación y causó muchos problemas. Aunque Roosevelt no volvió a hacer algo parecido, estos pequeños actos ayudaron a derribar algunas barreras.

La administración de Roosevelt no impulsó el cambio tanto como podría haberlo hecho debido a la fuerte resistencia dentro del sistema político, pero intentó poner en práctica algunas cosas que sirvieron como peldaños para los afroamericanos en las décadas venideras mientras seguían luchando por la igualdad de derechos.

Capítulo 16: El destino de los nativos americanos

Mientras Estados Unidos acogía a hordas de inmigrantes y continuaba desarrollándose como nación, es posible que uno se pregunte qué ocurrió con los colonos originales de la tierra. La violencia y los conflictos entre los colonos y los nativos americanos habían sido un problema constante desde los primeros tiempos de la colonización. Los colonos blancos estaban decididos a apoderarse de la tierra, ya que la necesitaban para expandirse y por sus recursos. Lo hicieron mediante tratados, engaños, comercio y violencia.

Aunque este capítulo retrocederá un poco en el tiempo, es importante analizar lo que sufrieron los nativos americanos y cómo el progresismo no los tuvo en cuenta.

La Ley de Traslado Forzoso de Indios

Cuando Estados Unidos se estaba expandiendo, necesitaba las tierras que utilizaban las tribus, ya que compartirlas parecía impensable debido a las tensiones entre los colonos y la población nativa, que veía la propiedad de la tierra de forma diferente a los colonos. Pero para conseguir la tierra, Estados Unidos necesitaba expulsar a los nativos americanos que vivían allí.

El gobierno estadounidense tuvo la idea del sistema de reservas para los nativos americanos en 1786. Con este sistema, los indígenas recibirían tierras para vivir y podrían seguir autogobernándose y viviendo bajo sus propias tradiciones sociales y creencias culturales. Cada tribu seguiría siendo independiente.

Durante casi cien años, este sistema se mantuvo y proporcionó cierta forma de equilibrio. Esto no quiere decir que cesaran los conflictos. Hubo muchos problemas con el sistema de reservas. Continuó la brutalidad contra los nativos americanos y la tierra siguió siendo una fuente de tensión.

Andrew Jackson estaba muy interesado en eliminar a los nativos americanos incluso antes de llegar a la presidencia en 1829. En 1814, dirigió tropas contra la nación creek. Tras derrotarlos, los estados de Georgia y Alabama se hicieron con aproximadamente veintidós millones de acres de tierras de los nativos americanos.

El presidente Andrew Jackson
https://commons.wikimedia.org/wiki/File:Andrew_jackson_head.jpg

El gobierno tomó más tierras en 1818 después de que Jackson invadiera la Florida española. El gobierno no envió allí a Jackson con el propósito implícito de invadir, pero no hizo mucho por detenerlo. Jackson continuó así hasta 1824, desempeñando un papel clave en la negociación de tratados con los nativos para obtener tierras en el este e intercambiarlas por tierras en el oeste. En su mayor parte, la población indígena accedió a estos tratados porque querían mantener la paz.

Las tensiones por la tierra aumentaron cuando el Tribunal Supremo dictó una sentencia en 1823, afirmando que, aunque los nativos americanos podían vivir en las tierras que ocupaban, nunca podrían poseerlas porque el «derecho de descubrimiento» de Estados Unidos prevalecía sobre sus derechos.

Cinco naciones nativas americanas —los creeks, los cheroquis, los chickasaws, los choctaws y los seminolas— hicieron todo lo posible por resistirse, pero acabaron por asimilarse aprendiendo a cultivar la tierra al estilo europeo y recibiendo una educación occidental. Llegaron a ser conocidas como las «Cinco Tribus Civilizadas».

Al darse cuenta de que había que hacer algo, el gobierno creó la Oficina de Asuntos Indios en 1824 para resolver las disputas territoriales. Seis años más tarde, se aplicó la Ley de Traslado Forzoso de Indios de 1830 como forma de obligar a los indígenas a abandonar las codiciadas tierras. Serían trasladados hacia el oeste, a tierras de Oklahoma que no eran tan deseables. Más de 46 mil indígenas fueron expulsados de sus tierras. Numerosos acontecimientos, como la guerra mexicano-estadounidense y otros conflictos, también aceleraron la expulsión de los indígenas de sus tierras.

En 1851 se creó la Ley de Asignaciones Indígenas. Esta ley autorizó la creación de reservas en varios estados del país. Según el gobierno estadounidense, las reservas mantendrían a los nativos fuera de las tierras deseadas, dejándolas disponibles para los colonos blancos. El Congreso aprobaría otras leyes con el mismo nombre, de las que hablaremos más adelante en este capítulo.

Conflictos y guerras

Como era de esperar, a los nativos americanos no les gustaba la idea de las reservas, aunque algunos se trasladaron allí sin apenas resistencia violenta. La escalada de tensiones entre nativos y colonos desembocó en una serie de batallas y guerras. Los dos bandos habían estado enfrentados durante siglos, por lo que esta sección se centrará en las batallas más importantes de mediados a finales del siglo XIX.

Guerra de Dakota (1862)

La guerra de Dakota, también conocida como el Levantamiento Sioux o Dakota, comenzó el 17 de agosto de 1862. Tuvo lugar en el suroeste de Minnesota, a lo largo del río Minnesota.

Una serie de tratados entre los dakota y el gobierno, que se firmaron desde principios del siglo XIX hasta 1858, redujeron considerablemente la cantidad de tierras que poseía la tribu Dakota. Para empeorar las cosas, el gobierno estadounidense violaba los acuerdos de los tratados, efectuaba los pagos con retraso o pagaba el dinero directamente a comerciantes que alegaban que las tribus tenían deudas.

Los dakota pasaron hambre, y la falta de ingresos y otras violaciones del tratado aumentaron sus penurias. Cuando el pago volvió a retrasarse durante el verano de 1862, los guerreros dakota estaban decididos a tomar represalias y lo hicieron matando a cinco colonos blancos. Los guerreros visitaron entonces al jefe Little Crow (Pequeño Cuervo) y le pidieron que los guiara a la batalla para poder recuperar sus tierras. A regañadientes, el jefe Little Crow accedió. Al día siguiente, atacaron la Agencia Sioux Inferior. Los ataques a los asentamientos continuaron a lo largo del valle del río Minnesota.

La guerra había comenzado oficialmente.

En algún momento de agosto, Henry Sibley fue designado para comandar una tropa contra los dakota. Esto resultaría muy duro para Sibley debido a su íntima familiaridad con los dakota. Los conocía desde hacía décadas; hablaba su lengua, era amigo del jefe Little Crow e incluso tenía un hijo dakota. Pero hizo lo que le dijeron y llevó a sus tropas a la batalla.

Durante cinco semanas, los dos bandos lucharon encarnizadamente. Cuando las tropas estadounidenses derrotaron contundentemente a los dakota el 23 de septiembre de 1862, en la batalla de Wood Lake, fue un golpe devastador para la tribu. Tres días después de esta derrota, la tribu se rindió al gobierno.

Aunque la guerra había terminado y los combates habían cesado, los hombres que se rindieron fueron mantenidos cautivos a la espera de un juicio militar. Los dakota no combatientes fueron sacados a la fuerza por las tropas estadounidenses y llevados a Fort Snelling. Los primeros grupos llegaron al fuerte el 13 de noviembre y fueron ubicados temporalmente en los bajos del río bajo el fuerte mientras los soldados empezaban a construir un campo de concentración.

Se utilizó una empalizada de madera para cerrar tres acres de terreno. Aproximadamente 1.600 dakotas, en su mayoría mujeres, niños y ancianos, fueron trasladados al interior del campo. Sus movimientos eran controlados por los guardias apostados en el exterior. Ese invierno murieron varios cientos de dakotas. Los prisioneros fueron tratados con dureza por los estadounidenses. Fueron maltratados, torturados y atormentados.

Varios meses después, en febrero de 1863, el Congreso decidió anular todos sus tratados con los dakota, y todas las tierras y posibles rentas pasarían al gobierno estadounidense. Un mes después, se aprobó un segundo proyecto de ley para expulsar a los dakota. En mayo, los dakota que quedaban fueron trasladados a una reserva en una zona desolada de lo que hoy es Dakota del Sur.

Cuando la guerra llegó a su fin, los estadounidenses habían conseguido eliminar a la mayoría de los dakota de Minnesota.

La guerra del Colorado (1863-1865)

La guerra del Colorado enfrentó a las tribus Cheyenne y Arapaho con los colonos blancos por el control de las Grandes Llanuras del este de Colorado. El territorio pertenecía legítimamente a los nativos americanos según los términos del Tratado de Fort Laramie de 1851. Sin embargo, a medida que llegaban a la zona oleadas de nuevos inmigrantes para asentarse y que los mineros empezaban a buscar oro, aumentaba la necesidad de recursos y tierras.

Al principio, las tribus intentaron resolver el asunto pacíficamente. Incluso aceptaron un nuevo acuerdo por el que los indígenas cedían la mayor parte de sus tierras a cambio de una reserva y una renta vitalicia. Pero a las tribus les resultaba difícil vivir solo de la reserva, y los pagos del gobierno y la tensión de la guerra de Secesión empeoraron las cosas.

John Evans, gobernador de Colorado, quería mantener a los nativos americanos alejados de las comunidades blancas. Anunció que todos los nativos americanos que quisieran la paz debían acercarse a los puestos militares para demostrar que no eran hostiles. Las tribus hicieron lo que se les dijo, creyéndose seguras. Sin embargo, unos meses más tarde, el 29 de noviembre de 1864, el coronel John Chivington, con el apoyo de Evans, marchó con sus setecientos hombres a la zona de Sand Creek y lanzó un ataque sorpresa contra los pacíficos nativos americanos.

Mujeres, niños y hombres fueron cazados y asesinados. Murieron más de 148 cheyennes y arapahoes, la mayoría niños y mujeres. Los voluntarios de Colorado regresaron al poblado y se aseguraron de matar a los heridos antes de prender fuego al poblado.

La masacre fue tan brutal y atroz que provocó una protesta pública. Una vez finalizada la guerra de Secesión, el gobierno intentó tratar a las tribus de una forma menos horrenda. Los nativos americanos implicados en esta guerra estaban hartos. Se desplazaron hacia el norte, asaltando fuertes y atacando a las fuerzas estadounidenses con las que se cruzaban.

Guerras indias de Texas (1820-1875)

Los conflictos con los nativos americanos habían sido un viejo problema en Texas desde que los primeros colonos españoles y europeos se instalaron en la zona. Cuando Texas pasó a formar parte de México, luego de una república y más tarde de la Unión, los conflictos y tensiones con los nativos continuaron. Las cosas se pusieron especialmente tensas tras la marcha de los mexicanos porque, como hemos visto, el gobierno estadounidense se oponía a que las tribus se asentaran en lo que ahora consideraba su territorio.

Entre 1820 y 1875 se sucedieron una serie de batallas que se conocieron como las guerras indias de Texas. La tribu comanche estaba menos preocupada por mantener la paz que tribus como los sioux. Por ello, las batallas fueron sangrientas y violentas.

Un acontecimiento de especial importancia es la masacre de Salt Creek, también conocida como el asalto a la caravana Warren. El 18 de mayo de 1871, en el valle Loving, cerca de Graham, Texas, una caravana se dirigía a un fuerte con suministros. Un grupo de 150 kiowas estaba escondido detrás de una colina, esperando a que la caravana cruzara para asaltarla. Durante el asalto, siete hombres fueron asesinados.

Tras el éxito de la incursión, los nativos no pensaron en nada más, pero para los texanos, esta incursión sería la gota que colmó el vaso. Cuando se informó de la incursión al general William Tecumseh Sherman, que había dirigido la Marcha hacia el Mar durante la guerra de Secesión y que en aquel momento inspeccionaba los puestos militares de Texas, empezó a comprender el miedo bajo el que vivían los texanos. Sherman ordenó arrestar a los jefes de la tribu.

Un jefe, Satank, fue asesinado mientras intentaba escapar, mientras que los otros dos, Satanta y Big Tree, fueron arrestados, juzgados y condenados a muerte. El gobernador de Texas, Edmund Davis, decidió condenarlos a cadena perpetua. Finalmente, el jefe Lobo Solitario negoció su puesta en libertad anticipada bajo promesa de buena conducta. Ninguno de los dos cumplió su promesa. Satanta se suicidó en 1874 tras ser capturado, mientras que Big Tree vivió una vida de confinamiento en Fort Sill. Cuando fue liberado, vivió en una reserva y murió en 1929.

En 1875, todas las tribus indígenas originales de Texas habían sido aniquiladas u obligadas a reubicarse. Las guerras indias de Texas terminaron formalmente cuando la última banda de comanches, dirigida por un guerrero quahadi, se rindió y se trasladó a la reserva de Fort Sill.

En la actualidad, prácticamente no existen tierras de nativos americanos en Texas.

Gran guerra Sioux (1876-1877)

Mientras el conflicto de Texas llegaba a su fin, otro se cocía a fuego lento en Montana y Wyoming.

Entre 1876 y 1877, los lakota, los sioux y los cheyene del norte se enfrentaron a las tropas estadounidenses. Los colonos trataron de invadir y apoderarse de sus tierras después de que se descubriera oro en las Colinas Negras (Black Hills).

Una vez descubierto el oro, el gobierno estadounidense quería las tierras, lo que iba en contra de los términos del Tratado de Fort Laramie de 1868. Según este tratado, los sioux tenían derechos exclusivos sobre una parte del territorio, que incluía la zona de Black Hills. También les concedía tierras para la caza. Pero tras el descubrimiento de oro, los estadounidenses empezaron a correr hacia la zona de Black Hills, y el gobierno no pudo hacer nada para detenerlos.

En 1875, un grupo de sioux se reunió con el presidente Ulysses S. Grant. Le pidieron que respetara sus tratados y detuviera a los mineros. Grant sugirió pagar a las tribus por la tierra y ayudarlos a trasladarse al Territorio Indio. Esto era inaceptable para los sioux. La serie de batallas que siguieron se conoce como la gran guerra Sioux o la guerra de Black Hills.

Una batalla importante durante esta guerra fue la batalla de Little Bighorn. Esta batalla, librada cerca del río Little Bighorn, fue una victoria decisiva para los nativos americanos. Cuando el Séptimo de Caballería de George Custer recibió el encargo de explorar la zona en busca de enemigos, se dirigió al valle de Little Bighorn. Los nativos americanos se unieron, y los setecientos hombres de Custer se encontraron con más de dos mil nativos americanos. El propio Custer mandaba unos 210 soldados estadounidenses; solo dos hombres sobrevivieron a la batalla, incluido Custer. Aunque fue una victoria para los nativos americanos, las matanzas cimentaron aún más la imagen que tenían los colonos blancos de que los nativos eran despiadados y violentos.

Mientras se libraban batallas, se hacían esfuerzos por resolver el asunto mediante la diplomacia. El Congreso dejó de suministrar raciones a los sioux hasta que aceptaran ceder las tierras. Las tribus comenzaron a dividirse y, en la primavera de 1877, algunos grupos empezaron a rendirse a EE. UU.

Sin embargo, el jefe Toro Sentado, un Hunkpapa Lakota (también conocido como Teton Sioux), se negó a rendirse. Condujo a un grupo de sioux a Canadá, pero en el verano de 1881 regresaron. Sin más opciones, se rindieron. Las Colinas Negras fueron cedidas al gobierno estadounidense.

Masacre de Wounded Knee

Uno de los últimos acontecimientos de las guerras Sioux tuvo lugar en Wounded Knee, donde un grupo de nativos practicaba la Danza de los espíritus. Creían que, si realizaban la Danza de los espíritus y se apartaban del modo de vida de los colonos blancos, sus dioses crearían un mundo nuevo y destruirían al enemigo.

Los estadounidenses estacionados allí no se sentían cómodos con tales creencias. El 29 de diciembre, una caballería de tropas estadounidenses rodeó a los danzarines de los espíritus cerca del arroyo Wounded Knee. A las tropas estadounidenses les preocupaba que la Danza de los espíritus significara que los nativos iban a atacar. Así que, aquella mañana de diciembre, confiscaron las armas de los nativos. Se cree que un lakota sordo se negó a entregar su arma. Esta se disparó y las tropas estadounidenses comenzaron a atacar. Los nativos americanos atacaron para defenderse, pero no tenían sus armas.

Las tropas estadounidenses masacraron a los nativos. Se cree que murieron entre doscientos y trescientos lakotas, la mayoría civiles. En el bando estadounidense murieron treinta y un hombres. En aquella época se llamaba batalla, pero hoy en día nos referimos a este suceso como masacre.

Tras el fin de todas las guerras, el gobierno estadounidense consiguió lo que quería. Tuvo éxito en sus intentos de expulsar y reubicar a la mayoría de los indígenas en reservas establecidas.

Leyes de Asignaciones Indígenas

Como parte del «problema indio», el Congreso aprobó una serie de leyes denominadas Leyes de Asignaciones Indígenas. La primera, aprobada en 1851, estableció la creación del sistema de reservas y permitió al gobierno enviar a los indígenas a reservas. La ley aprobada en

1871 establecía que Estados Unidos dejaría de reconocer a los indígenas como miembros de una nación soberana. Por lo tanto, el gobierno ya no tenía que trabajar en tratados con ellos. En 1885, la Ley de Asignaciones Indígenas estableció que las tribus podían negociar la venta de tierras que no estuvieran ocupadas por nadie.

La Ley Dawes

La Ley Dawes de 1887 supuso otro cambio drástico para los nativos americanos. En virtud de esta ley, el gobierno federal dividió las tierras otorgadas a las tribus en parcelas más pequeñas. Las tribus o pueblos que aceptaran la parcela tendrían derecho a convertirse en ciudadanos estadounidenses.

El objetivo final de la ley era erradicar las prácticas y tradiciones culturales de los nativos americanos. El punto de vista del gobierno era que la mejor manera de resolver el continuo dilema indígena era «convertirlos» en estadounidenses. Los políticos querían asimilar a los nativos a la sociedad estadounidense y «civilizarlos».

Tras la entrada en vigor de la Ley Dawes, más de noventa millones de acres de tierras tribales fueron arrebatados a los indígenas y adquiridos por colonos. La Ley Dawes llegó a su fin cuando la administración del presidente Franklin Roosevelt redactó la Ley de Reorganización Indígena de Estados Unidos en la década de 1930. La nueva ley permitía a los nativos americanos formar su propio gobierno y ponía fin a la parcelación de tierras.

En junio de 1924, el presidente Calvin Coolidge firmó la Ley de Ciudadanía Indígena, que concedía a todos los nativos americanos la ciudadanía estadounidense. Sin embargo, no se les concedieron plenos derechos de ciudadanía hasta finales de la década de 1940.

Los reformistas querían que la sociedad tratara mejor a los nativos americanos y pensaban que la mejor forma de conseguirlo era integrarlos en la cultura estadounidense. Desaconsejaron la tenencia de tierras tribales y animaron a los nativos americanos a renunciar a su forma de vida tradicional para adoptar la estadounidense. Aunque algunos nativos americanos estaban dispuestos a la asimilación, otros no lo estaban tanto y se resistieron.

Capítulo 17: Cambios políticos y económicos

Cambios constitucionales

La era progresista fue testigo de una mayor implicación del gobierno en las cuestiones sociales. El impulso hacia el progreso se tradujo en el establecimiento de varias reformas constitucionales y cambios destinados a hacer la sociedad más justa e igualitaria. Las reformas también mejoraron la vida del público en general.

Tres cambios constitucionales destacan durante este periodo.

Decimosexta Enmienda

Las leyes actuales relativas al pago del impuesto federal sobre la renta comenzaron con la ratificación de la Decimosexta Enmienda.

En virtud del artículo 1, sección 8 de la Constitución, el Congreso está autorizado a recaudar impuestos sobre la renta de los ciudadanos estadounidenses. Ese dinero sería utilizado por el gobierno federal para el mantenimiento del país, para cosas como la construcción de puentes, el mantenimiento de las fuerzas armadas, la aplicación de las leyes y otras cosas.

La enmienda fue aprobada en el Congreso el 2 de julio de 1909 y ratificada el 3 de febrero de 1913.

Decimoséptima Enmienda

En 1912, se propuso un cambio al artículo 1, sección 3 de la Constitución, que permitía que los senadores fueran designados por las legislaturas estatales. Bajo la enmienda, se permitiría a la gente votar directamente por los senadores estadounidenses en cada estado.

La enmienda fue aprobada por el Congreso el 13 de mayo de 1912. Fue ratificada casi un año después, el 8 de abril de 1913. Esta reforma se consideró una solución al proceso electoral, que la opinión pública consideraba cada vez más corrupto e ineficaz. La enmienda también garantizaba que las grandes empresas, los industriales y otras personas adineradas no pudieran influir en el proceso de selección de senadores.

Decimonovena Enmienda

La Decimonovena Enmienda fue una ley importante, ya que por fin concedió a las mujeres el derecho al voto. Fue una victoria muy trabajada por las sufragistas, que habían luchado por ella durante casi cien años.

Se aprobó en el Congreso el 4 de junio de 1919 y se incorporó a la Constitución el 26 de agosto de 1920. Fue el primer paso hacia la igualdad política de las mujeres y ayudó a cambiar la mentalidad sobre cuál debía ser el papel de la mujer. En el siglo XX, las mujeres empezaron a desempeñar un papel mucho más activo en la sociedad estadounidense. Los papeles tradicionales evolucionaron y las mujeres empezaron a trabajar fuera de casa, a tener carreras profesionales, a recibir una educación formal y a entrar en política, aunque los cambios no se produjeron inmediatamente después de la aprobación de la Decimonovena Enmienda. En cualquier caso, este fue un momento enormemente histórico para las mujeres estadounidenses.

Presidentes

Como hemos visto, el gobierno desempeñó un papel más central durante la era progresista, ya que muchas reformas fueron impulsadas por las administraciones del presidente de turno. Tres presidentes estadounidenses fueron considerados más progresistas y desempeñaron un papel importante en el impulso de las reformas progresistas. Fueron Theodore Roosevelt, William Howard Taft y Woodrow Wilson.

El presidente Theodore Roosevelt

Cuando el presidente William McKinley fue investido el 4 de marzo de 1897, llegó a la Casa Blanca con Theodore Roosevelt como vicepresidente. El 14 de septiembre de 1901, murió de gangrena causada por las heridas sufridas por la bala de un asesino. Roosevelt se convirtió en presidente; fue el hombre más joven en ocupar la presidencia.

Theodore Roosevelt creía que los gobiernos tenían un papel que desempeñar cuando se trataba del bienestar público, el progreso de la sociedad y el mantenimiento de las empresas bajo control, al igual que los reformistas progresistas. Y era partidario de aplicar algunos cambios significativos.

Por ejemplo, Roosevelt fue responsable del Square Deal (en español Acuerdo Justo y Honesto), una de las políticas más importantes e influyentes del siglo XX. Esta política nacional estaba orientada a ayudar a la clase media y tenía tres objetivos clave:

- Proteger al consumidor
- Controlar a las grandes empresas
- Conservar los recursos naturales

Tenía fama de «destructor de confianza» y, durante su mandato, su administración interpuso 44 demandas antimonopolio contra algunas de las mayores empresas del país. Apoyaba firmemente la regulación de las empresas, ya que creía que en última instancia beneficiaría al público en general. La normativa que aprobó garantizaba la protección de los derechos tanto del consumidor como de la empresa.

El Square Deal condujo al establecimiento de varias leyes y políticas importantes que siguen influyendo en Estados Unidos hoy en día. Algunas de ellas son la Ley de Alimentos y Medicamentos Puros de 1906, la Ley de Inspección de la Carne, el Comité Nacional de Trabajo Infantil y la Ley de Antigüedades. Cada una de estas leyes estaba diseñada para proteger al consumidor.

Amante de la naturaleza, Roosevelt vio la necesidad de protegerla y preservarla. Fue el primer presidente que trabajó para conservar los recursos naturales del país. Se esforzó por valorar y promover la inmensa belleza natural de Estados Unidos. Sus esfuerzos de conservación incluyeron la creación de 150 bosques nacionales, varios parques nacionales, cotos de caza y monumentos nacionales.

El legado de Theodore Roosevelt sigue vivo hoy en día.

El presidente William Howard Taft

Una vez finalizada la presidencia de Roosevelt, William Howard Taft, un hombre al que Roosevelt había designado para sustituirle como candidato presidencial republicano, ganó las elecciones.

Taft se convirtió en presidente en 1909 y continuó gran parte del trabajo que Roosevelt había iniciado. Presentó casi noventa demandas antimonopolio y elaboró la Ley Mann-Elkins, que otorgaba a la Comisión de Comercio Interestatal (ICC) la autoridad para regular teléfonos, telégrafos y compañías de cable. La ley también puso fin a las compañías ferroviarias que regalaban billetes o tarifas reducidas a los empleados y sus familias.

Taft fue un gran defensor de las Decimosexta y Decimoséptima Enmiendas y ayudó a crear la Oficina Federal de la Infancia y la Oficina de Minas, un organismo dedicado a establecer normas de seguridad para los mineros.

A lo largo de su presidencia, Taft empezó a perder apoyos dentro de su partido. Roosevelt pensó en volver a presentarse, pero finalmente los republicanos mantuvieron a Taft como candidato. Roosevelt creó el Partido Progresista con sus partidarios. Ninguno de los dos ganó.

El presidente Woodrow Wilson

Los demócratas eligieron a Woodrow Wilson como candidato para las elecciones presidenciales de 1912.

Presidente Woodrow Wilson
https://commons.wikimedia.org/wiki/File:Thomas_Woodrow_Wilson,_Harris_%26_Ewing_bw_photo_portrait,_1919_(cropped).jpg

Como el voto republicano estaba dividido entre los que apoyaban a Taft y los que querían a Roosevelt, Wilson se alzó con la mayor mayoría electoral vista en unas elecciones presidenciales hasta ese momento.

La presidencia de Wilson fue importante por varias razones. La última vez que los demócratas habían estado en el poder fue durante la guerra de Secesión, y ahora de repente tenían el poder en la Casa Blanca y en ambas cámaras del Congreso.

Una de las promesas electorales de Wilson giraba en torno a las reformas arancelarias y bancarias. Elaboró un paquete de reformas económicas llamado la Nueva Libertad. El programa abordaba cuestiones relacionadas con los aranceles, las reformas laborales y la banca. Fue aprobado por el Congreso a finales de 1913.

El plan de la Nueva Libertad introducía por primera vez el concepto de un impuesto federal sobre la renta y esbozaba regulaciones bancarias, reducciones arancelarias y legislación antimonopolio.

Pero en 1914, la atención de Wilson estaba puesta en otros asuntos que ocurrían en Europa. La Primera Guerra Mundial había comenzado.

Wilson estaba decidido a que el papel de Estados Unidos en el conflicto mundial fuera el de pacificador. Quería que Estados Unidos se mantuviera neutral y al margen de la guerra. La posición neutral duró hasta diciembre de 1917, cuando Estados Unidos declaró formalmente la guerra a Austria-Hungría. Alemania había empezado a realizar ataques submarinos y Estados Unidos se convirtió en la víctima involuntaria. Wilson sintió que EE. UU. tenía que entrar en la guerra para «hacer el mundo seguro para la democracia»[5].

Construcción del canal de Panamá

Uno de los objetivos de Estados Unidos a lo largo del siglo XIX era la construcción de un canal transístmico. Reconocieron que la construcción de una vía fluvial entre los océanos Atlántico y Pacífico les permitiría mover barcos y mercancías de forma rápida y eficiente, lo que se traduciría en un aumento de los negocios.

En 1880, el hombre que construyó el canal de Suez en Egipto, el conde Ferdinand de Lesseps, decidió abordar el proyecto que acabaría conociéndose como el canal de Panamá. La empresa no tardó en darse cuenta de que no sería una tarea fácil. Factores medioambientales como

---

[5] "Woodrow Wilson". https://www.whitehouse.gov/about-the-white-house/presidents/woodrow-wilson/.

fuertes lluvias y deslizamientos de tierra, así como enfermedades como la malaria seguían retrasando el proyecto. De Lesseps llegó a la conclusión de que construir un canal a nivel del mar era demasiado difícil y duro, por lo que el proyecto se interrumpió abruptamente en 1888.

En 1902, Estados Unidos, bajo la dirección del presidente Theodore Roosevelt, compró el equipo y los recursos franceses por 40 millones de dólares y se dirigió a Colombia para obtener el derecho a construir en su territorio. Colombia rechazó la propuesta, por lo que Estados Unidos ayudó a los panameños en su lucha por independizarse de Colombia. En noviembre de 1903, reconoció formalmente la República de Panamá.

Tras la independencia de Panamá, el gobierno estadounidense firmó el Tratado Hay-Bunau-Varilla con Panamá para obtener derechos exclusivos sobre la zona del canal que necesitaban. A cambio, EE. UU. entregó a Panamá 10 millones de dólares. También acordó pagar una anualidad de 250.000 dólares, que empezaría a abonarse nueve años después.

En la primavera de 1904, Estados Unidos inició formalmente las obras del canal y, casi de inmediato, empezó a tropezar con muchos de los mismos obstáculos a los que se enfrentaban los franceses. Al año siguiente, John Stevens, especialista en ferrocarriles, fue nombrado responsable del proyecto. Enseguida introdujo algunos cambios, como la búsqueda de formas más eficaces de realizar las obras y la contratación de antillanos para trabajar en el canal.

Las condiciones de trabajo de los obreros que construían el canal de Panamá eran terribles y distaban mucho de ser ideales. Los trabajadores del canal ganaban unos veinte céntimos la hora y su jornada estaba llena de penurias. Por si el trabajo agotador no fuera suficiente, sufrían tensiones raciales y abusos. Además, vivían con el temor constante de contraer enfermedades mortales, como la fiebre amarilla o la malaria.

También tenían que trabajar en un entorno duro y hacer frente a las cambiantes condiciones meteorológicas. Los accidentes de maquinaria eran frecuentes. La combinación de todos estos factores provocaba muertes diarias. Se calcula que unos veinticinco mil trabajadores murieron durante la construcción del canal.

Un dibujo del canal de Panamá
https://commons.wikimedia.org/wiki/File:The_Panama_Canal_--_The_Great_Culebra_Cut.jpg

Stevens también sugirió la construcción de un canal de esclusas como solución al problema de los desprendimientos. Un canal de esclusas permitiría elevar los barcos hasta el nivel de los océanos antes de volver a bajarlos hasta el nivel del mar.

William Gorga, el jefe de sanidad, también desempeñó un papel importante al eliminar sistemáticamente todos los mosquitos de la zona con petróleo crudo y queroseno. Esto ayudó a eliminar algunas de las enfermedades que padecían los trabajadores.

La construcción comenzó en noviembre de 1906 y se enfrentó a algunos contratiempos, como la renuncia de Stevens al proyecto y el hecho de que la construcción tuviera que atravesar montañas, pero los obstáculos se superaron. El proyecto se completó en 1913.

El 15 de agosto de 1914 se inauguró oficialmente el canal de Panamá. Se había planeado una gran celebración para mostrar el poder excepcional de Estados Unidos y su capacidad para hacer lo imposible. Sin embargo, debido a la Primera Guerra Mundial, las celebraciones se redujeron.

Al final, el proyecto costó al gobierno estadounidense más de 350 millones de dólares y requirió más de cuarenta mil trabajadores. Muchos de ellos murieron. El número estimado de muertos es de 5.600, pero los historiadores creen que la cifra real es mucho mayor. Miles más sufrieron lesiones permanentes y quedaron lisiados o discapacitados.

¿Qué hizo el canal de Panamá por Estados Unidos? Convirtió al país en una de las naciones más poderosas del mundo, ya que controlaba la confluencia de dos océanos. También ahorró mucho dinero y tiempo a los barcos estadounidenses y generó nuevos negocios porque los barcos podían desplazarse con mayor rapidez.

El ascenso de industriales y banqueros

La era progresista no habría sido lo que fue sin la influencia de los industriales y los banqueros.

Una vez finalizada la guerra de Secesión, Estados Unidos atravesó la Reconstrucción. Cuando el polvo se asentó, el país experimentó un rápido crecimiento industrial. Surgieron nuevas industrias, como la siderurgia, el petróleo, la electricidad y muchas otras, al tiempo que se expandían y crecían las ya existentes. Los ferrocarriles, especialmente el ferrocarril transcontinental, transformaron la sociedad.

En este periodo de enorme crecimiento y expansión, surgió una nueva clase social: los industriales y banqueros, que eran muy ricos o llevaban una vida de clase media-alta. La clase obrera también creció exponencialmente; al fin y al cabo, las industrias solo podían crecer y prosperar gracias a la clase trabajadora. Las clases más pobres estaban formadas en su mayoría por nuevos inmigrantes, que llegaban en masa.

Aunque había un buen número de industriales y banqueros en ascenso, había un puñado que eran considerados los más prominentes y poderosos. Dejaron tras de sí un legado perdurable.

John D. Rockefeller

John D. Rockefeller, republicano, defendió muchas reformas sociales y fue considerado un hombre muy progresista y liberal. Se hizo rico dominando la industria petrolera, que también tuvo un profundo impacto en la Revolución Industrial.

Fundó la empresa Standard Oil y controlaba casi el 90% de las refinerías de petróleo de todo Estados Unidos.

John D. Rockefeller
https://commons.wikimedia.org/wiki/File:Portrait_of_J._D._Rockefeller.jpg

Las refinerías de Rockefeller convertían el petróleo en queroseno, el producto que utilizaban los estadounidenses en sus hogares. Algunas personas lo admiraban mucho, mientras que otras pensaban que era poco ético e inmoral.

Rockefeller fue criticado a menudo por periodistas, reformistas y otras personas por su forma de hacer dinero. Se lo acusó de ser avaricioso y de construir su imperio aplastando a la competencia mediante tratos secretos y amenazas. También se aprovechó de los fracasos ajenos para enriquecerse.

Es probable que la mayoría de los hombres de negocios emplearan tácticas similares para enriquecerse, por lo que las críticas pueden no ser del todo justas. Lo que sí sabemos de Rockefeller es que trataba bien y con justicia a sus trabajadores. Elogiaba a quien lo merecía, se aseguraba de que sus trabajadores se sintieran respetados e incluso era conocido por trabajar ocasionalmente junto a ellos.

Sea cual sea la opinión de cada cual, no cabe duda de que hizo mucho por la sociedad. Se jubiló en 1896 y dedicó el resto de su vida a la filantropía. Defendió el saneamiento público y ayudó en la lucha contra enfermedades como la fiebre amarilla y la malaria. Rockefeller también financió escuelas y organizaciones para ayudar a avanzar a la siguiente generación.

Su legado perdura hasta nuestros días, ya que la Fundación Rockefeller sigue defendiendo causas que afectan a la sociedad.

Andrew Carnegie

Conocido y venerado como uno de los hombres de negocios con más éxito de la historia de Estados Unidos, Andrew Carnegie tenía unos orígenes muy humildes y llegó a convertirse en uno de los hombres más ricos de Estados Unidos. Su fortuna se forjó gracias a la industria siderúrgica.

Carnegie cofundó una empresa siderúrgica a principios de la década de 1870 y pasó décadas convirtiéndola en un imperio del acero. Era innovador y trabajó duro para abaratar el costo del acero y hacerlo más asequible. Compró minas de hierro y compañías ferroviarias, lo que le permitió reducir sus propios costos, lo que, a su vez, significaba que podía vender su acero a un costo reducido.

Andrew Carnegie también adoptó un nuevo invento que permitía fabricar acero a partir del hierro de forma más eficiente. Sus acerías eran increíblemente modernas y sirvieron de modelo a imitar por otras empresas del sector.

Gracias a su lucha por bajar los precios, Estados Unidos pudo empezar a construir rascacielos a un costo razonable. El primer rascacielos de Estados Unidos, el Home Insurance Company Building, comenzó a construirse en Chicago en 1884 utilizando vigas de acero.

El trato que Carnegie daba a sus trabajadores era de todo menos generoso y ha generado mucha controversia a lo largo de los años. Sus obreros trabajaban doce horas diarias, siete días a la semana. No tenían vacaciones ni días libres, salvo el 4 de julio. Las condiciones de trabajo eran duras y peligrosas, y los salarios apenas alcanzaban para subsistir. Carnegie redujo aún más esos míseros salarios para obtener mayores beneficios.

Las muertes relacionadas con el trabajo no eran infrecuentes. En 1880, se produjo una explosión en una de sus fábricas que provocó la muerte de varios trabajadores. Carnegie se preocupaba más por las pérdidas materiales que por las vidas perdidas, lo que le daba una imagen de villano.

La riqueza de Carnegie se construyó sobre las espaldas de los trabajadores de las fábricas y, sin embargo, parecía preocuparse muy poco por ellos. Es difícil entender por qué trataba así a sus trabajadores cuando él había nacido y crecido en un ambiente muy humilde y duro.

Sin embargo, era conocido por su generosidad y se convirtió en un gran filántropo en sus últimos años. Donó la mayor parte de su fortuna a causas benéficas. Carnegie fue un gran defensor de la educación y ayudó a crear escuelas, universidades y otras organizaciones sin ánimo de lucro, como bibliotecas públicas, museos e incluso un auditorio de música.

No se puede negar la contribución de Andrew Carnegie a la sociedad estadounidense, pero tampoco el trato que dispensó a los hombres y mujeres que construyeron su imperio.

J. P. Morgan

John Pierpont Morgan fue uno de los banqueros más poderosos de la era progresista. Tenía un talento especial para dar estabilidad a un negocio y hacerlo rentable. Se convirtió en un poderosísimo magnate del ferrocarril reorganizando y fusionando varias compañías ferroviarias y comprando acciones de las mismas.

En 1898 hizo algo parecido con el acero y financió la creación de la Federal Steel Company. Más tarde, Morgan fusionó varias empresas siderúrgicas y creó la United States Steel Corporation. Mediante una serie de movimientos estratégicos y audaces, amasó una fortuna.

Cuando Estados Unidos se enfrentaba a crisis económicas, no tenía forma de gestionarlas porque el país carecía de un banco central. Morgan intervino para prestar más de 60 millones de dólares al gobierno, ayudando a rescatar el patrón oro del país. Además de ayudar al gobierno federal con la economía, Morgan también ayudó a Roosevelt a poner fin a la huelga del carbón de 1902.

Morgan se convertiría en el jefe de la firma bancaria conocida como J. P. Morgan & Co. En la actualidad, el banco es una de las mayores instituciones financieras del mundo.

Al igual que Rockefeller y Carnegie, contribuyó mucho a la sociedad y donó millones de dólares a instituciones educativas, museos y otras instituciones públicas.

Se puede argumentar lo mucho que los ricos industriales y banqueros aportaron a la sociedad. Normalmente utilizaron medios dudosos para adquirir su riqueza y emplearon su dinero e influencia para influir en la política y el gobierno. Pero no se puede negar que su labor filantrópica contribuyó a conformar la sociedad tal y como la conocemos hoy.

QUINTA PARTE:
Primera Guerra Mundial, Gran Depresión y Segunda Guerra Mundial (1914-1945)

Gracias en gran parte al rápido crecimiento industrial, al aumento de las exportaciones mundiales, a las oleadas de inmigración y a una economía en auge, Estados Unidos se estaba ganando lenta pero firmemente una reputación mundial como potencia emergente e influyente. Pero la gestión estadounidense de la Primera y la Segunda Guerras Mundiales consolidaría su posición como superpotencia mundial.

Capítulo 18: La Primera Guerra Mundial y los locos años 20

Estados Unidos y la Primera Guerra Mundial

Durante décadas, Estados Unidos había mantenido firmemente una posición de aislacionismo en lo que se refería a los acontecimientos mundiales. Estaba más preocupado por su propia expansión y crecimiento.

Por eso, cuando el archiduque austriaco Francisco Fernando fue asesinado por la Mano Negra, un grupo nacionalista serbio, el 28 de junio de 1914, no se consideró un acontecimiento monumental en Estados Unidos, o al menos un acontecimiento en el que mereciera la pena implicarse.

Por supuesto, nadie podía predecir que el asesinato desencadenaría una cadena de acontecimientos que desembocaría en un conflicto mundial entre los Aliados (Francia, Rusia, Gran Bretaña, Serbia y, finalmente, Estados Unidos) y las Potencias Centrales (Alemania, el Imperio otomano y Austria-Hungría).

El presidente Woodrow Wilson y la Primera Guerra Mundial

Cuando estalló la guerra, Estados Unidos no tenía ningún interés ni nada en juego en el conflicto. El presidente Woodrow Wilson declaró abiertamente que Estados Unidos se mantendría neutral. La mayoría de la opinión pública estadounidense apoyó esta postura, sobre todo porque había muchos inmigrantes en el país cuyas naciones estaban en guerra en Europa. Wilson consideraba que era un tema delicado y que era mejor evitarlo.

Como país neutral, Estados Unidos proporcionó materias primas, alimentos y municiones a ambos bandos. Los bancos también concedieron préstamos a los países en guerra; sin embargo, la mayoría de estos recursos y prestamos fueron a parar a los países aliados.

La opinión pública empezó a cambiar en mayo de 1915 tras el hundimiento del buque británico *Lusitania* por un submarino alemán. Murieron unas 1.200 personas, 128 de ellas estadounidenses. La guerra había golpeado de cerca y las relaciones diplomáticas entre Estados Unidos y Alemania se volvieron tensas.

El presidente Wilson lanzó una severa advertencia a Alemania, pero seguía queriendo mantenerse neutral. Muchos estadounidenses no estaban de acuerdo con él. Alemania torpedeó un barco francés en marzo de 1916, y cuando Estados Unidos amenazó con cortar las relaciones diplomáticas, Alemania prometió no hundir más barcos mercantes o de pasajeros.

En noviembre de 1916, Wilson ganó un segundo mandato como presidente. Para entonces, algunos estadounidenses se dirigieron a Europa para ayudar en el esfuerzo bélico.

A finales de enero de 1917, Alemania anunció que reanudaría su guerra submarina. Estados Unidos cortó finalmente sus relaciones diplomáticas con el país y, durante los dos meses siguientes, varios barcos mercantes estadounidenses fueron atacados y hundidos por submarinos alemanes.

La gota que colmó el vaso para el gobierno estadounidense fue el telegrama Zimmerman. El telegrama esbozaba una alianza entre Alemania y México, en la que Alemania se comprometía a ayudar a México a recuperar los territorios que había perdido frente a Estados Unidos a cambio de apoyo en la guerra. Cuando el telegrama se hizo público, los estadounidenses se indignaron. El 2 de abril de 1917, el presidente Wilson declaró oficialmente la guerra a Alemania y entró en la Primera Guerra Mundial. Su entrada supuso un impulso muy necesario para los agotados británicos y franceses. A lo largo de la guerra murieron casi 120.000 soldados estadounidenses.

Wilson y la Sociedad de Naciones

Una vez que Estados Unidos entró en la guerra, estaba decidido a ganar el conflicto. Wilson estaba horrorizado por la destrucción y la brutalidad de la guerra y quería asegurarse de que algo así no volviera a ocurrir. Wilson dio a conocer sus Catorce Puntos a principios de 1918, que eran un conjunto de directrices que creía que disuadirían de otra guerra.

Con los Catorce Puntos, Wilson esbozó su visión de la creación de una organización internacional cuya tarea consistiría en resolver las disputas mundiales antes de que se fueran de las manos. También creía que las naciones debían ser abiertas y transparentes, y que todos los países tenían derecho a la autodeterminación.

Cuando terminó la guerra, los líderes aliados se reunieron en París para negociar los términos de la paz. Wilson trabajó duro para que el tratado fuera lo más justo posible, dada la intensa ira de los países europeos contra Alemania. Los términos del tratado echaban la culpa de toda la guerra a Alemania, dejando al país humillado y en la ruina financiera. Alemania también se vio obligada a desmilitarizar sus fuerzas. El Tratado de Versalles, que puso fin a una guerra mundial, se convertiría irónicamente en una de las causas de otra guerra mundial.

La Conferencia de Paz de París de 1919 dio lugar al Tratado de Versalles, que incluía el compromiso de crear la Sociedad de Naciones. La Sociedad de Naciones se basó en gran medida en los Catorce Puntos de Wilson y se creó para asegurarse de que nunca volviera a ocurrir algo parecido a la Primera Guerra Mundial. La Sociedad de Naciones tenía cuatro objetivos principales:

1. resolver las disputas y conflictos entre países por medios pacíficos antes de que se convirtieran en algo más grave;
2. mejorar el bienestar mundial;
3. promover la seguridad colectiva;
4. desarme.

A pesar de los esfuerzos de Wilson por implicar a Estados Unidos en la Sociedad de Naciones, el Congreso no estaba dispuesto a considerarlo. Para el Congreso, la participación estadounidense en la Primera Guerra Mundial era cosa de una sola vez. Una vez terminada, querían volver a su postura aislacionista. El Congreso estaba especialmente en desacuerdo con el Artículo X de la Liga, que establecía que todos los miembros de la Liga tenían que defender a otro país miembro si se enfrentaba a una agresión o en caso de ataque. Esto era algo a lo que el Congreso no estaba dispuesto a comprometerse, ya que consideraba que el término violaba la soberanía estadounidense. Debido a esta oposición, el Tratado de Versalles no fue ratificado por el Senado, y Estados Unidos nunca llegó a formar parte de la Sociedad de Naciones.

La Sociedad existió hasta 1946. Aunque no pudo evitar la Segunda Guerra Mundial, negoció pacíficamente algunos conflictos, por ejemplo, la disputa de Turquía e Irak por Mosul en 1926. Poco antes de su disolución, se creó la Organización de Naciones Unidas. La ONU se basaba en las mismas premisas y principios que la Sociedad de Naciones, pero no tenía sus debilidades. La ONU también contaba con mucho más apoyo de otros países que la Sociedad de Naciones.

A estas alturas, Estados Unidos sentía que debía desempeñar un papel de liderazgo en la política internacional, por lo que el país participó en la organización desde el principio.

Prohibición

A principios del siglo XIX se produjo un importante resurgimiento de la religión en Estados Unidos. Algunos movimientos pedían la abolición de la esclavitud al tiempo que abogaban por la templanza.

En 1838, el estado de Massachusetts aprobó una ley antialcohólica. La ley solo duró dos años, pero sirvió para que otros estados siguieran su ejemplo, como Maine, que aprobó una ley más estricta sobre el alcohol en 1846.

Cuando comenzó la guerra de Secesión, muchos otros estados tenían leyes similares en vigor, y las sociedades de templanza se habían convertido en la norma de la sociedad estadounidense. Las mujeres estaban especialmente en contra del consumo de alcohol porque veían el daño que podía causar. Incluso los propietarios de fábricas estaban de acuerdo con la prohibición porque tenían menos accidentes y sus trabajadores eran más eficientes y productivos.

En 1917, la Primera Guerra Mundial estaba muy avanzada. Estados Unidos acababa de unirse a los Aliados cuando el presidente Woodrow Wilson promulgó una ley de prohibición en tiempos de guerra para poder ahorrar grano y destinarlo a la alimentación. Por aquel entonces, el Congreso también presentó la Decimoctava Enmienda para su ratificación.

La enmienda fue ratificada en 1919 y entró en vigor en 1920. Para entonces, 33 estados ya tenían sus propias leyes de prohibición. En virtud de la enmienda, la venta, el transporte y la fabricación de bebidas alcohólicas pasaron a ser ilegales, dando paso a la era de la Ley Seca.

En 1919, el Congreso promulgó la Ley de Prohibición Nacional (comúnmente conocida como Ley Volstead). Esta ley proporcionó al gobierno directrices sobre cómo hacer cumplir la legislación. Sin embargo, incluso con una nueva legislación y una ley en vigor, era casi imposible hacer cumplir la Ley Seca o erradicar el alcohol.

El contrabando de alcohol (fabricación, venta y contrabando ilegal de alcohol) condujo inevitablemente al auge del crimen organizado y otras operaciones ilegales. Se convirtió en una profesión peligrosa pero muy lucrativa. El conocido gánster Al Capone solía ganar unos 60 millones de dólares al año gracias al contrabando.

Esto, a su vez, provocó un aumento de la violencia entre bandas. Los negocios, como los restaurantes que ya no podían vender alcohol, sufrieron las consecuencias y muchos quebraron. Otras personas murieron o pusieron en peligro su salud por beber licor casero, como el «moonshine» (luz de luna), que a menudo estaba contaminado. Los ingresos del gobierno y de los estados se desplomaron.

La prohibición se hizo casi imposible de controlar. Cuando la década de 1920 tocaba a su fin, también lo hacía el apoyo del público a la Ley Seca. Cuando llegó la Gran Depresión, la idea de legalizar de nuevo el alcohol y ganar dinero con él era demasiado tentadora como para resistirse. Cuando Franklin Delano Roosevelt se presentó a las elecciones presidenciales de 1932, prometió derogar la ley si salía elegido.

FDR venció fácilmente a Herbert Hoover y, tal como se había prometido, en febrero de 1933 se presentó oficialmente la Vigesimoprimera Enmienda para derogar la Decimoctava Enmienda. En diciembre de ese año, 36 estados votaron a favor y fue ratificada. Algunos estados continuaron aferrándose a la Prohibición. En 1966, ninguno de los estados aplicaba ya la Ley Seca.

Los locos años 20

Tras el fin de la guerra y de la pandemia de gripe de 1918, que mató a más personas que la guerra (entre cincuenta y cien millones), los estadounidenses entraron en un nuevo periodo de cambios sociales y económicos dramáticos llenos de alegría y júbilo desenfrenados.

El progreso tecnológico, la industrialización y la producción masiva de bienes propiciaron el auge del consumismo. A medida que los estadounidenses prosperaban, empezaron a abandonar las granjas para instalarse en las ciudades. El empleo estaba en su punto álgido, el crédito era barato, el PIB de Estados Unidos se duplicó con creces y el país experimentó un rápido crecimiento económico. Los años de penuria y devastación de la guerra parecían una historia del pasado.

Todo ello propició la aparición de los locos años 20 o la era del jazz, un periodo caracterizado por el crecimiento y el cambio. También sería la primera década de la historia estadounidense que recibiría un apodo.

Antes de la Primera Guerra Mundial, la cultura estadounidense seguía en gran medida las tradiciones del siglo XIX. Pero tras la Primera Guerra Mundial, el pueblo estaba preparado para inaugurar una nueva era. Y sería una era moderna y liberadora, con salones de baile, cines, *flappers*, música jazz y bares clandestinos.

Las mujeres abandonaron sus roles tradicionales para abrazar la independencia y hacerse oír. Las *flappers* causaron mucha controversia con su peinado corto, maquillaje, ropa escandalosa y un estilo de vida de espíritu libre en el que fumaban y bailaban al ritmo de bandas de jazz.

Un ejemplo de *flapper*.
https://commons.wikimedia.org/wiki/File:Violet_Romer_in_flapper_dress,_LC-DIG-ggbain-12393_crop.jpg

Impulsadas por la victoria de la Decimonovena Enmienda, cada vez más mujeres empezaron a incorporarse al mercado laboral y a luchar por su libertad personal.

Los locos años 20 fueron también una época de expresión artística, nuevos inventos y crecimiento industrial. La jornada laboral de los obreros se redujo a 44 horas semanales, al tiempo que aumentaban los salarios. De repente, los estadounidenses tenían más dinero y más tiempo para divertirse y disfrutar de actividades como ir al cine (las películas acababan de empezar a estrenarse), asistir a salones de baile y ver a Babe Ruth jugar partidos de béisbol.

Un marketing inteligente vinculó la felicidad y el éxito a los bienes materiales. Los estadounidenses compraron coches, radios y otros bienes, que cambiaron su forma de vivir y disfrutar la vida. Los avances tecnológicos hicieron que más gente tuviera acceso a la electricidad, lo que significó que bienes comerciales como frigoríficos y aspiradoras se convirtieran en necesidades domésticas para las familias de clase media, algo inimaginable a principios del siglo XX.

Y entonces, tan repentinamente como había empezado, la era del jazz se detuvo con la caída de la bolsa en octubre de 1929. Antes del crack, la gente había invertido millones de dólares en la bolsa durante un periodo de especulación. Cuando el mercado se desplomó, los inversores perdieron un total combinado de 26.000 millones de dólares y de la noche a la mañana se convirtieron en indigentes.

El boom económico y los locos años 20 se acabaron de repente, dando paso al periodo llamado la Gran Depresión.

Capítulo 19: La Gran Depresión y el New Deal

La Gran Depresión (1929-1939)

La Gran Depresión se asocia típicamente con el colapso del mercado de valores, y aunque definitivamente fue un factor, no fue la única razón del dramático cambio en la economía del país.

Hasta la fecha, la Gran Depresión sigue siendo una de las peores crisis económicas a las que se han enfrentado Estados Unidos y el mundo en general. Millones de estadounidenses se vieron afectados por ella. Las fortunas desaparecieron y la gente perdió sus casas y no podía permitirse comer. Miles de personas vivían en barrios de chozas llamados Hoovervilles con el único fin de tener un techo bajo el que cobijarse. El término hacía referencia al Presidente Herbert Hoover, que prometió que la riqueza y los buenos tiempos estaban a la vuelta de la esquina.

Para los estadounidenses que recibían muy poca ayuda o apoyo del gobierno, comentarios como este resultaban irrisorios. El desempleo alcanzó el 25,6% en un momento dado, lo que significaba que uno de cada cuatro estadounidenses carecía de fuente de ingresos y tampoco tenía esperanzas de conseguirlos.

Cuando los historiadores analizan hoy por qué se produjo tal cambio entre los años veinte y los treinta, se fijan en algunos factores que, por separado, habrían sido superables, pero que al combinarse resultaron totalmente desastrosos.

1. La economía mundial era vulnerable debido a la elevada demanda de los consumidores y a la falta de cooperación financiera entre las naciones a nivel internacional.
2. El aumento de la riqueza durante la era del jazz hizo creer a la gente que uno podía hacerse rico de la noche a la mañana mediante inversiones y acciones. La gente caía fácilmente víctima de estafas o malas inversiones. El número de personas que compraban acciones aumentó drásticamente, haciendo que los precios se dispararan. Durante un tiempo, esto hizo a mucha gente muy rica, pero el Jueves Negro —el día en que se desplomó el mercado de valores— la burbuja acabó por explotar. En un mes, el valor del Dow se redujo a la mitad, y siguió bajando.
3. A principios de los años 20, el dinero abundaba y los tipos de interés eran bajos, lo que llevó a la gente a pedir préstamos y créditos. A finales de los años 20, el Consejo Federal se preocupó por la especulación y subió repentinamente los tipos de interés, lo que dificultó a la gente devolver los préstamos o comprar cosas nuevas.
4. Cuando el mercado bursátil se desplomó, los inversores empezaron a cambiar efectivo por oro, por lo que los tipos de interés volvieron a subir como forma de proteger el dólar. Pero esto significó que las empresas ya no podían permitirse pedir préstamos para mantenerse a flote y tuvieron que cerrar.
5. La Ley Smoot-Hawley fue una política que elevó los aranceles estadounidenses aproximadamente un 16%. Cuando el Congreso debatió la ley por primera vez en 1929, la economía aún estaba en buena forma. Pero tras su firma en 1930, las cosas empezaron a ir mal. Otros países empezaron a añadir aranceles a los productos exportados desde Estados Unidos a causa de la ley.

La combinación de estos factores creó una tormenta perfecta para que la economía se desplomara y diera paso a una década de penurias y privaciones. Un periodo de sequía también agravó las dificultades.

El *Dust Bowl*

Un periodo de intensas tormentas de polvo dañó y arruinó las cosechas en las praderas de Norteamérica en la década de 1930. Esta terrible época de la historia de Estados Unidos recibió el nombre de *Dust Bowl* (literalmente «cuenco de polvo» en inglés). Las nubes de polvo soplaban continuamente durante días, cayendo como la nieve. El polvo caía incluso por las grietas de las casas. Las tormentas provocaron la muerte de personas y ganado, además de la pérdida de cosechas. Regiones enteras quedaron diezmadas y arruinadas. El polvo también afectó a la salud, ya que algunas personas desarrollaron dolores de pecho y otros problemas de salud.

Las tormentas de polvo fueron causadas por una combinación de malas técnicas agrícolas, un clima extremadamente caluroso, una sequía prolongada y fuertes vientos. Estos factores crearon la tormenta perfecta para que los cuencos de polvo arrasaran los estados de Texas, Colorado, Kansas, Nuevo México, Oklahoma y Nebraska.

Las continuas tormentas de polvo, también conocidas como «ventiscas negras», obligaron a miles de personas a abandonar sus hogares y convertirse en emigrantes en busca de trabajo y una mejor calidad de vida. Alrededor de dos millones y medio de personas abandonaron los estados del *Dust Bowl*; fue la mayor migración de personas del país.

Para ayudar a la gente, el presidente Franklin Delano Roosevelt proporcionó ayuda de emergencia a los afectados. Los agricultores fueron reasentados en tierras más productivas y se proporcionó ayuda a los trabajadores emigrantes.

Roosevelt también quiso resolver los problemas medioambientales para que esto no volviera a ocurrir. El gobierno plantó más de 200 millones de árboles para evitar que la tierra volara sobre las Grandes Llanuras. Los árboles también ayudaron con el viento. En cinco años se pudieron ver los beneficios. En 1938, los esfuerzos habían reducido el viento en un 65%.

En su mayor parte, el *Dust Bowl* llegó a su fin en 1939, cuando la lluvia volvió a muchas de las zonas secas.

Programas del *New Deal*

En las elecciones presidenciales de 1932, Franklin D. Roosevelt (abreviado FDR) derrotó a Hoover y ganó la presidencia por un amplio margen. Asumió el cargo mientras Estados Unidos se enfrentaba a la mayor crisis económica de su historia.

FDR sabía que tenía que hacer algo para resolver la crisis. Durante su discurso de investidura, el 4 de marzo de 1933, así se lo prometió al pueblo. Dos días después de su discurso, FDR cerró todos los bancos de Estados Unidos durante cuatro días para que la gente dejara de sacar dinero de bancos que ya eran inestables. Cerca de nueve mil bancos ya habían cerrado durante la Gran Depresión.

Mediante la Ley Bancaria de Emergencia de Roosevelt, aprobada el 9 de marzo, se cerraron definitivamente los bancos insolventes y se reorganizó el resto. Se instó a los estadounidenses a devolver su dinero a los bancos y, sorprendentemente, la gente empezó a hacerlo.

Este fue el primer paso de FDR hacia su objetivo de poner fin a la Gran Depresión. Rápidamente se puso manos a la obra para resolver los problemas a los que se enfrentaba la población y creó el *New Deal* («nuevo trato»). El *New Deal* fue una serie de reformas financieras, proyectos públicos y otros programas y reglamentos que se establecieron para estabilizar la economía y aliviar económicamente a los estadounidenses en apuros.

FDR también pidió al Congreso que pusiera fin a la Ley Seca, lo que hizo ratificando la Vigésimo Primera Enmienda.

Varios meses después, en mayo, se promulgó la Ley de la Autoridad del Valle del Tennessee. En virtud de esta ley, el gobierno podía construir presas en el río Tennessee para controlar las inundaciones. El Congreso aprobó otra ley que pagaba a algunos granjeros para que no plantaran nada en sus campos con el fin de aumentar los precios de los productos agrícolas y acabar con los excedentes.

Se concedió a los trabajadores el derecho a crear y formar parte de sindicatos a través de la Ley de Recuperación Industrial Nacional, que también llevó a la creación de la Administración de Obras Públicas. Esta ley permitió a los trabajadores pedir colectivamente mejores salarios y condiciones de trabajo.

Además de estas leyes, FDR aprobó otra docena de leyes, entre ellas una ley bancaria y una Ley de Préstamos a los Propietarios de Viviendas. Todo esto se consiguió en sus primeros cien días como presidente.

Segundo *New Deal*

A pesar del enfoque agresivo de FDR para hacer frente a la Gran Depresión, la crisis financiera continuó. El desempleo seguía bajo mínimos, la economía seguía luchando y la mayoría de los estadounidenses seguían llenos de desesperación y rabia.

Así que FDR lanzó una segunda ronda de programas federales en 1935, lo que a menudo se conoce como el Segundo *New Deal*. Uno de los primeros programas en ponerse en marcha fue la Administración para el Progreso de las Obras (WPA, por sus siglas en inglés). Con este programa, los desempleados podían trabajar en el sector público construyendo escuelas, parques y puentes. El programa también creó puestos de trabajo en el mundo de las artes mediante la contratación de escritores y artistas.

En julio de 1935 se creó el Consejo Nacional de Relaciones Laborales (National Labor Relations Board) para mantener la integridad de las elecciones sindicales y garantizar que los empresarios no trataran mal o injustamente a sus trabajadores. La Ley de Seguridad Social, elaborada ese mismo año, proporcionaba un seguro de desempleo. El gobierno también se comprometió a atender a los niños y a los discapacitados.

Aunque el *New Deal* ayudó a resolver algunos problemas, aún tuvo que hacer frente a muchos reveses políticos, especialmente por parte de los conservadores del Tribunal Supremo, que echaron para atrás iniciativas como la Administración Nacional de Recuperación, que pretendía establecer prácticas laborales justas.

Pero FDR no se amilanó. Se negó a permitir que el Tribunal Supremo siguiera cambiando sus programas, así que en 1937 anunció que se añadirían más jueces liberales al Tribunal Supremo para que hubiera un mayor equilibrio. Cuando los jueces descubrieron esto, empezaron a votar a favor de los proyectos de FDR. Mientras tanto, la Gran Depresión se prolongaba.

Economía y cultura

En 1937, la economía volvía a estar en recesión y Roosevelt tenía dificultades para impulsar nuevos programas o políticas. Dos años más tarde, el *New Deal* empezó a desvanecerse y finalmente llegó a su fin. La Segunda Guerra Mundial acabaría por devolver a la economía estadounidense a la cima.

Pero el trabajo que hizo FDR con los programas del *New Deal* entre 1933 y 1941 mejoró enormemente la vida de las personas que estaban luchando durante la Depresión. Les dio esperanza en una época especialmente difícil. También cambió el panorama político y social de la sociedad estadounidense al crear las condiciones para la aparición de una nueva coalición política, que de repente incluía a un grupo más diverso de estadounidenses, entre ellos afroamericanos y estadounidenses de clase trabajadora. Los unía el deseo común de que programas como la Seguridad Social tuvieran éxito.

También se produjo un gran cambio cultural, ya que más mujeres empezaron a trabajar fuera de casa. Roosevelt lo facilitó aumentando el número de puestos administrativos y de secretaría en el gobierno.

Los programas de Roosevelt sentaron las bases del Estados Unidos actual. Muchas de las cosas que los estadounidenses dan hoy por sentadas, como la asistencia social y el seguro de desempleo, tienen su origen en el *New Deal*.

Capítulo 20: La Segunda Guerra Mundial: Estados Unidos se convierte en superpotencia

La Segunda Guerra Mundial

Tras más de una década de sufrimiento, la Gran Depresión llegó a su fin cuando Japón bombardeó Pearl Harbor.

Sin embargo, ese no fue el comienzo de la guerra. Cuando Adolf Hitler rompió los términos del Acuerdo de Múnich e invadió Checoslovaquia, Estados Unidos se mantuvo al margen, incluso cuando se hizo evidente que la guerra era inevitable. Y cuando estalló la guerra cuando Hitler invadió Polonia en 1939, el gobierno estadounidense recurrió a su política exterior aislacionista y se mantuvo neutral durante los dos primeros años de la guerra.

La Ley de Neutralidad aprobada por el Congreso en 1935 prohibía específicamente a Estados Unidos exportar armas, dinero, suministros o municiones a cualquier país que estuviera en guerra. Tras la guerra civil española de 1936-1939, la ley se modificó para ser aún más estricta e incluyó mayores restricciones.

Todo esto hizo muy difícil que FDR se involucrara en la guerra, a pesar de que creía firmemente que el país debía hacerlo. Tuvo la clarividencia de ver lo que la invasión de Hitler significaba para el mundo, y sabía que Estados Unidos tenía un papel que desempeñar para detenerlo.

Así que encontró formas creativas de saltarse las normas. Por ejemplo, los pilotos volaban aviones de la época de la Primera Guerra Mundial desde Estados Unidos y los dejaban a pocos metros de la frontera canadiense. Los canadienses los tomaban de allí y los enviaban a las fuerzas aliadas en Europa.

Pero cuando Hitler se envalentonó e invadió Polonia, desencadenando el inicio de la Segunda Guerra Mundial, se hizo más difícil permanecer neutral y no hacer nada. Finalmente, se convenció al Congreso para que modificara la ley e implantara una política de «cash and carry». En virtud de esta política, las potencias aliadas que luchaban contra Alemania podían comprar suministros fabricados en Estados Unidos pagando en efectivo (*cash*) y transportándolos ellos mismos a Europa (*carry*) en sus propios barcos o aviones.

Política de préstamo y arriendo

Esta política funcionó bien hasta que Alemania invadió y ocupó Francia, dejando a Gran Bretaña sola en la lucha contra Hitler en Europa occidental. El recién elegido primer ministro británico Winston Churchill se puso en contacto con FDR para decirle que Gran Bretaña se estaba quedando sin dinero y que pronto sería incapaz de pagar los suministros.

FDR había ganado la reelección para su tercer mandato como presidente con la promesa de mantener a Estados Unidos fuera de la guerra, pero aun así quería ayudar, así que convenció a los estadounidenses y al Congreso de que proporcionar ayuda a los Aliados era lo mejor para ellos.

A finales de 1940, se introdujo una nueva política que permitía a Estados Unidos prestar suministros a Gran Bretaña para la guerra. Bajo esta política, los pagos no tendrían que hacerse en efectivo y podrían ser de una forma aceptable para Roosevelt. Los pagos también se aplazarían. FDR aseguró al pueblo estadounidense que tenía un papel fundamental como «gran arsenal de la democracia»[6].

Tras meses de debate, el Congreso aprobó la Ley de Préstamo y Arriendo en marzo de 1941, y FDR empezó a hacer pedidos de suministros, tanques, barcos, armas y alimentos para enviar a Gran Bretaña. Al cabo de un año, el programa *Lend-Lease* (Préstamo y Arriendo) se amplió para incluir a aliados como Rusia, y siguió ampliándose. En total, en el transcurso de la guerra, más de treinta países

---

[6] "Lend-Lease Act". https://www.history.com/topics/world-war-ii/lend-lease-act-1.

de todo el mundo recibieron 50.000 millones de dólares de ayuda de Estados Unidos a través del programa (equivalentes a 690.000 millones de dólares actuales).

Estados Unidos se une a la guerra

Tras permanecer neutral, Estados Unidos se vio finalmente obligado a unirse a la guerra cuando Japón bombardeó Pearl Harbor en Hawái el 7 de diciembre de 1941. Más de 2.400 soldados estadounidenses y casi setenta civiles murieron en el ataque. Diecinueve barcos, entre ellos ocho acorazados, fueron destruidos. La carnicería indignó a los estadounidenses.

Al cabo de un día, el Congreso declaró la guerra a Japón, lo que provocó que las potencias del Eje declararan la guerra a Estados Unidos. Esto se convertiría en un punto de inflexión para la guerra, que, hasta el momento, parecía ir mejor para Hitler y sus aliados del Eje que para las potencias aliadas.

En casa, la guerra estaba cambiando el funcionamiento de la sociedad. Las mujeres empezaban a incorporarse en masa al mercado laboral y disfrutaban de una nueva sensación de propósito y libertad. Los conciertos, las actividades para recaudar fondos y los jardines de la victoria crearon un sentimiento de patriotismo entre los estadounidenses y contribuyeron al sentimiento de unidad y de defensa de lo que era justo.

La guerra también creó cierta fealdad en casa, ya que el gobierno creó campos de internamiento para alojar a los japoneses-estadounidenses. Como los aliados luchaban contra Japón, existía una desconfianza natural hacia Japón y su pueblo. Esto se tradujo en desconfianza, antipatía e incluso odio hacia los japoneses en Estados Unidos, que antes habían sido vecinos, amigos y compañeros de trabajo. Mediante la Orden Ejecutiva 9066, los japoneses fueron reunidos y enviados a campos dispersos por todo el país.

Permanecerían encarcelados, viviendo en malas condiciones, durante toda la guerra. Casi dos mil murieron. Las familias fueron desplazadas y separadas para siempre. Cuando los japoneses fueron finalmente liberados y se les permitió volver a sus vidas, descubrieron que todo por lo que habían trabajado había desaparecido. Los efectos de su encarcelamiento durarían generaciones.

Mientras tanto, las tropas estadounidenses participaron en docenas de batallas y conflictos en numerosos frentes, aunque Estados Unidos desempeñó un papel más destacado en el teatro del Pacífico. Hemos

seleccionado un puñado de las batallas más significativas libradas por
Estados Unidos.

Batalla del mar del Coral (del 4 al 8 de mayo de 1942)

La batalla del mar del Coral fue significativa porque fue la primera vez
que se detuvo una gran operación japonesa.

Las fuerzas japonesas lograron ocupar con éxito la isla de Tulagi, pero
las tropas estadounidenses, que esperaban la invasión, intentaron
interceptar a las tropas japonesas. Durante cuatro días, las dos potencias
aéreas se enzarzaron en una intensa batalla, que se saldó con la
destrucción de 66 aviones de guerra por parte estadounidense y 70 por
parte japonesa.

Esta batalla fue interesante porque ninguno de los portaaviones de
ambos países disparó contra el otro. En cambio, cuando los aviones
despegaban de los portaaviones, luchaban entre sí. Esta batalla y estilo de
guerra fue un presagio de cómo se desarrollarían las batallas en el frente
del Pacífico.

La batalla fue una victoria táctica para Japón, que consiguió ocupar
todas las Islas Salomón. Sin embargo, tuvo un gran costo, ya que Japón
había perdido tantos portaaviones y pilotos que no pudo continuar con
sus planes de invasión de Port Moresby y otros objetivos en el Pacífico
Sur.

Cuando Japón se enfrentó de nuevo a Estados Unidos en la batalla de
Midway, se encontraba en una posición mucho más débil.

Batalla de Midway (del 3 al 6 de junio de 1942)

Mientras que el objetivo de Hitler era Europa, Japón tenía la vista
puesta firmemente en dominar el Pacífico. El primer obstáculo en su plan
fue el revés sufrido en la batalla del mar del Coral, que lo obligó a
apartarse de sus otros objetivos.

Sin embargo, el comandante de la Armada Imperial Japonesa, el
almirante Isoroku Yamamoto, estaba convencido de que podrían derrotar
a los estadounidenses reproduciendo otro ataque similar al de Pearl
Harbor. Planeaba lanzar otro ataque sorpresa contra las tropas
estadounidenses en la isla de Midway, que estaba siendo utilizada como
base naval por los Aliados. Idealmente situada entre los dos países, era el
objetivo perfecto para Japón.

Yamamoto planeó meticulosamente un ataque en tres frentes. Habría
un ataque aéreo, seguido de una invasión naval. Luego, una vez que

llegaran los refuerzos estadounidenses, entrarían en combate. El problema con el plan era que los criptoanalistas de la Armada estadounidense habían estado descifrando los códigos de comunicación de Japón desde 1942 y conocían los planes de Yamamoto. Se dieron cuenta de que Midway era el objetivo.

El 3 de junio, un avión de reconocimiento estadounidense divisó lo que creía que era la mayor parte de la flota japonesa. Esa misma tarde, los bombarderos estadounidenses atacaron el objetivo, pero no tuvieron éxito.

Una escena de la batalla de Midway
https://commons.wikimedia.org/wiki/File:SBD-3_Dauntless_bombers_of_VS-8_over_the_burning_Japanese_cruiser_Mikuma_on_6_June_1942.jpg

A la mañana siguiente se produjo un segundo ataque estadounidense, que tampoco tuvo éxito. Japón envió entonces más de cien aviones de guerra a Midway y dañó significativamente la base. Bombarderos torpederos estadounidenses transportados en el *Hornet* y el *Enterprise* iniciaron un ataque contra los buques japoneses, pero todos fueron derribados.

Una segunda oleada de bombarderos estadounidenses llegó una hora más tarde e incendió los portaaviones japoneses. Otros bombarderos en picado estadounidenses continuaron atacando. A estas alturas, Yamamoto sabía que la batalla estaba perdida. Se retiró el 6 de junio, poniendo fin a la batalla de Midway.

Fue una victoria decisiva y crítica para los estadounidenses, ya que puso fin a los planes de Japón de expandir su imperio en el Pacífico. La batalla comenzó a cambiar el rumbo de la guerra a favor de los Aliados.

Día D (6 de junio de 1944)

Una de las batallas y victorias más significativas para las potencias aliadas durante la guerra fue la batalla de Normandía, comúnmente conocida como el Día D y cuyo nombre en clave era Operación Overlord. El objetivo era recuperar Francia de la ocupación alemana.

Cuando Estados Unidos se unió a la guerra, la estrategia principal era «Alemania primero», es decir, la prioridad era derrotar a Alemania y a Hitler. Pero los británicos querían centrarse en campañas en Italia y el norte de África antes de ir por Hitler. Estados Unidos no estaba de acuerdo con ese planteamiento, pero, aun así, las primeras oleadas de tropas estadounidenses fueron enviadas para apoyar a los británicos en sus otras campañas lejos de Alemania. La Operación Overlord se retrasó hasta 1944.

Se eligió Normandía como lugar de la invasión porque estaba menos defendida y no era la opción obvia. Las potencias aliadas colocaron señuelos para engañar a los nazis sobre el lugar de la invasión. Hitler cayó en la trampa y dispersó sus recursos.

Antes del desembarco aliado, las playas fueron bombardeadas intensamente para despejar la zona. Se destruyeron puentes y carreteras para que Alemania no pudiera conseguir refuerzos ni salir fácilmente. Tras los bombardeos, se lanzaron paracaidistas sobre las playas para asegurar el terreno y preparar la invasión terrestre. Las playas recibieron los nombres en clave de Utah, Gold, Omaha, Sword y Juno.

A pesar de la cuidadosa planificación, las cosas empezaron mal. El tiempo retrasó la invasión. Algunos de los bombarderos no alcanzaron objetivos clave que debían ser eliminados, y muchos paracaidistas aterrizaron en el lugar equivocado, terminando a menudo en manos del enemigo. Algunos tanques y equipos vitales se hundieron antes de llegar a la costa.

Una imagen icónica del desembarco en Omaha Beach.
https://en.wikipedia.org/wiki/File:Into_the_Jaws_of_Death_23-0455M_edit.jpg

Las fuerzas desembarcadas desde el mar comenzaron la invasión el 6 de junio de 1944, a las 6:30 a. m. Gold, Juno, Utah y Sword fueron capturadas fácilmente. Sin embargo, Omaha se enfrentó a una fuerte resistencia por parte de las tropas alemanas, y los estadounidenses sufrieron más de dos mil bajas.

A lo largo del día, las potencias aliadas consiguieron asaltar las playas. Al cabo de una semana, las playas estaban completamente aseguradas. A medida que llegaban más tropas y equipos a Normandía, las fuerzas aliadas tuvieron más facilidad para hacer retroceder a las tropas alemanas en Francia.

En agosto, las tropas aliadas llegaron al río Sena y Francia pronto fue liberada. Con las tropas alemanas expulsadas del noroeste de Francia y París asegurado, la batalla de Normandía había terminado.

Fin de la guerra

La victoria en Normandía cambió las tornas de la guerra contra Alemania. Sin Francia bajo su control, Hitler no pudo construir su frente occidental como había planeado y, por tanto, no tuvo protección contra los soviéticos cuando empezaron a avanzar.

Después de Francia, las potencias aliadas se volvieron hacia Alemania y finalmente obligaron a Hitler a luchar la guerra en dos frentes.

La batalla de Berlín (del 16 de abril al 2 de mayo de 1945)

Cuando Rusia y los Aliados unieron sus fuerzas, tenían un objetivo común: deshacerse de Hitler. Tras la rendición de Italia a los Aliados el 8 de septiembre de 1943 y la liberación de Francia, estaba claro que Alemania estaba perdiendo terreno.

En 1945, los Aliados estaban plenamente centrados en derrotar a Alemania. Las incursiones diurnas de las fuerzas aéreas estadounidenses sobre Berlín se convirtieron en algo habitual. A partir de marzo de 1945, los Mosquitos de la RAF (Royal Air Force) británica lanzaron bombas sobre la ciudad todas las noches durante más de un mes.

Los bombardeos cesaron cuando las tropas soviéticas entraron en Berlín el 16 de abril, comenzando oficialmente la batalla de Berlín. En pocos días, los soviéticos, que superaban ampliamente en número a los alemanes, habían rodeado la ciudad. Los combates entre ambos bandos se volvieron violentos y encarnizados.

A finales de mes, los soviéticos estaban cerca del centro de la ciudad. Estaba claro para todos, incluido Hitler, que la derrota era inminente. Sabiendo que la guerra estaba perdida, Hitler decidió suicidarse el 30 de abril de 1945.

El 2 de mayo, Alemania se rindió, pero los combates no cesaron por completo hasta el 8 de mayo. Berlín permaneció bajo ocupación rusa hasta que las tropas aliadas occidentales llegaron a Berlín dos meses después y se hicieron cargo de la ocupación.

Liberación de Dachau - abril de 1945

Poner fin a la guerra en Europa y deshacerse de Hitler y los nazis también significó el fin del Holocausto y la liberación de los campos de concentración.

Dachau fue el primer campo de concentración que construyeron los nazis. Pocas semanas después de que Hitler se convirtiera en canciller, los planes para Dachau ya estaban en marcha. Inicialmente destinado a albergar prisioneros políticos, el campo desempeñaría un papel crucial en el Holocausto.

En su primer año de existencia, unas cinco mil personas, principalmente comunistas alemanes y opositores políticos, fueron encarceladas en el campo. En los años siguientes, el número de prisioneros creció sustancialmente hasta incluir a gitanos, delincuentes, homosexuales y cualquier otra persona que Hitler o los nazis consideraran «indeseable». Los prisioneros fueron puestos a trabajar para construir nuevas adiciones al campo.

A partir de 1938, la mayoría de los prisioneros eran judíos. Cuando el Holocausto empezó en serio, los demás campos de concentración siguieron de cerca el modelo de Dachau, que se convirtió en un centro de entrenamiento para los guardias de los campos de concentración de Hitler. Los experimentos médicos con seres humanos también comenzaron en Dachau.

Una vez que las fuerzas aliadas empezaron a ganar la guerra y comenzaron a avanzar en Alemania, los prisioneros de otros campos de concentración fueron trasladados a Dachau. La marcha de los prisioneros, en su mayoría judíos, se conoce a menudo como la «marcha de la muerte». A finales de abril de 1945, las tropas estadounidenses ya estaban en Alemania, y el 29 de abril, tres divisiones del ejército estadounidense llegaron a Dachau. Los soldados estadounidenses fueron testigos de los horrores del Holocausto.

Tras una pequeña escaramuza con los guardias de las SS, el campo fue oficialmente liberado y los prisioneros quedaron en libertad. El mismo día, otro grupo de tropas estadounidenses, la 42ª División Rainbow, liberó un subcampo de Dachau.

Batalla de Okinawa – del 1 de abril al 22 de junio de 1945

Una de las batallas más sangrientas de la Segunda Guerra Mundial fue también su última gran batalla. Mientras las tropas aliadas avanzaban hacia Alemania, poniendo fin a la guerra en Europa, la Armada, el Cuerpo de Marines y el Ejército estadounidenses, junto con otros contingentes aliados, se dedicaban a expulsar a los japoneses de la isla de Okinawa, en el Pacífico.

La guerra en el Pacífico continuaba con una batalla tras otra. Las tropas estadounidenses habían destruido Japón en la batalla de Iwo Jima, y ahora se dirigían a Okinawa. Asegurar las bases en la isla era el último obstáculo antes de llegar a Japón. Okinawa era el lugar perfecto para que los japoneses montaran una defensa final.

El 1 de abril de 1945, las tropas estadounidenses bombardearon las playas para permitir el desembarco de tropas, similar a lo que se hizo para el Día D. La moral estaba baja y los aliados esperaban una fuerte resistencia japonesa. Sin embargo, las oleadas de tanques, suministros y tropas pudieron desembarcar sin apenas oposición.

En pocas horas, los soldados estadounidenses aseguraron los aeródromos de Kadena y Yontan. Sin saberlo, estaban cayendo perfectamente en la trampa tendida por el teniente general Mitsuru Ushijima, el hombre que dirigía el 32º Ejército japonés. A los 130.000 hombres se les había dicho que no disparasen contra los estadounidenses; en su lugar, se les dijo que observasen mientras esperaban en posiciones defensivas.

Cuando los estadounidenses se acercaron al interior, la batalla empezó en serio. La lucha fue feroz y sangrienta, y ambos bandos perdieron un número asombroso de personas. Los japoneses practicaron la guerra *kamikaze* (ataques suicidas). Los estadounidenses lograron hacer retroceder a los japoneses hacia la costa sur de la isla.

El 7 de abril, un acorazado japonés, el *Yamato*, se preparó para atacar a las tropas estadounidenses, pero fue descubierto por las potencias aliadas. El barco fue bombardeado y hundido. El 26 de abril tuvo lugar una batalla crucial en Hacksaw Ridge. En ese momento, los soldados de ambos bandos se enzarzaron en cruentos combates cuerpo a cuerpo. La lucha fue intensa y brutal. Diez días después, el 6 de mayo, los estadounidenses lograron tomar Hacksaw Ridge. En lugar de rendirse, muchos soldados japoneses optaron por suicidarse, entre ellos el general Ushijima y su jefe de estado mayor.

El 22 de junio, la mayoría de las operaciones de resistencia japonesa habían sido abatidas. Los estadounidenses perdieron 12.520 hombres y más de 36.000 soldados resultaron heridos. Los japoneses perdieron alrededor de 110.000 soldados, y se cree que murieron casi tantos ciudadanos de Okinawa, algunos de los cuales se suicidaron después de que los soldados japoneses les contaran lo que les esperaba si los estadounidenses ganaban la batalla.

La era nuclear

El Proyecto Manhattan

A pesar de la rendición de Alemania, la guerra técnicamente no había terminado. Japón seguía luchando y se negaba a rendirse. Con Alemania bajo control, las potencias aliadas, especialmente el presidente estadounidense Harry Truman, que asumió el poder tras la muerte de FDR el 12 de abril de 1945, estaban decididas a conseguir la rendición de Japón y llevar la guerra a un final rápido y definitivo. El plan de Truman para poner fin rápidamente a la guerra funcionó, pero tendría repercusiones y consecuencias de gran alcance durante décadas.

En 1938, físicos alemanes descubrieron en Berlín la fisión nuclear, lo que abrió la puerta a explorar la creación de armas nucleares. Y eso fue exactamente lo que ocurrió.

Mientras se desarrollaba la guerra, otros países temían que Alemania desarrollara armas nucleares para utilizarlas durante la guerra. Varias naciones empezaron a intentar desarrollar armas nucleares por sí mismas, entre ellas Estados Unidos. El proyecto para desarrollar la bomba atómica fue autorizado oficialmente por FDR el 28 de diciembre de 1942 y recibió el nombre en clave de Proyecto Manhattan.

Varios científicos y funcionarios, encabezados por Robert Oppenheimer, empezaron a trabajar en el proyecto de alto secreto en Los Álamos, Nuevo México. En un momento dado, 130.000 personas formaban parte del proyecto. Dos años y medio después del inicio del proyecto, los científicos desarrollaron tres bombas atómicas. Una de las bombas se probó en un desierto de Nuevo México el 16 de julio de 1945. El proyecto fue considerado un gran éxito.

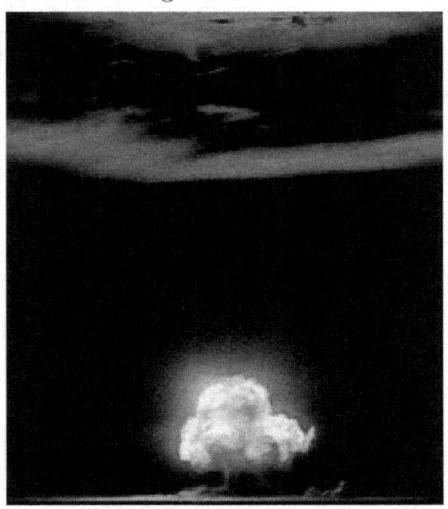

La Prueba Trinity, la primera explosión de prueba nuclear
https://commons.wikimedia.org/wiki/File:Trinity_shot_color.jpg

Estados Unidos había logrado construir la primera bomba atómica.

Hiroshima y Nagasaki

Cuando se probó la bomba, la guerra en Europa ya había terminado. Alemania se había rendido, los combates habían cesado y se estaban iniciando las negociaciones de paz.

Sin embargo, la lucha entre Japón y los Aliados, es decir, Estados Unidos, continuaba. Hacia finales de julio, el presidente Harry Truman anunció la Declaración de Potsdam, que establecía que, si Japón se negaba a rendirse, Estados Unidos emprendería acciones duras y destructivas. Japón se negó.

Tras muchas idas y venidas, el presidente Truman tomó la difícil decisión de lanzar una bomba atómica sobre el país. El *Enola Gay*, un avión bombardero, lanzó la primera bomba sobre Hiroshima el 6 de agosto de 1945, destruyendo gran parte de la ciudad. Entre 70.000 y 135.000 personas murieron ese mismo año, mientras que decenas de miles murieron más tarde por la radiación u otras causas relacionadas con la bomba.

Japón seguía negándose a rendirse. Tal vez el gobierno creyó que EE. UU. no utilizaría otra bomba contra ellos después de ver la devastación o que EE. UU. habría utilizado todas sus bombas a la vez para deshacerse de Japón para siempre.

Sea cual fuere el razonamiento, tres días después, el 9 de agosto, se lanzó una segunda bomba sobre Nagasaki, que causó entre 60.000 y 80.000 muertos ese mismo año (es difícil saber con exactitud cuántos murieron instantáneamente, lo que tiene sentido debido a la falta de recursos humanos para hacer recuentos tan elevados y examinar los restos en un tiempo razonable).

Hiroshima tras el bombardeo
https://commons.wikimedia.org/wiki/File:Hiroshima_aftermath.jpg

El emperador japonés Hirohito se rindió seis días después. Por eso, el 15 de agosto se conoce como el Día VJ o «Día de la Victoria sobre Japón». Algunos historiadores creen que la invasión de Japón por la Unión Soviética habría bastado para que los japoneses se rindieran. El razonamiento de Truman para utilizar las bombas atómicas fue salvar a sus hombres, ya que los japoneses amenazaban con luchar hasta el final. Sin embargo, murieron personas inocentes. Como se puede deducir, los bombardeos atómicos siguen siendo un tema controvertido hasta el día de hoy.

La rendición formal de Japón tuvo lugar el 2 de septiembre en la bahía de Tokio a bordo del USS *Missouri*. Tras seis largos y devastadores años, el conflicto mundial por fin había terminado.

Sin embargo, los efectos del bombardeo durarían décadas, ya que la gente moría de leucemia y cáncer, y sufría los horribles efectos secundarios de la radiación nuclear. Se calcula que cientos de miles de personas murieron en las dos ciudades debido a los efectos posteriores a la radiación, pero es posible que nunca se conozca la cifra real.

Ocupación de Japón

Cuando Japón se rindió a los Aliados el 2 de septiembre de 1945, terminó oficialmente la Segunda Guerra Mundial. Entre 1945 y 1952, Japón fue ocupado por las potencias aliadas. La ocupación fue supervisada principalmente por las fuerzas estadounidenses, dirigidas por el general Douglas MacArthur.

Estados Unidos tenía dos objetivos muy concretos para la ocupación. Quería eliminar a Japón como posible amenaza en el futuro desmilitarizando el país, y también quería que Japón se convirtiera en una nación democrática, estrechamente aliada del mundo occidental.

Durante el periodo de ocupación, el gobierno estadounidense invirtió 2.200 millones de dólares (unos 18.000 millones hoy en día) en la reconstrucción de Japón y ayudó a estabilizar el país. Bajo el mandato de MacArthur, se creó una nueva constitución, que sustituyó a la Constitución Meiji, redactada en 1889. El poder se puso en manos de funcionarios electos y no del emperador, aunque no se abolió la monarquía. Se mantuvo como símbolo cultural, pero sin poder real. Con la nueva constitución, se concedieron nuevas libertades civiles a la población, como la libertad de expresión.

Hoy en día, Japón se considera un país desarrollado. Su población está bien educada y es acomodada. Japón también cuenta con una de las economías más desarrolladas del mundo. En resumen, la ocupación estadounidense tras la guerra puede considerarse un gran éxito tanto para Japón como para Occidente.

SEXTA PARTE:
Comienzan la Guerra Fría y la carrera espacial (1945-1969)

Capítulo 21: Los años Truman: Comienza la Guerra Fría

Cuando terminó la guerra, EE. UU. era la única nación que había conseguido desarrollar armas nucleares, pero la URSS estaba muy ocupada. El 29 de agosto de 1949, los soviéticos estaban listos para probar la primera. Al ver esto, Estados Unidos creó en 1950 un programa dedicado al desarrollo de armas nucleares.

Para entonces, Estados Unidos ya no practicaba activamente el aislacionismo. Habiendo desempeñado un papel integral en el final de la guerra, redactando los términos de la paz y proporcionando ayuda financiera a las naciones asoladas por la guerra, emergió como superpotencia mundial. La URSS también estaba decidida a imponerse como superpotencia, lo que creó conflictos entre ambas naciones y dio paso a la Guerra Fría.

El presidente Harry Truman

Cuando FDR murió inesperadamente semanas antes de la rendición de Alemania, el vicepresidente Harry Truman se convirtió en el nuevo presidente. Llevó al país hasta el final de la guerra y tomó la fatídica decisión de lanzar las bombas atómicas sobre Japón.

Mientras se discutían los términos del tratado de paz que ponía fin a la guerra, Truman también trabajaba para mejorar la situación social y económica de Estados Unidos. El 6 de septiembre de 1945, Truman presentó su plan de 21 puntos al Congreso. Según este plan, proponía ampliar el programa de la Seguridad Social, crear más viviendas públicas y establecer la Ley de Prácticas Laborales Justas, que había creado FDR, como legislación permanente, entre otras cosas.

En el frente internacional, una de las políticas más significativas aplicadas por Truman fue la doctrina Truman.

Presidente Truman
https://commons.wikimedia.org/wiki/File:Harry_S_Truman_-_NARA_-_530677_(2).jpg

En un intento de aumentar el alcance del comunismo y su propia influencia, la Unión Soviética puso la mira en Grecia y Turquía. Los soviéticos querían derrocar sus gobiernos e instaurar un régimen comunista. Con este objetivo final, la Unión Soviética apoyó a los comunistas de estos países durante sus guerras civiles.

Durante una sesión conjunta del Congreso el 12 de marzo de 1947, Truman habló apasionadamente sobre la difícil situación de Grecia y Turquía y pidió 400 millones de dólares para ayudar a los dos países. Dijo que era imperativo que Estados Unidos ayudara a los países amenazados por el terror de la Unión Soviética. Estaba seguro de que si EE. UU. no ayudaba a los dos países, caerían en manos del comunismo. Consideraba que Estados Unidos tenía la obligación de ayudar a los países a ser libres y democráticos.

Este discurso se conoció como la «doctrina Truman» y se consideró una declaración oficial de la Guerra Fría. Dos meses después del discurso, el Congreso aprobó su petición de enviar ayuda.

La doctrina pretendía contrarrestar la expansión del comunismo soviético y cambió oficialmente la postura de Estados Unidos en política exterior al comprometerse a ayudar a cualquier país que quisiera resistirse al comunismo. Con la doctrina Truman, Estados Unidos abandonó su postura aislacionista para adoptar un papel más activo en los conflictos y acontecimientos internacionales.

El argumento no convenció a todos, pero convenció a la mayoría de los estadounidenses de que la Unión Soviética y la expansión del comunismo eran una amenaza muy real y aterradora. La doctrina Truman sentó las bases de la relación de Estados Unidos con la Unión Soviética durante las cuatro décadas siguientes.

Guerra civil griega (1946-1949)

Durante la Segunda Guerra Mundial, las potencias del Eje ocuparon Grecia de 1941 a 1944, causando más de 400.000 muertos y horrores indescriptibles. La población judía de Grecia fue exterminada casi en su totalidad. Un año después de la ocupación, empezaron a formarse grupos de resistencia para luchar contra el Eje.

El Frente Socialista de Liberación Nacional (EAM) era una alianza de varios partidos políticos y otras organizaciones que luchaban por la liberación de Grecia de la ocupación del Eje. Un grupo anticomunista llamado Liga Nacional Republicana Griega (EDES), que recibió apoyo encubierto y suministros de los británicos, luchó contra el EDES. El gobierno griego en el exilio no apoyaba a la EAM, mientras que la EDES no apoyaba al gobierno en el exilio.

El temor a que los soviéticos instauraran un régimen comunista en Grecia era muy real, y Churchill sintió que Gran Bretaña tenía que hacer algo.

En septiembre de 1944, las tropas alemanas comenzaron finalmente a abandonar la Grecia ocupada. El EAM entró en acción y, en pocos meses, se había apoderado de la mayor parte de Grecia. El 3 de diciembre de 1944 estalló en Grecia una violenta y feroz guerra civil. Los combates entre comunistas y anticomunistas, estos últimos apoyados por las fuerzas británicas, continuaron durante todo el mes.

A principios de enero de 1945, Gran Bretaña lanzó un ataque para arrebatar Atenas de manos enemigas. Aproximadamente 210 soldados británicos murieron durante la ofensiva, y cientos más resultaron heridos, pero el ataque fue un éxito.

Sin embargo, su victoria fue efímera. Los comunistas lucharon con saña. Capturaron a más de quince mil griegos y mil civiles británicos. Muchos cautivos murieron.

A medida que la guerra se prolongaba, Gran Bretaña acabó retirándose de la lucha a principios de 1947. Pero en 1948, siguiendo la doctrina Truman, Estados Unidos intervino y ofreció su apoyo para ayudar a los griegos a luchar contra los comunistas. Esto reforzó al ejército griego. El 16 de octubre de 1949, los comunistas declararon el alto el fuego, poniendo fin a la guerra civil.

Fue uno de los primeros ejemplos del cambio de rumbo de la política exterior estadounidense y un presagio del tipo de funciones que seguiría desempeñando en el futuro.

Otra política importante que influyó en el papel de Estados Unidos en el orden mundial internacional fue el Plan Marshall.

El Plan Marshall

La Europa de posguerra quedó totalmente destrozada, con escasez de alimentos, enfermedades y una infraestructura inestable. La gente estaba desesperada, desanimada y hambrienta. No era descartable que estas naciones recurrieran al comunismo en busca de ayuda. Estados Unidos se dio cuenta de que una de las mejores formas de evitarlo era garantizar la estabilidad económica y la democracia en las naciones europeas.

Tras la doctrina Truman, el secretario de Estado George Marshall pronunció un discurso el 5 de junio de 1947, que se convirtió en la base del Plan Marshall. El plan, también conocido como Programa de Recuperación Europea, era sencillo: proporcionar ayuda financiera a las naciones de Europa occidental cuyas economías habían quedado paralizadas por la guerra. De este modo, se alcanzarían los dos objetivos del plan:

- Se impediría la expansión del comunismo por Europa occidental.
- Se desarrollarían economías de libre mercado y democracia para lograr la estabilidad internacional.

El Plan Marshall se puso en marcha en 1948. Un total de dieciséis naciones europeas recibieron más de 13.000 millones de dólares en ayuda a través del plan. El dinero no se distribuyó por igual. Se dio más dinero a

potencias industriales como Gran Bretaña, que recibió aproximadamente
una cuarta parte de la ayuda total, y Francia, que recibió una quinta parte.

Países como Italia, antigua potencia del Eje, recibieron menos. La
única gran excepción fue Alemania Occidental. Con Alemania Oriental
bajo completo control soviético, era imperativo que la economía de
Alemania Occidental se revitalizara y que la región se convirtiera en una
democracia.

El Plan Marshall se consideró un éxito rotundo, ya que ayudó a
rehabilitar las naciones destrozadas. En 1952, el crecimiento económico
de las dieciséis naciones que habían recibido ayuda de Estados Unidos
superaba los niveles anteriores a la guerra.

Para Estados Unidos, el plan también impulsó su propia economía, ya
que más países empezaron a comerciar con empresas estadounidenses.
Los intereses estadounidenses en Europa también quedaron firmemente
cimentados, ya que parte del dinero de la ayuda se entregó a la Agencia
Central de Inteligencia (CIA) para que estableciera empresas en los países
europeos. Estas sirvieron de fachada a Estados Unidos para recabar
información y promover sus propios intereses.

En resumen, una combinación de la doctrina Truman y el Plan
Marshall aseguró la posición de Estados Unidos en el mundo como
superpotencia.

La Organización del Tratado del Atlántico Norte (OTAN)

El Plan Marshall también actuó como catalizador para la creación de la
OTAN.

Aunque muchas naciones europeas se encontraban en una mejor
situación económica a finales de la década de 1940 y principios de la de
1950, no se sentían completamente seguras y protegidas. Se hizo evidente
la necesidad de establecer algún tipo de cooperación militar formal. Así
que algunos países de Europa Occidental se unieron y crearon la Unión
Occidental en 1948.

La Organización del Tratado del Atlántico Norte (OTAN) se creó en
1949 para defender a los países miembros de cualquier amenaza
extranjera. Nació con doce países fundadores:

- Estados Unidos
- Reino Unido

- Canadá
- Francia
- Bélgica
- Dinamarca
- Italia
- Islandia
- Países Bajos
- Luxemburgo
- Portugal
- Noruega

El tratado se firmó en Washington a principios de abril de 1949, estableciendo formalmente el Artículo 5, que básicamente establecía que, si cualquier país miembro era atacado, se consideraría como un ataque a todos los países miembros. Los miembros de la OTAN tendrían que tomar represalias. El principal objetivo del tratado era salvaguardar la libertad y la seguridad de los miembros de la OTAN mediante la asistencia militar y política, y asegurarse de que Europa permaneciera en paz.

Hasta ahora, el Artículo 5 solo se ha invocado una vez, después del 11-S. En la actualidad, el número de miembros de la OTAN se ha más que duplicado, con treinta miembros activos.

Ante el temor a la agresión soviética, existía la preocupación de que la Unión Occidental no fuera lo suficientemente fuerte, por lo que Truman hizo una propuesta al Congreso en 1949 para crear la Ley de Asistencia para la Defensa Mutua. Se trataba de una ley de ayuda exterior militar que proporcionaría asistencia financiera a los países de la OTAN. El Congreso la aprobó en octubre, y se destinaron 1.400 millones de dólares.

Las Naciones Unidas

Tras el final de la Segunda Guerra Mundial, el mundo se dio cuenta de que necesitaba desarrollar relaciones amistosas y permanecer unido para mantener la cooperación internacional y la paz mundial. Esto ya se había intentado una vez con la creación de la Sociedad de Naciones. Pero se había aprendido la lección del fracaso de la Sociedad de Naciones, y el mundo estaba dispuesto a intentarlo de nuevo.

La fundación de la Sociedad de Naciones allanó el camino para el establecimiento de las Naciones Unidas. Las Naciones Unidas se crearon después de que el presidente estadounidense Franklin Roosevelt y el primer ministro británico Winston Churchill hicieran pública una declaración en la que se comprometían a mantener la paz internacional. La declaración fue firmada por 26 países, que se comprometieron a hacer lo mismo. Las Naciones Unidas se fundaron oficialmente el 24 de octubre de 1945 y fueron un reflejo de cómo Estados Unidos había asumido un papel de liderazgo internacional.

Con el paso de los años, las responsabilidades de la ONU se han ampliado para incluir la ayuda a los países en desarrollo a encontrar su equilibrio social, político y económico. En un principio se adhirieron a la organización 51 naciones, pero desde entonces se han sumado 142 países más, con lo que el número de Estados miembros asciende a 193.

Capítulo 22: Los años de Ike: Golpes de estado y derechos civiles

El presidente Dwight D. Eisenhower

Tras finalizar el segundo mandato de Truman como presidente, Dwight D. Eisenhower, un importante líder militar durante la Segunda Guerra Mundial (fue comandante supremo de la Fuerza Expedicionaria Aliada y general de cinco estrellas), ganó las elecciones y asumió el cargo. Revisó la política de seguridad nacional de Estados Unidos para que fuera más equilibrada, permitiendo a EE. UU. mantener sus compromisos militares para la Guerra Fría sin perder de vista las finanzas del país.

Presidente Dwight D. Eisenhower
https://commons.wikimedia.org/wiki/File:Dwight_D._Eisenhower,_White_House_photo_portrait,_February_1959.jpg

Eisenhower pensaba que era importante reducir el gasto público. Al igual que Truman, Eisenhower también daba prioridad a la eliminación del comunismo y a mantenerlo a raya. Sin embargo, a diferencia de Truman, Eisenhower estaba más centrado en cuestiones internas, como el movimiento por los derechos civiles, que en las relaciones internacionales. Eisenhower dio mucha autoridad a la CIA, sobre todo en asuntos fuera de Europa. Dos de las operaciones encubiertas de la CIA acabaron con los gobiernos iraní y guatemalteco.

Tras llegar a la presidencia, puso fin a la guerra de Corea, que había comenzado en junio de 1950 entre Corea del Norte y Corea del Sur.

La guerra de Corea

Tras la rendición de Japón en la Segunda Guerra Mundial, en agosto de 1945, Corea fue dividida por la mitad a lo largo del paralelo 38 por Estados Unidos y la Unión Soviética.

Con la Unión Soviética alzándose como posible potencia, era crucial para las potencias aliadas detener el avance del comunismo. Así, mientras las fuerzas soviéticas levantaban un campamento y un régimen comunista en el norte, Estados Unidos ayudaba a Corea del Sur a establecer un gobierno militar.

Durante los cinco años siguientes, las dos partes mantuvieron tensiones latentes, que llegaron a su punto álgido el 25 de junio de 1950, cuando Corea del Norte invadió Corea del Sur. La amenaza de la expansión del comunismo fue uno de los principales factores de la guerra.

Corea del Norte contó con el apoyo de la Unión Soviética, que envió recursos y equipamiento, y de China, que envió tropas para luchar en la guerra. Las naciones occidentales democráticas se pusieron del lado de Corea del Sur, aunque la mayor parte de la asistencia militar, la ayuda y las tropas fueron enviadas por Estados Unidos. Durante los tres años que duró la guerra, Estados Unidos gastó aproximadamente 67.000 millones de dólares.

La guerra de Corea acabó convirtiéndose en una guerra de ideologías, ya que ambos bandos luchaban por conseguir la supremacía como la «verdadera» Corea. Estados Unidos se comprometió a ayudar a Corea del Sur a resistir la expansión comunista de Corea del Norte. Las negociaciones de paz comenzaron en julio de 1951 y finalizaron dos años después.

El 27 de julio de 1953 se firmó un armisticio, lo que significa que la guerra nunca terminó oficialmente (técnicamente, sigue en curso hasta la fecha). Alrededor de 2,5 millones de personas murieron durante la guerra. La guerra dejó el país destruido y en ruinas sin resolver nada. En virtud del armisticio, se estableció una zona desmilitarizada que discurría a lo largo del paralelo 38º. Pero las dos partes siguieron firmemente divididas y siguen estándolo.

En la actualidad, Corea del Sur disfruta de una economía sólida y cuenta con un buen sistema de apoyo en la comunidad internacional, con fuertes lazos con las naciones occidentales democráticas. Su población disfruta de mayores libertades y una calidad de vida mucho mejor que la de los norcoreanos.

El país comunista casi no tiene vínculos con el mundo exterior y sigue gobernado por una sola familia. La economía norcoreana está subdesarrollada, y la población está aislada del mundo y solo tiene acceso a lo que el gobernante desea que tenga. El comportamiento impredecible de Corea del Norte y su deseo de desarrollar armas nucleares suponen una amenaza muy seria para Estados Unidos y el mundo en general.

En cierto modo, Corea fue una víctima más de la Guerra Fría. La guerra de Corea se descontroló y ya es demasiado tarde para reconducir las tensiones.

Aunque Eisenhower no dudó en gastar dinero en defensa, no era partidario de que las tropas estadounidenses lucharan en el extranjero, aunque se produjeron acciones militares. Eisenhower también estaba decidido a mejorar las relaciones con la Unión Soviética, especialmente tras la muerte de Joseph Stalin el 5 de marzo de 1953, que provocó temporalmente un deshielo en la Guerra Fría.

La Guerra Fría después de Stalin

Tras la muerte de Stalin, Nikita Jrushchov asumió la jefatura del gobierno y denunció abiertamente la forma de gobernar de Stalin y los crímenes que había perpetrado. Tras reunirse con el presidente Eisenhower en Ginebra, Jrushchov expresó su deseo de paz para ambas partes. La Unión Soviética declaró que reduciría el tamaño de su fuerza militar deshaciéndose de más de 600.000 soldados.

Su deseo de llevarse bien era exactamente lo que también quería Eisenhower. En septiembre de 1959, Jrushchov incluso visitó Estados Unidos. Pero la relación empezó a tensarse rápidamente a causa de Cuba.

Nikita Jrushchov
Bundesarchiv, Bild 183-B0628-0015-035 / Heinz Junge / CC-BY-SA 3.0, CC BY-SA 3.0 DE
<https://creativecommons.org/licenses/by-sa/3.0/de/deed.en>, vía Wikimedia Commons;
https://commons.wikimedia.org/wiki/File:Bundesarchiv_Bild_183-B0628-0015-035,_Nikita_S._Chruschtschow.jpg

Fidel Castro, que asumió el poder en 1959 tras finalizar la Revolución cubana, comenzó a dar pasos que demostraban que planeaba convertir a Cuba en un país comunista. Esto era algo que Estados Unidos no quería, especialmente tan cerca de sus puertas. Decenas de miles de cubanos huyeron, y muchos se establecieron en Florida. Cuando Eisenhower aprobó el derrocamiento del régimen de Castro, Jrushchov le advirtió de que Cuba estaría protegida por la Unión Soviética mediante el uso de misiles nucleares en caso necesario.

Después de esto, la tímida relación amistosa entre los dos líderes se desintegró, y Estados Unidos cortó formalmente los lazos diplomáticos con Cuba en 1961. Las cosas se deterioraron aún más cuando un avión espía estadounidense fue derribado por la Unión Soviética en 1960.

En casa, el enfoque de Jrushchov era más relajado y menos aterrador que el de Stalin. Las normas de censura se relajaron, la policía secreta dispuso de menos poder, se liberó a los presos políticos e incluso se empezó a recibir visitantes. En 1957 lanzó el primer satélite en órbita alrededor de la Tierra, el Sputnik, dando inicio a la carrera espacial. En 1959, los soviéticos estrellaron un cohete en la Luna.

El enfoque de Jrushchov animó a los europeos orientales a buscar una mayor libertad, pero las cosas empeoraron cuando los alemanes de Berlín Oriental se resistieron a trabajar más horas por el mismo salario. Se produjeron violentos disturbios que llevaron a tres millones de alemanes a huir a Occidente. Para evitar que más gente se marchara, Jrushchov autorizó la construcción del Muro de Berlín en 1961, demostrando que podía ser autoritario cuando quería.

La carrera espacial

En el fondo, la Guerra Fría fue una competición entre dos de las superpotencias mundiales: Estados Unidos y la Unión Soviética. Cada bando quería demostrar que era la potencia superior, ya fuera en el terreno político, militar o tecnológico. Todo era una carrera.

Al igual que la carrera armamentística, la exploración espacial era un campo más para los dos competidores. Impulsada por su deseo de superar a Estados Unidos, la Unión Soviética lanzó el Sputnik el 4 de octubre de 1957. El satélite artificial se convertiría en el primer objeto creado por el hombre en orbitar la Tierra.

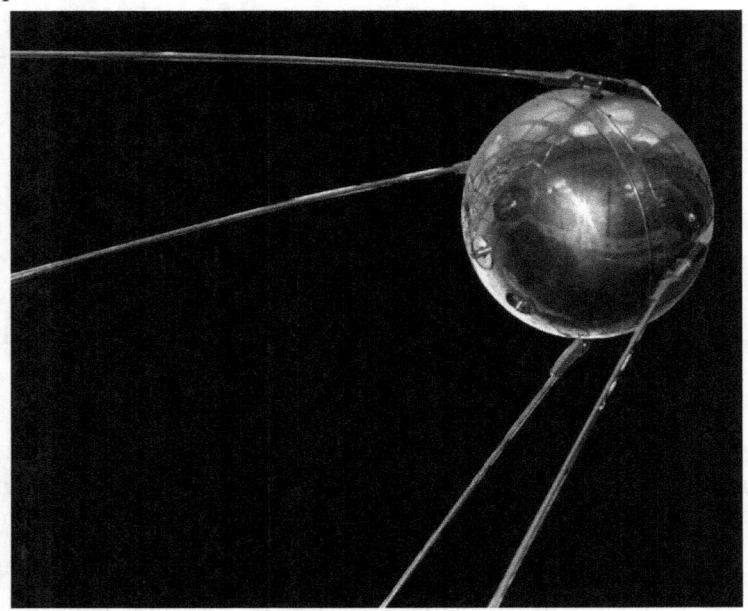

Réplica del Sputnik 1
https://en.wikipedia.org/wiki/File:Sputnik_asm.jpg

Como era de esperar, a Estados Unidos no le hizo ninguna gracia el lanzamiento del Sputnik. El gobierno estadounidense tenía la sensación de que los soviéticos se les estaban adelantando. Así comenzó la carrera espacial.

Al año siguiente, Explorer I, un satélite estadounidense, fue lanzado al espacio. En respuesta al lanzamiento del Sputnik, Eisenhower también firmó una orden el 29 de julio de 1958, autorizando la creación de una agencia civil llamada Administración Nacional de Aeronáutica y del Espacio (NASA), que se dedicaría enteramente a explorar el espacio. Tanto Estados Unidos como la Unión Soviética lograron hitos muy importantes, pero quizá el más importante fue la llegada a la Luna, que Estados Unidos consiguió en 1969. Este tema se tratará con más detalle en el próximo capítulo.

El auge del tercer mundo

Durante la Guerra Fría, muchos países decidieron no alinearse con ninguno de los dos bandos. Esos países, los que no formaban parte de la OTAN ni del Pacto de Varsovia, fueron denominados países del «tercer mundo».

El 9 de mayo de 1955, los miembros de la OTAN decidieron convertir a Alemania Occidental en miembro y permitieron que el país se remilitarizara. Esto supuso una amenaza evidente para la Unión Soviética, que rápidamente elaboró un tratado entre ella y otros siete países europeos. Se firmó en Varsovia el 14 de mayo de 1955 y se conoció como el Pacto de Varsovia.

En esencia, era la versión soviética del Artículo 5 de la OTAN. Según los términos del tratado, los países firmantes (Polonia, Albania, Hungría, Rumania, Checoslovaquia, Bulgaria, Alemania Oriental y la Unión Soviética) acordaron defenderse mutuamente si alguno de ellos era atacado por un enemigo. Los países se unirían y presentarían un frente unido. Albania fue expulsada del pacto en 1962 porque empezó a cuestionar la política de Nikita Jrushchov. El pacto se mantuvo hasta febrero de 1991, cuando la Unión Soviética empezó a disolverse.

Los países del «primer mundo» eran naciones occidentales desarrolladas como Canadá, Estados Unidos, Japón, etc. Las naciones comunistas como China, Corea del Norte, la Unión Soviética y Cuba se consideraban países del «segundo mundo».

La mayoría de los países del «tercer mundo» tenían un pasado colonial y luchaban por recuperarse de las atrocidades cometidas contra ellos. Con el tiempo, tercer mundo se convirtió en sinónimo de países de Asia, África y América Latina. En su mayoría se consideraban subdesarrollados debido a un mayor índice de pobreza, enfermedades, menor esperanza de vida, etc.

Los términos se utilizaron para proporcionar una amplia agrupación política de los países de todo el mundo. Una vez finalizada la Guerra Fría, el uso del término disminuyó y evolucionó. Hoy usamos términos como «países en desarrollo».

La sociedad estadounidense durante la Guerra Fría

Mientras Estados Unidos asumía su papel de superpotencia mundial y ejercía su influencia en conflictos y asuntos internacionales, a nivel interno el país experimentaba rápidos cambios sociales y económicos.

Aunque la Guerra Fría no fue una guerra real (la Unión Soviética y Estados Unidos nunca se enfrentaron directamente), afectó a la sociedad estadounidense. Los estadounidenses estaban aterrorizados por el comunismo y desconfiaban naturalmente de los comunistas. Esto dio lugar al macartismo, una campaña política basada en el miedo al comunismo en Estados Unidos. La campaña fue encabezada por el senador Joseph McCarthy. Muchas personas acusadas o sospechosas de ser comunistas fueron tratadas como el enemigo en Estados Unidos. Perdieron sus trabajos y fueron incluidos en listas negras.

El temor constante a una amenaza nuclear llevó a la creación de la Ley de Educación para la Defensa Nacional y del sistema de autopistas interestatales. Una de las creencias más extendidas es que las autopistas se construyeron para poder evacuar más rápidamente las ciudades en caso de ataque nuclear.

Defensa o no, las interestatales cambiaron la forma de vivir, comer y socializar de los estadounidenses. Se construyeron nuevas ciudades alrededor de las salidas de las interestatales y crecieron rápidamente. Las pequeñas empresas y tiendas fueron sustituidas por cadenas de moteles y restaurantes de comida rápida. La facilidad para entrar y salir de las ciudades hizo que cada vez más gente se mudara a las afueras.

La vida suburbana creó un mercado de viviendas, cadenas de supermercados y nuevas escuelas, parques y otras cosas. Esto, a su vez, creó nuevas oportunidades de empleo e industrias.

Los Estados Unidos de la posguerra experimentaron un enorme auge económico, ya que el comercio con otros países aumentó espectacularmente. La producción de bienes y una economía fuerte propiciaron el auge de la cultura de consumo. Los avances tecnológicos en los medios de comunicación ayudaron a publicitar productos y bienes. Pronto, la gente reconoció las marcas y las etiquetas.

La sociedad estadounidense se modernizaba y se parecía más a la vida que conocemos hoy.

Movimiento por los derechos civiles

Durante la era progresista, la mayor parte de la lucha por la justicia social y las reformas no incluía realmente a los negros. Aunque el Congreso aprobó algunas enmiendas, como la que concedía a los hombres negros el derecho al voto, seguían sin ser considerados iguales en la sociedad. Se establecieron leyes, como las de Jim Crow, para segregar a los afroamericanos y mantenerlos alejados de la sociedad blanca. Sin embargo, algunos de los pasos dados durante la era progresista ayudaron a construir el puente hacia un movimiento mayor en las décadas de 1950 y 1960.

Uno de los catalizadores del movimiento por los derechos civiles fue Rosa Parks. Rosa era una mujer negra que estaba sentada en un autobús en un asiento designado en la parte trasera del autobús, según las leyes de segregación de Alabama. Después de que algunos pasajeros blancos subieran al autobús y no encontraran asiento, el conductor pidió a Parks y a otros afroamericanos sentados en su fila que cedieran sus asientos. Tres de ellos se movieron; Rosa Parks se negó.

Rosa Parks
https://commons.wikimedia.org/wiki/File:Rosaparks.jpg

Como Rosa Parks se negó a cumplir la orden, fue detenida inmediatamente, lo que indignó a la comunidad afroamericana y llevó a la creación de la Asociación para el Mejoramiento de Montgomery (MIA, por sus siglas en inglés), dirigida por Martin Luther King Jr. La MIA planeó un boicot del sistema de autobuses, que duró más de un año y llevó a que el Tribunal Supremo dictaminara que los asientos segregados eran contrarios a la Constitución.

Aunque Eisenhower era el presidente cuando comenzó el movimiento por los derechos civiles, Harry Truman fue un gran defensor de los derechos civiles. Por ejemplo, en 1948 promulgó la Orden Ejecutiva 9981, que ponía fin a la segregación en las Fuerzas Armadas. Sus puntos de vista y su postura sobre los derechos civiles también facilitaron que el presidente Eisenhower convenciera al Congreso de la necesidad de redactar una nueva legislación sobre derechos civiles. La Ley de Derechos Civiles de 1957 fue firmada por Eisenhower, pero los flagrantes prejuicios contra los negros continuaron.

Inspirados por Gandhi, empezaron a surgir por todo el país protestas no violentas de activistas contra leyes injustas, como la de «solo blancos» en los comedores. Con el paso del tiempo, se crearon grupos más radicales, ya que no parecía conseguirse mucho con protestas pacíficas.

Durante la década de 1960, un grupo de activistas formado por estadounidenses blancos y negros, los Freedom Riders (Jinetes de la Libertad), viajó al sur para protestar contra las injustas leyes de segregación. Fueron tratados de forma horrible por la policía y los manifestantes blancos. Sin embargo, también atrajeron la atención internacional, lo que hizo que el mundo se centrara en el movimiento por los derechos civiles en Estados Unidos.

Capítulo 23: Los Kennedy y los años 60: Sueña con un mundo mejor

La cultura estadounidense en los años 60

Los cimientos que se establecieron en los años 50 para los derechos civiles y otras demandas de reforma social y política cobraron impulso en los 60, dando paso a una década turbulenta.

Durante los siglos XVIII y XIX, varios acontecimientos críticos, como la Revolución estadounidense, la Revolución Industrial y el ferrocarril transcontinental, alteraron significativamente el paisaje estadounidense. La década de 1960 fue también enormemente importante y estuvo salpicada de profundos acontecimientos y movimientos que transformaron por completo el país.

Algunos de los acontecimientos más notables fueron el auge del movimiento por los derechos civiles, el movimiento contra la guerra, múltiples asesinatos y protestas que exigían reformas para problemas sociales como la pobreza, el desempleo y la segregación. Las feministas también lucharon activamente y exigieron más igualdad. La sociedad en su conjunto avanzaba hacia una mentalidad más liberal, liderada en gran parte por los *baby boomers*, que iniciaron el movimiento hippie a finales de los sesenta y principios de los setenta.

El nombre «baby boomers» se dio a los niños nacidos entre 1946 y 1964; se acuñó en algún momento a principios de la década de 1960. En la década de 1960, los adolescentes y jóvenes rechazaron la moral, los valores y las creencias que les imponían sus padres y la sociedad. El rechazo de estas tradiciones era la base del movimiento hippie. Las personas pertenecientes al movimiento adoptaron algunas características distintivas, como el pelo largo (para hombres y mujeres), las camisas *tie-dye* de colores y las coronas de flores, por nombrar algunas.

El movimiento abrazó el concepto del amor libre y se apartó de la idea de la monogamia, prefiriendo en su lugar vivir en comunidad. Experimentaban sexualmente y eran muy abiertos respecto al amor y el sexo, sobre todo en comparación con las costumbres sociales más conservadoras de la época. También se rechazaba la religión institucional y había un mayor interés por religiones como el budismo. Muchos hippies también consumían drogas como el LSD y la marihuana. Este tipo de amor libre, relajado y fácil de vivir se reflejaba en el arte y la música de la década.

Mientras Estados Unidos atravesaba este profundo cambio social, un hombre extraordinario llamado John F. Kennedy se convirtió en el 35.º presidente de Estados Unidos.

El presidente John F. Kennedy

JFK fue un líder extraordinario que tenía grandes sueños para Estados Unidos. Su visión de una nación unida incluía la igualdad de oportunidades y derechos humanos para todas las razas, religiones y sexos, lo que encajaba perfectamente con las reformas sociales de la década.

Desgraciadamente, su mandato fue breve, pero en ese tiempo limitado defendió los derechos civiles y contribuyó a que el movimiento avanzara a pasos agigantados. Gestionó una de las peores crisis de la Guerra Fría con cabeza fría y aplomo diplomático e inspiró a la gente a servir a su país.

El alunizaje

En la década de 1960, la carrera espacial estaba muy avanzada y la competencia se recrudecía, especialmente con la creación de la NASA. Poco después de que JFK asumiera la presidencia, una de sus principales prioridades fue la expansión de la NASA y del programa espacial.

En 1961, el presidente Kennedy declaró audazmente que Estados Unidos tendría un hombre en la luna antes del final de la década. Su proclamación se hizo realidad cuando, el 20 de julio de 1969, el Apolo 11 aterrizó en la Luna. El astronauta Neil Armstrong pisó la Luna y dijo: «Es un pequeño paso para el hombre, un gran salto para la humanidad».

Una imagen de Buzz Aldrin en la Luna
https://en.wikipedia.org/wiki/File:Aldrin_Apollo_11_original.jpg

Con el alunizaje, Estados Unidos se convirtió en el claro vencedor de la carrera espacial con Rusia. JFK no vivió para verlo, pero sin duda impulsó la exploración espacial mientras vivió.

Bahía de Cochinos

Cuando quedó claro para Estados Unidos que Fidel Castro estaba llevando a Cuba hacia un régimen comunista, la administración decidió que tenía que tomar medidas, ya que su régimen sería una amenaza para los intereses estadounidenses.

Tan pronto como Castro llegó al poder en 1959, comenzó a aplicar políticas que reducirían la influencia de Estados Unidos sobre el país. Se nacionalizaron industrias como la azucarera, dominada por Estados Unidos durante décadas. Introdujo reformas agrarias y animó a otros países latinoamericanos a ser más autónomos y depender menos de Estados Unidos.

En respuesta, Estados Unidos decidió dejar de exportar azúcar de Cuba, lo que habría sido desastroso para la economía del país, ya que el 80% de su azúcar se destinaba a Estados Unidos. Para ayudar a Cuba, la Unión Soviética, que ya había establecido relaciones diplomáticas con Cuba, aceptó comprar esa parte. Estados Unidos no quería estas cosas, así que empezó a planear cuidadosamente la destitución de Castro. En 1961, Estados Unidos cortó todos los lazos diplomáticos con Cuba.

Durante los dos años siguientes, la CIA y el Departamento de Estado intentaron apartar a Castro del poder. Incluso reclutaron a cubanos exiliados que vivían en Miami como parte de su misión de derrocamiento. Sin embargo, no tuvieron mucho éxito.

Con la aprobación de Kennedy, el 17 de abril de 1961, la CIA y los cubanos exiliados lanzaron un ataque a gran escala contra Cuba. Estaban seguros de que la invasión sería el acontecimiento definitivo que acabaría con él para siempre. Pero las cosas no salieron como estaba previsto, ya que fue un desastre casi desde el principio. Al cabo de un día de lucha, las tropas estadounidenses, ampliamente superadas en número, se rindieron. Murieron más de 100 soldados estadounidenses y otros 1.100 fueron capturados.

Cuba volvería a ser motivo de tensión durante la Crisis de los Misiles Cubanos al año siguiente.

La crisis de los misiles en Cuba

En octubre de 1962, la Guerra Fría alcanzó nuevas cotas de tensión cuando Estados Unidos descubrió que la Unión Soviética había estacionado misiles nucleares en Cuba.

Tras la promesa de la Unión Soviética de defender Cuba, Jrushchov comenzó a almacenar misiles balísticos en el país. Su proximidad a Estados Unidos era preocupante porque, si se lanzaban, podían destruir enormes extensiones del país.

Las instalaciones fueron descubiertas el 14 de octubre de 1962 por un piloto de un avión espía U-2 estadounidense. Tomó fotografías e informó. Al día siguiente, analistas de la CIA detectaron misiles y lanzaderas. Tras el descubrimiento, Kennedy se reunió con sus asesores para decidir el mejor curso de acción. El presidente descartó un ataque o una guerra, así que optó por una cuarentena naval para ganar tiempo y decidir los siguientes pasos.

El 23 de octubre, Jrushchov respondió a la carta de JFK. Se negó a retirar los misiles, alegando que estaban allí por razones puramente defensivas. Durante las idas y venidas entre los dos líderes, el mundo contuvo la respiración, esperando que las armas nucleares estallaran en cualquier momento. La amenaza de una guerra nuclear era una posibilidad muy real.

La guerra parecía inminente cuando, el 27 de octubre, un avión U-2 estadounidense fue derribado sobre Cuba. El piloto resultó muerto. Tras algunas investigaciones, el gobierno estadounidense llegó a la conclusión de que la orden de derribar el avión no procedía de los soviéticos. El incidente hizo que ambas partes se dieran cuenta de lo peligrosas que se estaban volviendo las cosas. Estaba claro que ninguna de las partes quería la guerra.

Afortunadamente, Jrushchov decidió retirar los misiles, pero puso algunas condiciones. Quería que JFK retirara los misiles estadounidenses de Turquía y se mantuviera fuera de Cuba. El presidente Kennedy aceptó públicamente que Estados Unidos no atacaría Cuba y también consintió en retirar las armas nucleares de Turquía.

Los estadounidenses suspiraron aliviados el 28 de octubre cuando Jrushchov escribió a JFK aceptando desmantelar y retirar los misiles de Cuba. Se había evitado la crisis y una guerra potencialmente mortal.

El asesinato de JFK

John F. Kennedy fue un presidente extraordinario que inauguró un periodo de idealismo y optimismo, especialmente entre las generaciones más jóvenes. Como el hombre más joven en ser elegido presidente, era un símbolo de vigor y juventud y se le consideraba «cool». Su bella y elegante esposa, Jackie, no hacía sino aumentar su encanto. Su asesinato el 22 de noviembre de 1963 conmocionó a la nación.

El día de su asesinato, conducía un descapotable con el gobernador de Dallas y su esposa en una caravana de diez millas por Dallas, Texas.

Comitiva de JFK
https://commons.wikimedia.org/wiki/File:JFK_limousine.png

El vicepresidente Lyndon B. Johnson también iba en la caravana; iba varios coches por detrás de JFK.

A las 12:30 se produjeron tres disparos que alcanzaron al presidente Kennedy y al gobernador John Connally. JFK murió poco después en el Hospital Parkland de Dallas. Se produjo un caos absoluto y el vicepresidente Johnson juró rápidamente su cargo como 36.º presidente en el Air Force One.

Esa tarde, un hombre llamado Lee Harvey Oswald fue detenido por el asesinato del presidente. El 24 de noviembre, cuando lo llevaban a la cárcel de otro condado, fue acorralado por una multitud y asesinado por Jack Ruby como «venganza» por haber matado a JFK.

Hasta la fecha, existen muchas teorías conspirativas en torno al asesinato de Kennedy y al verdadero motivo que llevó a Ruby a matar a Oswald. Muchos creen que fue asesinado para mantener oculta la verdad sobre la muerte de Kennedy. Sea cual sea la verdad, el mundo y Estados Unidos perdieron ese día a un líder inspirador.

El 25 de noviembre, Kennedy fue enterrado en el Cementerio Nacional de Arlington con honores militares. Jackie encendió una llama eterna. Ardió en el lugar de su entierro hasta 1998, cuando fue trasladada al Museo Nacional de Historia Funeraria.

JFK consiguió dejar un legado duradero. Dirigió la nación durante parte de la Guerra Fría, aunque con algunos errores. Luchó por la igualdad de derechos de los estadounidenses y animó a la gente a emprender acciones sociales y políticas. Inspiró a toda una generación a hacer algo por su país, su gobierno y el mundo al decirles durante su discurso inaugural: «No preguntes qué puede hacer tu país por ti: pregunta qué puedes hacer tú por tu país»[7].

Guerra de Vietnam

Durante la Guerra Fría, debido a la nueva política exterior estadounidense centrada en la contención del comunismo, Estados Unidos participó activamente en la guerra de Vietnam.

Después de que el dominio francés en Vietnam, que comenzó en 1861 con la ocupación de Saigón, llegara a su fin el 7 de mayo de 1954, el país quedó dividido. Finalmente estalló la guerra, que duró dos décadas.

---

[7] "Ask Not What Your Country Can Do for You".
https://www.jfklibrary.org/learn/education/teachers/curricular-resources/elementary-school-curricular-resources/ask-not-what-your-country-can-do-for-you

El conflicto comenzó en 1954 con el movimiento vietnamita para deshacerse del dominio colonial francés. Con el tiempo se convirtió en una guerra entre el gobierno comunista de Vietnam del Norte y el democrático de Vietnam del Sur.

La simpatía y el apoyo estadounidenses, por supuesto, estaban con Vietnam del Sur, que luchaba contra el Viet Cong (comunistas vietnamitas). A Estados Unidos le preocupaba que, si Vietnam caía en manos del comunismo, otros países cercanos siguieran su ejemplo en un efecto dominó.

En 1961, se aconsejó a Kennedy que proporcionara ayuda militar, económica y de otro tipo a los vietnamitas del sur para ayudarles a derrotar al Viet Cong. Aunque Kennedy aumentó la cantidad de ayuda, no se comprometió a una gran intervención militar. Cuando comenzó el conflicto en 1955, había menos de ochocientos soldados estadounidenses en Vietnam, pero en 1962, ese número había aumentado a nueve mil soldados.

A medida que aumentaba la inestabilidad política en Vietnam del Sur, el presidente Lyndon B. Johnson, el hombre que sustituyó a Kennedy tras su asesinato, acordó aumentar la ayuda y el apoyo militar. En junio de 1965, 82 mil tropas estadounidenses estaban en Vietnam y solicitaron aún más.

Los soldados estadounidenses luchaban lejos de las condiciones ideales. Luchaban en un terreno desconocido y complicado, en un país plagado de tensiones políticas e incertidumbre. Y lo que era peor, el gobierno estadounidense no parecía tener un motivo u objetivo claro para la guerra, que parecía prolongarse interminablemente sin un final a la vista. Los prisioneros de guerra eran sometidos a abusos psicológicos y físicos.

A medida que aumentaba el número de bajas estadounidenses, la gente empezó a preguntarse qué estaba haciendo realmente Estados Unidos en Vietnam. Cuando terminó la guerra, habían muerto unos 58.000 soldados estadounidenses y otros 300.000 habían resultado heridos.

La imagen de la guerra en los medios de comunicación también hizo que la opinión pública se volviera en contra de la contienda. El personal militar empezó a desertar y las protestas contra la guerra se extendieron por todo el país, provocando violencia, disturbios y muertes. La participación estadounidense llegó a su fin después de que Nixon se convirtiera en presidente y comenzara a retirar las tropas. La guerra no terminaría hasta mediados de la década de 1970.

Tiroteo en Kent State

La guerra de Vietnam fue una fuente de tensión y conflicto para Estados Unidos. La controvertida guerra había dejado al país profundamente dividido. Mientras que la mayoría de la gente creía que Estados Unidos estaba haciendo lo correcto, una parte muy ruidosa de la opinión pública estadounidense estaba en contra de la intervención estadounidense en Vietnam. Y a medida que la guerra continuaba, más gente se volvía contra ella. La gente se echó a la calle para protestar contra la guerra y el servicio militar obligatorio.

Una de las razones por las que Nixon ganó las elecciones presidenciales de 1968 fue su promesa de poner fin a la guerra. Pero dos años más tarde, el 30 de abril de 1970, en lugar de llamar a las tropas de vuelta, Nixon dio permiso a las fuerzas armadas para invadir Camboya, que estaba siendo utilizada por los soldados comunistas vietnamitas para lanzar ataques en el sur.

La tensión en torno a la guerra llegó a su punto álgido tras esta decisión. El 1 de mayo de 1970, cientos de estudiantes se reunieron en el campus de la Universidad Estatal de Kent y comenzaron a protestar contra la invasión. Se manifestaron contra Nixon y la guerra, y se enfrentaron a la policía.

A las 11 de la mañana del 4 de mayo, aproximadamente tres mil manifestantes, activistas contra la guerra y espectadores llegaron al campus para iniciar una protesta programada. Alrededor de cien miembros de la Guardia Nacional de Ohio también estaban allí, y ordenaron a los manifestantes pacíficos que se marcharan y se dispersaran. La situación no tardó en descontrolarse y los guardias dispararon gases lacrimógenos contra los manifestantes y acabaron disparando contra la multitud.

Murieron cuatro estudiantes de Kent State y otros nueve resultaron heridos. Hasta hoy, no está claro por qué se efectuaron los disparos ni si eran necesarios. Durante los juicios y las investigaciones, la Guardia Nacional ha mantenido la firme postura de que fue necesario.

La tragedia de la protesta marcó un punto de inflexión para la guerra, ya que cimentó los sentimientos antibelicistas de la opinión pública. Algunos historiadores creen que el tiroteo de Kent State fue parcialmente responsable de la caída de Nixon.

Ley de Derechos Civiles

Martin Luther King

El movimiento por los derechos civiles, que había despegado en la década de 1950, cobró impulso en la década de 1960. El movimiento fue liderado por personas como Martin Luther King Jr., Malcolm X, James Farmer y muchos otros. La figura más estrechamente asociada con el movimiento es probablemente Martin Luther King Jr.

King fue el fundador de la Conferencia de Liderazgo Cristiano del Sur (SCLC, por sus siglas en inglés). Era un ministro baptista y un radical que se enfrentó al racismo sistémico. Estaba decidido a conseguir la igualdad, no solo para los afroamericanos, sino también para otras personas procedentes de entornos desfavorecidos. Quería la libertad, los derechos humanos y una renta universal para todas las personas, ya que les permitiría mantener un nivel de vida básico. Luchó por ello por medios pacíficos.

Martin Luther King Jr.
https://commons.wikimedia.org/wiki/File:Martin_Luther_King,_Jr..jpg

Una de las primeras cosas que organizó fue el boicot a los autobuses de Montgomery, que tuvo lugar tras la detención de Rosa Parks. Desempeñó un papel clave en la huelga de los trabajadores sanitarios de Memphis, así como en la Marcha sobre Washington, donde pronunció su famoso discurso «Tengo un sueño».

Mientras que muchos líderes de los derechos civiles de las décadas de 1950 y 1960 hacían hincapié en la necesidad de protestas no violentas y resistencia pasiva, las protestas del público en general eran a menudo cualquier cosa menos eso. También había grupos radicales, como las Panteras Negras, que creían que las protestas pacíficas no bastaban para conseguir cambios al más alto nivel. Enfrentamientos, sucesos violentos, marchas y protestas pacíficas dominaron la mayor parte de la década.

Pero no todo fue en vano. Las protestas y los conflictos ayudaron a concientizar sobre la difícil situación de los afroamericanos en Estados Unidos y la necesidad de igualdad. La intrépida labor del movimiento por los derechos civiles dio lugar a leyes como la Ley de Derechos Civiles y la Ley del Derecho al Voto.

El Congreso aprobó la Ley de Derechos Civiles en 1964. Prohibía discriminar a cualquier persona por el color de su piel, su raza, su sexo o su religión. Fue una gran victoria para el movimiento por los derechos civiles, ya que supuso que, por primera vez en la historia de Estados Unidos, los afroamericanos fueran tratados como iguales ante la ley en todo el país. La segregación era cosa del pasado. No eliminó el racismo, pero fue una gran victoria.

La Ley del Derecho al Voto, firmada en 1965, fue otra victoria monumental del movimiento por los derechos civiles. Los derechos de voto se habían concedido a los afroamericanos en la Decimocuarta y Decimoquinta Enmiendas, pero no siempre se cumplían. Algunos gobiernos estatales, especialmente en el sur, dificultaban el voto de las minorías. La nueva ley amplió las protecciones e ilegalizó que se impidiera votar a alguien por el color de su piel.

¿Por qué era tan importante? Poder votar significa poder opinar en política, lo que, a su vez, obliga a los candidatos políticos a tener en cuenta el bienestar de todos los estadounidenses, no solo de los blancos. También permite a la gente formar parte de jurados y tener voz y voto en lo que les ocurre a los compañeros que infringen la ley. Hoy en día, la Ley del Derecho al Voto se considera una de las legislaciones sobre derechos civiles más eficaces que haya producido jamás el gobierno federal.

King desempeñó un papel decisivo en algunas de estas leyes clave y fue galardonado con el Premio Nobel de la Paz en 1964. También se le rinde homenaje todos los años mediante un día festivo federal llamado Día de Martin Luther King Jr.

Asesinato de King

La inmensa popularidad de King continuó a mediados de la década de 1960. Sin embargo, hubo algunos jóvenes afroamericanos que abogaron por una forma más radical y de confrontación para forzar el cambio. Sus opiniones coincidían más con las de Malcolm X, un líder nacionalista negro que despreciaba los planteamientos no violentos de King en el movimiento por los derechos civiles.

En respuesta, King empezó a hablar públicamente de otros problemas sociales que preocupaban a todo Estados Unidos, como la guerra de Vietnam, el desempleo y la pobreza. Como parte de su trabajo, King y otros miembros del SCLC fueron a Memphis, Tennessee, donde los trabajadores de los servicios sanitarios estaban en huelga. La noche del 3 de abril pronunció un discurso. La noche siguiente, mientras estaba en un balcón del Motel Lorraine de Memphis, fue alcanzado y asesinado por una bala de francotirador que le atravesó el cuello. Murió en el hospital una hora más tarde. Solo tenía 39 años.

Conmocionada por el asesinato, la gente se echó a la calle para protestar. Se produjeron violentos disturbios en todo el país. El presidente Lyndon Johnson instó a la paz. Presionó al Congreso para que aprobara una ley de derechos civiles, que se iba a debatir en la Cámara de Representantes. La Ley de Vivienda Justa, que prohibía toda discriminación para comprar o alquilar una vivienda por motivos de sexo, raza o religión, se firmó unos días más tarde, el 11 de abril.

James Earl Ray, el hombre sospechoso de asesinar a Martin Luther King Jr. fue capturado el 8 de junio de 1968. Se declaró culpable y al año siguiente, el 10 de marzo de 1969, fue condenado a 99 años de prisión. Por aquel entonces existían dudas sobre si realmente había cometido el asesinato o si le tendieron una trampa.

Los estadounidenses blancos y negros lloraron la muerte de King, pero no sirvió para acercarlos. Por el contrario, creó una mayor división entre las dos razas. Muchos jóvenes negros también aprovecharon el asesinato para radicalizarse, y su muerte provocó un aumento del apoyo y la participación en movimientos como el Partido de las Panteras Negras y el movimiento Black Power.

Ley de Inmigración y Nacionalidad de 1965

Otra ley importante que merece ser mencionada es la Ley de Inmigración y Nacionalidad de 1965. En un momento profundamente simbólico y conmovedor, el presidente Johnson firmó la ley frente a la Estatua de la Libertad, que Francia había regalado a Estados Unidos como símbolo de la libertad del país.

La ley eliminó el sistema de cuotas de origen nacional que el gobierno estadounidense había utilizado durante décadas para controlar el número de inmigrantes que entraban en el país y su procedencia. Esto dio la oportunidad de inmigrar a Estados Unidos a personas de todo el mundo. Con los años, el país se convertiría en una de las naciones más multiculturales del mundo.

Lyndon B. Johnson llegó al poder con una alta valoración, pero las violentas protestas y la guerra de Vietnam hicieron que la gente lo viera con malos ojos. Sin embargo, LBJ hizo mucho por el país. Introdujo varias leyes importantes sobre derechos civiles, estableció programas de ayuda a los pobres, creó Medicare y Medicaid y buscó conversaciones de paz con la Unión Soviética.

El asesinato de Bobby Kennedy

Otro acontecimiento notable que tuvo lugar a finales de la década de 1960 fue el asesinato de Bobby Kennedy.

En 1967, Israel se vio envuelto en una breve pero cruenta guerra contra Siria, Jordania y Egipto. Conocida como la guerra de los Seis Días, fue otra batalla de una serie de conflictos entre Israel y los árabes que había comenzado en 1948. Israel ganó la guerra, que cambió el mapa de Oriente Próximo y provocó tensiones que perduran hasta hoy.

Cuando Bobby Kennedy, el hermano menor de JFK, apoyó públicamente a Israel, no todo el mundo estuvo de acuerdo o se sintió feliz por ello.

El 5 de junio de 1968, tras haber ganado las primarias presidenciales de California el día anterior, Bobby Kennedy asistía a un acto de campaña en el Hotel Ambassador de Los Ángeles. Justo después de medianoche, recibió varios disparos en el pasillo del hotel. El hombre armado era un joven de origen palestino llamado Sirhan Sirhan. Bobby fue trasladado rápidamente al hospital, donde fue declarado muerto al día siguiente, el 6 de junio. Tenía 42 años.

Bobby Kennedy se dedicó a luchar por los derechos y libertades civiles, siendo muy admirado por la mayoría de la población estadounidense, especialmente por las minorías. Estaba a punto de dar grandes pasos en política y se habría enfrentado a Nixon de haber vivido.

Sirhan fue detenido inmediatamente y confesó haber disparado a Bobby por su apoyo a Israel, un país que oprimía activamente a los palestinos. En abril de 1969 fue condenado a muerte por el asesinato. Sin embargo, nunca fue ejecutado, ya que el Tribunal Supremo del Estado de California invalidó todas las sentencias de pena de muerte en 1972. En el momento de escribir estas líneas, Sirhan sigue vivo y cumple cadena perpetua.

Desde la muerte de Bobby, han surgido varias teorías conspirativas sobre lo que realmente ocurrió aquella noche en el Hotel Ambassador. El propio hijo de Bobby, Robert F. Kennedy, no cree que Sirhan matara a su padre. Ha hablado públicamente sobre su creencia de que hubo un segundo tirador responsable de la muerte de Bobby. Si esto es cierto o no, probablemente nunca se sabrá.

SÉPTIMA PARTE:
La distensión y el fin de la Guerra Fría (1968-1992)

Capítulo 24: Los años Nixon-Ford: La distensión y los cambios económicos

Los años Nixon-Ford (1968-1976)

Fin de la guerra de Vietnam

En 1969, cuando el presidente republicano Richard Nixon fue elegido, comenzó casi inmediatamente a retirar las fuerzas estadounidenses de Vietnam y a entablar negociaciones de paz. Estados Unidos, Vietnam del Norte y Vietnam del Sur participaron en las negociaciones, que se estancaron y reiniciaron varias veces a lo largo de tres años. Los Acuerdos de Paz de París se firmaron el 27 de enero de 1973 y pusieron fin a la guerra en Vietnam.

En virtud del tratado, Estados Unidos aceptó retirarse de Vietnam. A cambio, ambas partes liberarían a sus prisioneros y se unirían pacíficamente como un solo país.

Por supuesto, nada se consiguió pacíficamente. En cuanto los estadounidenses se fueron, los comunistas lanzaron un ataque a gran escala. Dos años después, salieron victoriosos. El país se reunificó para formar un régimen comunista el 2 de julio de 1976. Se convirtió en la República Socialista de Vietnam.

Para Estados Unidos, la guerra había sido catastrófica; se convertiría en la segunda guerra más larga que el país había librado nunca. Se habían gastado miles de millones de dólares y se habían perdido aproximadamente sesenta mil vidas, por no mencionar las décadas de tiempo y esfuerzo.

Cuando Estados Unidos finalmente se retiró de la guerra, más de dos millones de soldados habían servido, y todo había sido en vano. A pesar de los esfuerzos del gobierno, Vietnam cayó en manos del comunismo. Sin embargo, el efecto dominó que el país temía no se produjo; Laos es hoy el único otro país del Sudeste Asiático que es comunista. En el momento de escribir estas líneas, Vietnam es uno de los cinco países comunistas que aún existen en el mundo.

Tratado SALT I

A pesar de todo, la Guerra Fría continuó. Como parte del plan del presidente Nixon para poner fin a la guerra, se reunió con el presidente de la Unión Soviética, Leonid Brézhnev, en Moscú, convirtiéndose en el primer presidente estadounidense en ir a Moscú. Tras más de dos años de conversaciones, los dos líderes, deseosos de mejorar sus relaciones, firmaron el SALT I (siglas de Strategic Arms Limitation Talks, o «Conversaciones sobre Limitación de Armas Estratégicas») en mayo de 1972.

En virtud de este acuerdo, ambos países acordaron un máximo de dos emplazamientos de misiles antibalísticos (ABM). Un ABM es un misil que puede aniquilar un misil que se aproxime. El segundo punto era que no ampliarían su inventario de misiles balísticos intercontinentales y misiles balísticos lanzados desde submarinos a más de lo que ya tenían.

Aunque había muchas cosas que el SALT I no tocaba ni cubría, se consideró el comienzo de una mejor relación entre los dos países.

Esta política exterior más conciliadora se conoció como distensión, y la Guerra Fría se descongeló considerablemente; los líderes visitaron sus respectivos países y disfrutaron de una relación más amistosa.

Crisis del petróleo de 1973

Tras la retirada de Estados Unidos de la guerra de Vietnam, el país se enfrentó a otra crisis: la del petróleo.

La crisis del petróleo de 1973 se produjo cuando la Organización de Países Exportadores de Petróleo (OPEP) decidió subir drásticamente el precio del petróleo. La OPEP también prohibió la exportación de petróleo a un puñado de países, incluidos los de Europa occidental y Estados Unidos, porque habían apoyado a Israel en su guerra contra Egipto y Siria. Además, el valor del dólar estadounidense había disminuido, reduciendo así los ingresos de la OPEP.

El embargo afectó profundamente a la sociedad estadounidense. Las fábricas se vieron obligadas a reducir sus horarios, los comercios restringieron sus horarios de apertura, las gasolineras vieron largas colas y el estadounidense medio redujo su estilo de vida. Los coches más pequeños se hicieron más populares y la gente se volvió más consciente del despilfarro.

Las negociaciones entre la OPEP y Estados Unidos tuvieron lugar durante una cumbre celebrada en Washington. En marzo de 1974 se levantó oficialmente el embargo. Pero los efectos de la crisis seguirían afectando al país durante la mayor parte de la década de 1970.

El *shock* de Nixon

Uno de los objetivos de Nixon era mejorar el crecimiento económico de Estados Unidos proporcionando estabilidad a la mano de obra y al tipo de cambio del dólar. Para ello puso en marcha el «*shock* de Nixon», nombre dado a un conjunto de políticas económicas establecidas por el presidente Nixon. Su objetivo era el siguiente:

- Crear mejores oportunidades de empleo.
- Ayudar a frenar el aumento del costo de la vida.
- Proteger el dólar estadounidense de los especuladores internacionales.

Como parte del plan, Nixon promulgó la Orden Ejecutiva 11615, por la que se reducían los impuestos y se congelaba cualquier subida de precios o salarios durante un periodo de tres meses. Las políticas estaban diseñadas para ayudar a la economía estadounidense, pero, desgraciadamente, tuvieron el efecto contrario. Aunque la orden se considera un éxito político, económicamente acabó siendo el catalizador de la pérdida de un tercio del valor del dólar y de la estanflación que caracterizó la década de 1970.

La estanflación se describe como un periodo en el que el crecimiento económico se ralentiza o disminuye mientras aumentan el desempleo y la inflación. Este fue uno de los efectos dominó de la crisis del petróleo y, desgraciadamente, las políticas de Nixon no ayudaron a mejorar la situación. Por el contrario, pusieron fin al Acuerdo de Bretton Woods.

El Acuerdo de Bretton Woods fue establecido hacia el final de la Segunda Guerra Mundial por las naciones aliadas para dar estabilidad a las monedas internacionales. Como parte del acuerdo, se crearon el

Fondo Monetario Internacional (FMI) y el Banco Mundial. Los países que se adhirieron al acuerdo prometieron mantener un tipo de cambio fijo entre el dólar estadounidense y sus propias monedas. Esto significaba que había una paridad monetaria con el dólar estadounidense que se basaba en el precio del oro.

Al establecer este acuerdo, los países se aseguraban un tipo de cambio estable, lo que era beneficioso para la reconstrucción mundial de posguerra. También creó un mejor entorno para fomentar el comercio internacional.

Sin embargo, uno de los mayores defectos del sistema era que, para que tuviera éxito, todos los países implicados tenían que coordinar sus políticas para que el tipo de cambio estuviera alineado. La aplicación de las políticas de Nixon provocó el colapso del Acuerdo de Bretton Woods. Sin embargo, las dos instituciones clave que se crearon como parte del mismo, el FMI y el Banco Mundial, dejaron un impacto duradero en la moneda mundial y siguen desempeñando un papel fundamental en las finanzas internacionales en la actualidad.

El principal objetivo del FMI es mantener la estabilidad del sistema monetario internacional, que influye en el comercio, las inversiones y la economía de un país. El objetivo del Banco Mundial es proporcionar ayuda a los países subdesarrollados. Uno de sus principales objetivos es reducir la pobreza en todo el mundo.

Escándalo Watergate

Durante el mandato de Nixon como presidente, logró varias cosas clave, como leyes para proteger el medio ambiente, y su administración puso en marcha un puñado de reformas importantes, como el caso Roe contra Wade y la financiación de Planned Parenthood (en español, «Paternidad Planificada). Sin embargo, se lo recuerda sobre todo como el único presidente estadounidense que dimitió a causa de un escándalo político.

Cuando Nixon se presentó de nuevo a la presidencia en 1972, había mucha tensión en el país por la guerra de Vietnam y otras cuestiones sociales. Los asesores de Nixon pensaron que debía hacer una campaña muy agresiva. Las tácticas pronto derivaron en actividades ilegales, como las intervenciones telefónicas.

El escándalo comenzó oficialmente el 17 de junio, cuando unos hombres fueron sorprendidos entrando en la oficina de la sede del Comité Nacional Demócrata en Watergate para robar documentos y arreglar las intervenciones telefónicas que funcionaban mal.

Un guardia de seguridad se dio cuenta de que algo pasaba y llamó a la policía. Los intrusos fueron detenidos. Tras su detención, se descubrió que estaban relacionados con Nixon y su campaña de reelección. La abreviatura de la campaña era CREEP (Comité para la Reelección del Presidente).

Nixon trató por todos los medios de encubrir el delito, incluso jurando públicamente a la opinión pública que su administración no tenía nada que ver con el robo. Creyendo en su honestidad, el pueblo estadounidense votó una vez más por él.

Pero la conspiración fue desvelada por dos reporteros del Washington Post, Bob Woodward y Carl Bernstein, que recibieron la información de forma anónima de una fuente a la que se referían como Garganta Profunda. La información más perjudicial que se reveló fue la implicación de Nixon y su intento de sobornar a los ladrones para que no hablaran. También se reveló que Nixon había intentado convencer a la CIA para que se inmiscuyera en la investigación del FBI. Esto fue un claro abuso de poder.

A medida que se descubría más y más de la conspiración y se presentaban cargos, el vicepresidente de Nixon, Spiro T. Agnew, dimitió de su cargo en 1973. Fue sustituido por Gerald Ford. Menos de un año después, el 9 de agosto de 1974, el presidente Nixon dimitió. Nunca fue procesado por lo que había hecho, aunque el proceso ya había comenzado en el momento de su dimisión.

Tras su dimisión, Ford, que era el líder de la minoría en la Cámara de Representantes, le sucedió y asumió el cargo.

Gerald Ford

Cuando Ford llegó a la presidencia, el país estaba en una situación desesperada. Estados Unidos estaba inmerso en una de las peores crisis económicas de casi medio siglo. El desempleo y la inflación aumentaban bruscamente mientras la recesión se prolongaba. La última vez que las cosas fueron tan mal en el país fue durante la Gran Depresión.

Además de los retos económicos, el país también sufría una crisis energética interna, ante la que Ford tampoco podía hacer mucho.

Después de que Nixon se retirara de Vietnam, la influencia comunista de Vietnam del Norte no hizo más que crecer. Ford quería volver a enviar tropas estadounidenses al país para ayudar a los survietnamitas. Pero esta petición fue denegada rotundamente. En su lugar, centró sus esfuerzos en reactivar la política de distensión, que se había venido desmoronando desde mediados de los años setenta. Estados Unidos organizó la Conferencia sobre Seguridad y Cooperación (CSCE) en Helsinki y debatió algunas cuestiones críticas en torno al comercio de armas y los derechos humanos.

Los esfuerzos de Ford fructificaron cuando Canadá, la Unión Soviética, Estados Unidos y todos los países europeos, con la excepción de Albania, firmaron los Acuerdos de Helsinki tras la CSCE. Según los términos del acuerdo, los países acordaron disminuir las tensiones entre el Este y el Oeste. La distensión parecía vislumbrarse de nuevo en el horizonte.

Sin embargo, la preocupación por la violación de los derechos humanos en Rusia se convirtió en causa de disensión, y la política de *détente* se vino abajo por el momento. Rusia había sido un Estado de partido único con un control total sobre su población desde el comienzo de la Guerra Fría. El pueblo ruso no gozaba de los mismos derechos y libertades que el de las naciones democráticas, lo que preocupaba a Occidente.

El indulto a Nixon

El indulto a Nixon fue quizá el acto más controvertido de Ford como presidente, y es por lo que es más famoso. Tras convertirse en presidente, una de las primeras cosas que hizo Ford fue indultar al deshonrado ex presidente Richard Nixon por el papel que desempeñó en el escándalo Watergate.

Gerald R. Ford
https://commons.wikimedia.org/wiki/File:Gerald_Ford_presidential_portrait_(cropped).jpg

El indulto significaba que Nixon quedaba absuelto de todos los cargos penales. Esto no sentó bien a la opinión pública estadounidense, que consideraba que el presidente debería haber sido acusado de sus crímenes y enfrentarse a la justicia.

Cuando llegaron las elecciones presidenciales de 1976, Ford era muy impopular y perdió las elecciones contra el demócrata Jimmy Carter por un margen significativo.

Con Ford y los republicanos fuera de la presidencia, los años Nixon-Ford llegaron oficialmente a su fin.

Capítulo 25: Jimmy Carter: El fin de la distensión

La política interior de Carter

Cuando Jimmy Carter hacía campaña en 1976, una de sus promesas eran cambios en la política exterior estadounidense. Tal y como prometió, tras ser elegido, la política exterior estadounidense cambió, haciendo más hincapié en los derechos humanos.

Carter creía que Estados Unidos tenía la obligación y el deber moral de garantizar el cumplimiento y el respeto de los derechos humanos. Fue un cambio ideológico para Estados Unidos, pero la administración de Carter estaba decidida a «hablar con franqueza sobre la injusticia, tanto en casa como en el extranjero» y a tomar las medidas necesarias[8].

El presidente Carter creía que todo ser humano tenía derecho a lo siguiente:

- ser libre de la violación del gobierno;
- satisfacer sus necesidades básicas, como vivienda, alimentación y educación;
- tener derechos civiles y políticos.

Por ello, a lo largo de su carrera política, dio prioridad a la educación, la sanidad y el bienestar de todos los estadounidenses. Como gobernador

---

[8] "Carter and Human Rights, 1977-1980". https://history.state.gov/milestones/1977-1980/human-rights.

de Georgia, cargo que ocupó de 1971 a 1975, impulsó un paquete de
reformas educativas llamado Programa Adecuado para la Educación.
Quería mejorar el sistema educativo reduciendo el tamaño de las clases y
garantizando la igualdad de financiación en todas las escuelas.

En el ámbito nacional, la administración de Carter puso en marcha una
política energética nacional para ayudar a conservar la energía. También
fomentó la búsqueda de otros recursos como alternativa al petróleo.

Durante su mandato, también impulsó la Ley de Asignaciones de
Estímulo Económico en el Congreso para ayudar a resolver la crisis de
desempleo. Creía que el papel del gobierno debía ser promover el bien
común, por lo que las políticas y leyes que puso en marcha se diseñaron
con esa idea en mente. Quería una administración abierta y transparente,
pero se enfrentó a una serie de problemas importantes, como un
Congreso que no lo apoyaba del todo.

Jimmy Carter no era como la mayoría de los políticos con los que el
Congreso o Washington estaban familiarizados. No le gustaba participar
en tratos secretos ni en la corrupción. Carter era un reformista que creía
en la ciencia y el progreso, y habiendo crecido con una fe sólida, llevaba
consigo esos valores y esa moral. Cuando se presentó a las elecciones,
prometió ser un presidente honesto que guiaría al país con el ejemplo y
nunca mentiría a su pueblo. Este tipo de personalidad era difícil de tratar
para el Congreso, y había una tensión latente entre el Congreso y el
presidente, ya que tenían enfoques muy diferentes de la política.

Carter y la Guerra Fría

En lo que respecta a la Guerra Fría, el presidente Carter continuó el
trabajo que los presidentes anteriores habían iniciado para intentar
establecer una mejor relación con la Unión Soviética.

La relación de China con Estados Unidos también mejoró mucho, y
los dos países restablecieron formalmente sus lazos diplomáticos en 1979
mediante un acuerdo comercial bilateral, que supuso importantes
beneficios económicos para ambos países.

Además, Carter siguió manteniendo conversaciones adicionales con la
Unión Soviética para ampliar el SALT. Pero estas conversaciones
fracasaron y quedaron en suspenso a principios de 1980, después de que
la Unión Soviética invadiera Afganistán en diciembre de 1979.

Estados Unidos condenó abiertamente la invasión soviética de
Afganistán. No solo agrió la frágil relación entre ambos países, sino que
también puso fin a la era de la distensión. El presidente Carter escribió

una carta a Brézhnev, dejando claro su descontento y declarando que esta agresión era inaceptable. Carter prometió al pueblo estadounidense que el petróleo de Oriente Medio sería protegido a toda costa y que no se permitiría que cayera en manos soviéticas. Estados Unidos puso en marcha un embargo comercial.

Juegos Olímpicos de 1980

Además de suspender el SALT II, el presidente Carter también pidió a los países que boicotearan los Juegos Olímpicos de Verano de 1980, que estaban programados para celebrarse en Moscú, debido a la invasión soviética de Afganistán. Siguiendo el ejemplo de Estados Unidos, unos sesenta países, entre ellos Japón, Canadá y la mayoría de los países árabes, se abstuvieron de participar en las Olimpiadas. Sin embargo, algunos de los principales países de Europa occidental y aliados de Estados Unidos, como Francia, Italia y Gran Bretaña, decidieron no acatar el boicot y enviaron a sus atletas a competir.

Las Olimpiadas fueron desastrosas, y algunos países protestaron negándose a asistir a las ceremonias. Los espectadores eran ruidosos y maleducados, y los funcionarios eran claramente parciales o incluso hacían trampas abiertamente.

Por eso no sorprendió que Rusia ganara un total de 195 medallas, 80 de ellas de oro.

Acuerdos de Camp David de 1978

Una de las hazañas más asombrosas de Jimmy Carter como presidente fue el acuerdo de paz entre Egipto e Israel, dos países que habían librado guerras intermitentes durante casi tres décadas.

El objetivo original de Carter era llevar la paz a todo Oriente Próximo. Por ello, quería invitar a países como Jordania, Siria y Palestina a la mesa de negociaciones. Creía que la paz en Oriente Próximo no solo ayudaría a mejorar la relación de Estados Unidos con la Unión Soviética, sino que también daría a Estados Unidos un punto de apoyo más fuerte en Oriente Próximo. Pero cuando quedó claro que Egipto e Israel solo querían negociar entre sí, Carter dejó de lado su objetivo de un Oriente Medio pacífico y se centró en mejorar la relación entre ambos países.

El presidente egipcio, Anwar al Sadat, y el primer ministro israelí, Menachem Begin, deseaban mantener una relación más amistosa, ya que ninguno de los dos países se sentía muy seguro y estaba rodeado de enemigos. Egipto se enfrentaba a las amenazas de Libia, mientras que todos los países árabes que rodeaban a Israel se negaban a reconocer su existencia.

A pesar de sus mejores intenciones, las negociaciones se estancaron en múltiples puntos. Sin embargo, Carter se negó a que todo fuera en vano e insistió en recibir tanto a Sadat como a Begin en Camp David. Su administración, que ya estaba lidiando con una crisis económica y con la inflación, sabía que fracasar en esto sería catastrófico. Siguieron dos semanas de tensas discusiones entre los tres líderes.

Los tres líderes en Camp David
https://commons.wikimedia.org/wiki/File:Camp_David,_Menachem_Begin,_Anwar_Sadat,_1978.jpg

Carter elaboró una propuesta de paz y declaró claramente que, si no llegaban a un acuerdo, Estados Unidos retiraría su ayuda y su amistad. Durante este tiempo, Carter dejó en suspenso todas sus demás obligaciones. Finalmente, salió de las conversaciones el 17 de septiembre de 1978 con la noticia de que Egipto e Israel habían acordado la paz.

No fue sin dificultades, y nunca se alcanzó la paz absoluta, pero fue un paso positivo en la dirección correcta. Hasta el día de hoy, los países mantienen una relación cordial. Para Jimmy Carter, fue un triunfo diplomático.

Crisis de los rehenes iraníes (1979)

Un año después de la firma del tratado entre Israel y Egipto, Carter se enfrentó a una nueva crisis en Oriente Próximo cuando estudiantes iraníes asaltaron la embajada estadounidense en Teherán. Para entender por qué, hay que remontarse varios años atrás.

Las tensiones entre Estados Unidos e Irán venían gestándose desde hacía décadas. Los dos países se enfrentaban a menudo por el petróleo, ya que la mayoría de las reservas iraníes estaban controladas por Estados Unidos y Gran Bretaña. Los iraníes también estaban descontentos con lo que consideraban una injerencia excesiva de Estados Unidos en sus asuntos internos.

En 1951, Mohammad Mossadegh fue elegido primer ministro de Irán. Una de las principales prioridades de Mossadegh era nacionalizar el petróleo iraní. Esto era algo que Estados Unidos no quería, así que la CIA y el MI6 (servicio de inteligencia británico) urdieron un plan para desalojar a Mossadegh del poder y sustituirlo por alguien de su elección. En agosto de 1953, Mossadegh había sido derrocado y se había establecido un nuevo gobierno, presidido por Mohammed Reza Pahlavi.

Como musulmán anticomunista, prooccidental y laico, el sah Reza era exactamente lo que querían los estadounidenses. Sin embargo, hizo desgraciados a los iraníes. Era un dictador brutal que mantenía un férreo control del país a través de su policía secreta (SAVAK), que torturaba y mataba a miles de personas.

Los iraníes estaban profundamente resentidos por el golpe y por lo que Estados Unidos les había hecho. Tras casi dos décadas de gobierno del sah Reza, el pueblo estaba harto. Liderados por el ayatolá Jomeini, un musulmán radical, forzaron la salida del sah Reza y su gobierno. Estados Unidos se mantuvo sabiamente al margen de la revolución.

Sin embargo, en 1979, cuando Jimmy Carter permitió al sah Reza viajar a Estados Unidos y recibir tratamiento para su cáncer, fue la gota que colmó el vaso para muchos iraníes y se convirtió en el catalizador de la protesta en Teherán.

Los estudiantes pro Ayatolá entraron por la fuerza en la embajada el 4 de noviembre de 1979 y tomaron 66 rehenes, muchos de ellos estudiantes, diplomáticos y empleados. Poco después, trece de los rehenes fueron liberados, seguidos de otros catorce que habían enfermado. Los 52 rehenes restantes permanecieron cautivos. Aunque nunca sufrieron daños graves, vivieron en constante temor y fueron sometidos a un trato humillante.

Mientras tanto, el gobierno estadounidense se esforzaba por liberarlos, pero ni la diplomacia ni las sanciones económicas lograban influir en la postura del ayatolá. Liberar a los rehenes se convirtió en una prioridad para Carter, pero sus esfuerzos fueron en vano. Como consecuencia, la opinión pública estadounidense no lo veía con buenos ojos.

Su campaña de reelección sufrió mucho como consecuencia. Ronald Reagan, su oponente, jugó con ventaja. Hubo incluso rumores de que el equipo de campaña de Reagan se había asegurado de que los rehenes permanecieran en cautiverio hasta después de las elecciones para que Carter no pudiera ganar.

Reagan negó rotundamente estos rumores y ganó las elecciones con una victoria aplastante. En un curioso giro de los acontecimientos, los rehenes restantes fueron liberados el 21 de enero de 1981, horas después de que Regan pronunciara su discurso inaugural.

Segunda crisis del petróleo de 1979

La Revolución iraní llevó a Estados Unidos a sufrir una segunda crisis del petróleo en la década de 1970, también conocida como la crisis del petróleo de 1979.

Como consecuencia de la revolución, el suministro mundial de petróleo disminuyó, lo que hizo que el precio del crudo se disparara. Al igual que durante la primera crisis del petróleo, la drástica subida de los precios provocó escasez de combustible y que la gente redujera sus gastos en artículos de primera necesidad.

El presidente Carter animó a los estadounidenses a intentar reducir su consumo de energía. Incluso instaló estufas de leña y paneles solares en el tejado de la Casa Blanca para reducir el consumo de energía. Cuando Regan se instaló en la Casa Blanca, hizo que los retiraran.

Las cosas siguieron empeorando cuando empezó la guerra entre Irán e Irak en 1980. La producción de petróleo cayó bruscamente, provocando una recesión económica mundial. Los precios tardarían casi media década en volver a la normalidad. Las industrias que dependían en gran medida del petróleo empezaron a buscar otras alternativas y cambiaron el petróleo por otras fuentes de energía, como el gas natural. Otros países, como México, Venezuela y la Unión Soviética, empezaron a ampliar su producción de petróleo, haciendo que EE. UU. dependiera menos del petróleo de Oriente Medio.

Capítulo 26: Reagan y la reaganomía

Tras una desastrosa campaña de reelección, Jimmy Carter perdió las elecciones frente al candidato republicano Ronald Reagan por un amplio margen. Ronald Reagan, antiguo actor, gozó de gran popularidad entre el público y estuvo en el cargo durante dos legislaturas, de 1981 a 1989.

Durante su mandato, consiguió importantes logros, como la recuperación de la economía, el fin de la Guerra Fría y el nombramiento de una mujer para el Tribunal Supremo por primera vez en la historia.

Reaganomía

En el ámbito nacional, uno de los principales objetivos de Reagan era arreglar la malograda economía. Las políticas económicas aplicadas por Ronald Reagan se conocen comúnmente como reaganomía (procedente del inglés *reaganomics*). Fue uno de los intentos más ambiciosos de cambiar la política económica del país desde los tiempos del *New Deal*.

Reagan creía que la clave para hacer crecer la economía residía en reducir el crecimiento del gobierno. Su Programa para la Recuperación Económica, presentado en 1981, estaba diseñado para reducir el costo de los negocios. Esto se consiguió mediante recortes fiscales y la relajación de los controles de precios y las normativas. También pretendía reducir la inflación controlando la oferta de dinero.

Dado que la opinión de Reagan sobre el gobierno era que este debía intervenir menos, los programas financiados por el gobierno para salvar vidas, como Medicaid, la Seguridad Social, los programas educativos y los cupones de alimentos, fueron los primeros en recortarse. Mientras recortaba el gasto social, aumentaba el gasto militar. Al aplicar estas políticas, esperaba reducir la inflación y ver un aumento de las inversiones y el ahorro, lo que garantizaría unos mercados más sanos y el crecimiento económico.

Sus políticas tuvieron efectos tanto negativos como positivos. En dos años, la economía empezó a recuperarse. La reaganomía condujo a un periodo de prosperidad y fuerte crecimiento económico. Por ejemplo, el PIB mejoró más de un 25% y la inflación bajó al 4%. El desempleo también bajó al 5,5%.

La reaganomía ayudó a reducir la pobreza, pero también aumentó la desigualdad social al hacer más ricos a los ricos. Su política económica de «goteo» hizo que las rentas más altas triplicaran sus ingresos, mientras que las familias con rentas bajas solo subieron unos puntos porcentuales.

La guerra contra las drogas

Una de las leyes federales más importantes aprobadas por la administración Reagan tuvo que ver con las drogas. En octubre de 1986 se promulgó la Ley Antidroga. En virtud de esta ley, se destinaron mil millones de dólares a la lucha contra las drogas y se endurecieron las penas por delitos relacionados con las drogas. Por ejemplo, si alguien era sorprendido con cinco gramos de crack, podía ser condenado a cinco años de prisión sin posibilidad de libertad condicional.

La ley se inspiró en parte en la campaña «Just Say No» (en español: «simplemente di que no») de Nancy Reagan contra las drogas.

Nancy Reagan en un mitin de *Just Say No*
https://commons.wikimedia.org/wiki/File:Photograph_of_Mrs._Reagan_speaking_at_a_%22Just_S ay_No%22_Rally_in_Los_Angeles_-_NARA_-_198584.jpg

Aunque la intención de la ley y la campaña eran buenas, había muchos aspectos negativos. La ley no tenía en cuenta muchos factores socioeconómicos ni que las adicciones se producían a menudo como resultado de la prescripción de medicamentos.

A largo plazo, muchos creen que la política de tolerancia cero de Reagan hizo más mal que bien, ya que aumentó drásticamente el número de encarcelamientos por delitos no violentos relacionados con las drogas, empeoró la desigualdad racial y empujó a personas, en su mayoría marginadas, a un ciclo de violencia y pobreza.

Intento de asesinato

Poco después de asumir el cargo, se produjo un atentado contra la vida del presidente Reagan.

Un hombre llamado John Hinckley disparó a Reagan el 30 de marzo de 1981, mientras el presidente se dirigía a su limusina tras un compromiso.

Hinckley, que se encontraba entre una multitud de periodistas, efectuó seis disparos. Fue detenido casi inmediatamente. El presidente, que no se dio cuenta inmediatamente de que le habían disparado, fue introducido en la limusina por su equipo de seguridad y trasladado al hospital. La bala no le alcanzó el corazón, pero le dañó el pulmón izquierdo. Fue operado durante dos horas y su estado era estable. Incluso empezó a trabajar desde la cama del hospital al día siguiente.

Otras víctimas también se recuperaron, aunque algunas sufrieron heridas más graves que otras. James Brady, secretario de prensa de la Casa Blanca, sufrió lesiones cerebrales permanentes. La experiencia lo llevó a convertirse en un firme defensor del control de armas.

En cuanto a Reagan, el intento de asesinato aumentó aún más su popularidad.

Reagan y los asuntos exteriores

Al igual que sus predecesores, Reagan y su administración siguieron desempeñando un papel clave en los asuntos internacionales y exteriores, actuando a menudo como pacificadores.

Cuando Israel invadió Líbano en 1982, ochocientos marines estadounidenses fueron enviados desde Estados Unidos en misión de mantenimiento de la paz a Líbano. Más de doscientas vidas estadounidenses se perdieron cuando terroristas suicidas atacaron sus cuarteles en Beirut.

En octubre de 1983, tras las pérdidas sufridas en Líbano, Reagan envió fuerzas estadounidenses a la isla de Granada después de que el gobierno marxista de Granada diera un golpe de estado, asesinara al primer ministro y se hiciera con el poder. El gobierno estadounidense autorizó la invasión de Granada para proteger a los ciudadanos estadounidenses que vivían en la isla caribeña. Muchos de ellos eran jóvenes estudiantes de medicina.

El presidente Reagan ordenó el envío de dos mil soldados estadounidenses a la isla, y la invasión comenzó el 25 de octubre de 1983. Dejar ganar a los rebeldes significaría otro gobierno comunista cerca de Estados Unidos, y Reagan no podía permitirlo. Se encontraron con la resistencia de las fuerzas armadas de Granada y de las tropas cubanas, que apoyaban al gobierno marxista. Estados Unidos envió siete mil soldados más. En cuatro días, la invasión había terminado, y los estadounidenses salieron vencedores.

El gobierno marxista fue derrocado y sustituido por otro aprobado por Estados Unidos. En total, murieron veinte soldados estadounidenses y más de cien regresaron heridos.

Irangate

La administración de Reagan hizo mucho bien al país y al mundo; sin embargo, no estuvo totalmente libre de escándalos. Uno de los mayores escándalos políticos a los que se enfrentó Reagan fue el Irangate o caso Irán-Contra.

Para entender el Irangate, tenemos que remontarnos a 1979, cuando Irán vivió una revolución y derrocó a su detestado dictador, sah Reza Pahlavi. El ayatolá Jomeini llegó al poder y creó rápidamente la República Islámica de Irán. Su aversión por Estados Unidos y su influencia en Irán era un secreto a voces.

Mientras Irán vivía su revolución, también lo hacía Nicaragua. En Nicaragua, un grupo prosoviético llamado los sandinistas tomó el poder. Reagan, que tenía la misión de eliminar el comunismo, no podía permitirlo. Firmó una orden secreta que autorizaba a la CIA a proporcionar a los Contras —un grupo paramilitar que trabajaba contra los sandinistas— dinero, armas, equipamiento y apoyo. El objetivo final era deshacerse del régimen sandinista.

Sin embargo, el dinero se proporcionaba de forma encubierta. Estados Unidos vendía ilegalmente armas y armamento a Irán. Los beneficios obtenidos de estas ventas fueron canalizados secretamente a los Contras.

La venta ilegal de armas fue revelada en un periódico libanés mientras Regan cumplía su segundo mandato. Reagan negó saber nada al respecto, pero más tarde se retractó. Se inició una investigación que duraría ocho años.

Reagan nunca fue acusado de ningún crimen o delito, y cuando terminó su segundo mandato, Reagan seguía siendo muy popular y querido. Incluso hoy en día, su papel en el Irangate a menudo se pasa por alto o se elude, por lo que su legado permanece intacto.

El *Challenger*

Uno de los acontecimientos domésticos más trágicos que tuvieron lugar durante la presidencia de Reagan fue el desastre del transbordador espacial *Challenger*, ocurrido el 28 de enero de 1986.

Justo después de las 11:30 de esa mañana, el *Challenger*, que transportaba a siete tripulantes y un civil, inició el despegue. Menos de un minuto y medio después, el transbordador estalló en llamas. No hubo supervivientes. Millones de estudiantes sintonizaron la televisión para ver a una profesora ascender al espacio; en su lugar, vieron cómo el *Challenger* caía a tierra hecho pedazos.

Fue el primer accidente grave de un transbordador. El gobierno inició una investigación para determinar qué había fallado. Finalmente, la NASA descubrió que una de las juntas había fallado debido al frío. Durante más de dos años, mientras la NASA trabajaba en la mejora de los transbordadores espaciales, no se enviaron más astronautas al espacio.

Intensificación de la Guerra Fría

Cuando Reagan llegó a la presidencia, también heredó la Guerra Fría, que se había prolongado durante décadas.

Tras un periodo de relativa estabilidad e incluso de relajación de las tensiones entre Oriente y Occidente, las cosas empezaron a deteriorarse rápidamente cuando la Unión Soviética invadió Afganistán en diciembre de 1979. Estados Unidos denunció enérgicamente este acto, que provocó un aumento de las hostilidades y una escalada de la Guerra Fría, a veces denominada la Segunda Guerra Fría.

El presidente Carter había impuesto embargos a las importaciones soviéticas, liderado un boicot a los Juegos Olímpicos de 1980, aumentado el gasto militar y proporcionado dinero a los rebeldes afganos.

Cuando Reagan sustituyó a Carter, siguió en la misma línea, pero fue mucho más agresivo. A Reagan le disgustaba abiertamente el comunismo y estaba decidido a eliminarlo por completo.

Los movimientos anticomunistas y los rebeldes de todo el mundo empezaron a recibir financiación secreta de EE. UU. para ayudar a combatir el comunismo. Su gasto militar aumentó porque invirtió mucho en tropas y armas como precaución contra la Unión Soviética, a la que consideraba un «imperio del mal».

Como parte de la doctrina Reagan, también se proporcionó ayuda financiera a los movimientos africanos y latinoamericanos que se levantaron contra el comunismo.

En 1983 se puso en marcha la Iniciativa de Defensa Estratégica (del inglés: Strategic Defense Initiative, SDI). El objetivo de la SDI era desarrollar armas con base en el espacio que pudieran lanzarse en cualquier momento para defender a Estados Unidos y contrarrestar cualquier ataque de un misil soviético.

La Iniciativa de Defensa Estratégica finalizó en 1993. Cuando el presidente Clinton llegó al poder, la Guerra Fría estaba llegando a su fin y las armas nucleares de la Unión Soviética también se estaban reduciendo. Como consecuencia de ello, el apoyo a la SDI decayó.

En 1993, la administración Clinton puso fin al programa y rebautizó la agencia con el nombre de Organización de Defensa contra Misiles Balísticos (BMDO). La agencia dependía del Departamento de Defensa y era responsable de los esfuerzos de defensa contra misiles balísticos del país. En 2002, la BMDO pasó a llamarse Agencia de Defensa de Misiles (MDA).

Reagan también estrechó sus lazos con las naciones occidentales, como el Reino Unido. Margaret Thatcher, la nueva primera ministra de Gran Bretaña, se sentía tan comprometida con el comunismo como Reagan y le apoyó.

La Segunda Guerra Fría se convirtió rápidamente en una sangría financiera para la Unión Soviética. Cuando Mijaíl Gorbachov se convirtió en el líder de la Unión Soviética en 1985, pensó que los recursos que se estaban vertiendo en los compromisos de la Guerra Fría podrían utilizarse mejor para ayudar a Rusia y a su pueblo.

Mijaíl Gorbachov
Archivo RIA Novosti, imagen #850809 / Vladimir Vyatkin / CC-BY-SA 3.0, CC BY-SA 3.0 <https://creativecommons.org/licenses/by-sa/3.0>, vía Wikimedia Commons; https://commons.wikimedia.org/wiki/File:RIAN_archive_850809_General_Secretary_of_the_CPS U_CC_M._Gorbachev_(cropped).jpg

Ambos países firmaron un acuerdo en 1987. Acordaron deshacerse de los misiles nucleares de alcance intermedio. Sintiéndose envalentonado por este progreso histórico, Reagan pronunció un discurso ante el Muro de Berlín y retó a Gorbachov a desmantelarlo.

El Muro de Berlín, que había dividido a Alemania Oriental y Occidental durante muchos años, cayó casi dos años y medio después, el 9 de noviembre de 1989. La caída del Muro de Berlín fue vista por muchos como el final simbólico de la Guerra Fría.

Reagan se trajo a Estados Unidos un trozo del Muro de Berlín. Hoy se exhibe en Simi Valley, California, en la Biblioteca Presidencial Ronald Reagan.

Capítulo 27: George H. W. Bush: El fin de la Guerra Fría

Una vez finalizado el segundo mandato de Ronald Reagan, los republicanos se mantuvieron en el poder y George H. W. Bush asumió el cargo de 41.º presidente del país. Tomó posesión el 20 de enero de 1989 y era el presidente en ejercicio cuando cayó el Muro de Berlín.

Reunificación de Alemania (1990)

La reunificación de Alemania comenzó el 9 de noviembre de 1989, cuando el Partido Comunista de Berlín Oriental anunció que los ciudadanos serían libres de cruzar las fronteras. El primer fin de semana después del anuncio, montones de personas de Berlín Oriental se dirigieron a Berlín Occidental para celebrar y reunirse con amigos y familiares. Pronto empezaron a derribar trozos del muro hasta que este cayó por completo.

Personas de pie sobre el Muro de Berlín caído
*Lear 21 en Wikipedia en inglés, CC BY-SA 3.0 <https://creativecommons.org/licenses/by-sa/3.0>, vía Wikimedia Commons;
https://commons.wikimedia.org/wiki/File:West_and_East_Germans_at_the_Brandenburg_Gate_in_1989.jpg*

La Guerra Fría no terminó automáticamente con la caída del Muro de Berlín, ni condujo a una Alemania unificada. La reunificación de Alemania llevó meses y se produjo oficialmente el 3 de octubre de 1990, casi un año después de la caída del Muro de Berlín.

Cumbre de Malta

Mientras Reagan era presidente, empezó a entablar una especie de amistad con Mijaíl Gorbachov, quien también deseaba tener una mejor relación con Occidente. Tras la toma de posesión de Bush, al principio se mostró indeciso y receloso con la Unión Soviética, pero después de algún tiempo, continuó los esfuerzos que había hecho Reagan y entabló un diálogo con Gorbachov.

Los dos líderes decidieron reunirse en Malta para continuar sus conversaciones en persona. Aunque no se habló de un tratado formal, Bush sí aludió a que las políticas estadounidenses hacia la Unión Soviética podrían cambiar a medida que evolucionara su relación.

La Cumbre de Malta se celebró en buques de guerra anclados en el Mediterráneo entre el 2 y el 3 de diciembre de 1989. Durante la cumbre, Gorbachov dejó claro que estaban dispuestos a dejar atrás la Guerra Fría y empezar de cero.

Para entonces, varios gobiernos del bloque comunista habían empezado a derrumbarse, entre ellos Bulgaria, Polonia y Alemania Oriental. La Unión Soviética no intentó oponer resistencia ni intervenir en ninguno de estos países. Esta aceptación supuso un cambio drástico de actitud con respecto a cuatro décadas atrás.

Otro cambio impactante fue la visita del ministro de Asuntos Exteriores de la Unión Soviética a la sede de la OTAN. Tras su visita al secretario general de la OTAN, Manfred Wörner, declaró que sentía que la Guerra Fría había terminado. Gorbachov esperaba que el Este y el Oeste encontraran una forma de poner fin a décadas de enfrentamiento y empezar a construir hacia la cooperación.

Tratado START (1991)

El Tratado START (Tratado de Reducción de Armas Estratégicas) había sido propuesto inicialmente por el presidente Reagan como parte de las conversaciones sobre desarme que comenzaron a principios de la década de 1980. Estas conversaciones continuaron entre el presidente Bush y el líder soviético Gorbachov.

Ambos líderes firmaron el START el 31 de julio de 1991. Según los términos del tratado, ambos países tenían limitado el número de cabezas nucleares y misiles balísticos intercontinentales (ICBM) que podían tener. Tras la aplicación del tratado, aproximadamente el 80% de las armas nucleares estratégicas que poseían Estados Unidos y la Unión Soviética fueron retiradas, destruidas o desactivadas.

El Tratado START fue ratificado en el Congreso en octubre del año siguiente. Fue un paso más hacia el fin de la Guerra Fría.

Desmantelamiento de la Unión Soviética

Tras décadas de férreo control, la Unión Soviética empezaba a perder el dominio que una vez tuvo sobre Europa del Este. El bloque soviético empezó a desmoronarse en 1989, cuando Polonia eligió un gobierno no comunista. Cuando la Unión Soviética no hizo nada, otros países empezaron a seguir su ejemplo como fichas de dominó, clamando por la libertad.

Uno a uno, mediante revoluciones pacíficas, los regímenes comunistas de Hungría, Checoslovaquia, Rumania, Bulgaria y Albania fueron derrocados y sustituidos por gobiernos no comunistas. Letonia, Lituania y Estonia, los tres países bálticos, también declararon su independencia de la Unión Soviética.

Fin de la Guerra Fría

La Guerra Fría no terminó formalmente de ninguna manera dramática, sino que fue una serie de acontecimientos que comenzaron durante la década de 1980 y que culminaron en un punto en el que ya no había Guerra Fría ni Unión Soviética.

Gorbachov influyó mucho en la última fase de la Guerra Fría, y se le atribuye haberla terminado pacíficamente y sin derramamiento de sangre. Una hazaña nada fácil para un país que vio cómo el comunismo se imponía de forma sangrienta. Sus reformas radicales, sus políticas y la reorientación de los recursos dieron prioridad al crecimiento del país y de la población. El alivio de las tensiones y el enfoque más relajado condujeron finalmente a la caída del Muro de Berlín y del bloque soviético.

A finales de 1991, a medida que más países se alejaban del comunismo, estaba claro que la Unión Soviética iba a derrumbarse. El 25 de diciembre de 1991 dimitió diciendo: «Ahora vivimos en un mundo nuevo. Se ha puesto fin a la Guerra Fría y a la carrera armamentística»[9]. Boris Yeltsin tomó el relevo y el 26 de diciembre de 1991 se disolvió oficialmente la Unión Soviética.

Por su contribución al fin de la guerra, Gorbachov recibió el Premio Nobel de la Paz el 15 de octubre de 1990.

Primera guerra del Golfo (1990-1991)

Cuando la Guerra Fría empezaba a llegar a su fin, se avecinaba otra crisis internacional que desembocaría en la intervención estadounidense. El líder de Irak, Saddam Hussein, tenía en el punto de mira desde hacía tiempo a Kuwait, rico en petróleo. Las tensiones entre ambos países venían gestándose desde hacía años.

El 2 de agosto de 1990, Saddam decidió invadir el país. Esperaba hacerse con el control de las grandes reservas de petróleo de Kuwait, librarse del pago de la deuda que Iraq tenía con Kuwait y ampliar su poder y control en la región.

Los kuwaitíes se resistieron activamente y contraatacaron a las fuerzas

---

[9] "Collapse of the Soviet Union". https://www.history.com/topics/european-history/history-of-the-soviet-union

iraquíes, pero no les fue bien. En 14 horas murieron unos 4.200 kuwaitíes. En los días siguientes, las fuerzas iraquíes se apoderaron fácil y rápidamente de la ciudad de Kuwait. Los miembros de la familia real de Kuwait y cientos de miles de kuwaitíes huyeron del país y se refugiaron en la cercana Arabia Saudí.

A finales de agosto, Saddam declaró audazmente que el Kuwait anexionado pasaba a formar parte de Irak como su decimonovena provincia. Las tropas iraquíes ocuparon el país y sembraron el terror entre los kuwaitíes, violando, torturando y matando a su antojo.

Dado lo protector que siempre ha sido Occidente con el petróleo en Oriente Medio, las naciones actuaron con rapidez. Pocos días después de la invasión, el Consejo de Seguridad de las Naciones Unidas prohibió el comercio con Irak. Mientras tanto, se enviaron tropas estadounidenses a Arabia Saudí.

La Liga Árabe también se pronunció, condenó la invasión y apoyó la resolución de la ONU. Algunos países árabes, como Jordania y Túnez, simpatizaron con Irak y se pusieron del lado de Sadam.

En un sorprendente giro de los acontecimientos, la Unión Soviética también apoyó a Estados Unidos. En conjunto, la invasión se perfilaba como una importante crisis internacional. Era la primera en el mundo de la posguerra fría.

Kuwait también albergaba a más de 600.000 expatriados, casi 10.000 de ellos occidentales. Todos ellos estaban atrapados en el país y el régimen iraquí les prohibía salir. Los occidentales pronto empezaron a ser acorralados por las tropas iraquíes para utilizarlos como escudos en caso de ataque de Occidente. Sadam declaró que se permitiría la salida de niños y mujeres, pero la situación era demasiado tensa e impredecible. Parecía bastante probable que a continuación intentara invadir Arabia Saudí, lo que pondría bajo su control el 40% del petróleo mundial.

Estados Unidos empezó a planificar su despliegue en el extranjero, el mayor desde la Segunda Guerra Mundial. A finales de noviembre de 1990, cerca de medio millón de tropas estadounidenses estaban estacionadas en el golfo. También llegaron tropas adicionales del Reino Unido, Canadá, Bangladesh y Francia, por nombrar algunas naciones.

Mientras tanto, la ONU debatía si se podía sancionar el uso de la fuerza si Irak no cumplía y abandonaba Kuwait en una fecha determinada (15 de enero de 1991). El Consejo decidió que utilizaría «todos los medios necesarios» para expulsarlo después de esa fecha.

Operación Tormenta del Desierto

Saddam, por supuesto, se negó a retirarse, y el 17 de enero de 1991, el presidente Bush dio luz verde para que las tropas estadounidenses atacaran al ejército de Saddam. El objetivo de la misión era deshacerse de las fuerzas iraquíes que ocupaban Kuwait. La campaña consistió en una coalición militar de 35 países y comenzó con bombardeos aéreos. La guerra duró 42 días y consistió en operaciones tanto terrestres como aéreas.

Pozos de petróleo en llamas durante la Operación Tormenta del Desierto
https://commons.wikimedia.org/wiki/File:Operation_Desert_Storm_22.jpg

Las fuerzas de Saddam fueron expulsadas con éxito de Kuwait y, tras una intensa campaña de bombardeos sobre Bagdad, las tropas iraquíes empezaron a rendirse. El 28 de febrero se declaró un alto el fuego. Bush había conseguido hacer retroceder la invasión de Kuwait por Irak.

TLCAN (1992)

El Tratado de Libre Comercio de América del Norte (TLCAN) se estableció como una forma de estimular el comercio con los países participantes, reducir costos, aumentar la producción, crear nuevos puestos de trabajo y traer prosperidad. Se inspiró en parte en un acuerdo comercial similar que se había creado en Europa, la Comunidad Económica Europea, en 1957. EE. UU. pensó que un acuerdo de este tipo también ayudaría a Norteamérica a ser más competitiva a escala mundial.

El TLCAN fue firmado en 1992 por el presidente estadounidense George H. W. Bush, el presidente mexicano Carlos Salinas de Gortari y el primer ministro canadiense Brian Mulroney. Estaba previsto que entrara en vigor el 1 de enero de 1994.

Con la firma del TLCAN, se suprimieron los aranceles sobre la mayoría de los bienes producidos por los tres países. En cierto modo, el TLCAN fue positivo. Contribuyó a atraer inversiones extranjeras y a reducir el costo de los bienes, lo que benefició al consumidor. También aumentó el comercio. Pero en otros aspectos, tuvo un impacto negativo en la economía estadounidense, ya que muchos puestos de trabajo en el sector manufacturero se trasladaron a México, donde la mano de obra y el costo de funcionamiento de una empresa eran más baratos. Afectó a las pequeñas empresas y granjas de México, que no pudieron reducir sus costos lo suficiente.

OCTAVA PARTE:
De Clinton a Trump (1992-2021)

Capítulo 28: Los años Clinton: Los rápidos y escandalosos años 90

Durante las elecciones presidenciales de 1992, Bush se presentó a la reelección, pero fue derrotado por el candidato demócrata Bill Clinton.

Presidente Bill Clinton
https://commons.wikimedia.org/wiki/File:Bill_Clinton.jpg

Clinton ocuparía el cargo durante dos mandatos. Su presidencia se considera generalmente como una época fácil para Estados Unidos. Seguían produciéndose conflictos y acontecimientos internacionales, pero nada que ver con los años de tensión de la Guerra Fría.

Cuando llegaron los años noventa, Estados Unidos había encontrado su lugar, tanto en su propio país como en el resto del mundo. Fue la década en la que se pudieron disfrutar los frutos de las labores pasadas. Las libertades duramente conquistadas por los activistas de los derechos civiles, los grupos de mujeres y otros reformistas habían permitido la sociedad progresista, moderna, diversa y avanzada que Estados Unidos era en los años noventa.

La política interior de Clinton

Durante su campaña, Clinton prometió abordar importantes cuestiones sociales como el desempleo, la sanidad y la economía. Durante su presidencia, puso en marcha muchas políticas y leyes nacionales para ayudar a abordar y avanzar en estos temas.

En su primer año de mandato, Clinton aprobó un paquete económico llamado Ley Ómnibus Consolidada de Reconciliación Presupuestaria de 1993. En virtud de esta ley, el impuesto federal sobre la renta para la clase alta pasó del 31% al 39,6%. El tipo del impuesto de sociedades subió, mientras que el gasto público se recortó en 255.000 millones de dólares en un periodo de cinco años. Esto afectó negativamente a los estadounidenses con dificultades, que dependían de muchos de los programas que el gobierno estaba recortando.

Aunque no fue muy popular entre los republicanos, la política económica de Clinton redujo el déficit público de 290.000 millones de dólares a 203.000 millones en cuestión de dos años. Y a finales de los noventa, la economía no solo estaba en auge, sino que tenía un superávit de más de 120.000 millones de dólares. Una combinación de baja inflación, bajos tipos de interés y bajas tasas de desempleo hizo de la economía estadounidense una de las más fuertes y envidiables del mundo.

Clinton también cumplió otra promesa electoral al aprobar una amplia reforma de la asistencia social. Aumentó el salario mínimo a 5,15 dólares la hora.

En ese momento de la historia de Estados Unidos, los gays y las lesbianas estaban excluidos del ejército. Clinton prometió cambiar esta situación. Se produjo una amarga lucha política con los militares conservadores. Finalmente, el Congreso obligó a Clinton a llegar a un compromiso. Propuso la política de «Prohibido preguntar, prohibido decir» (en inglés *Don't ask, don't tell*) Si el personal militar no preguntaba sobre la orientación sexual de alguien, no tendrían que hablar de ello. No era una solución perfecta, pero era algo.

El 5 de febrero de 1993, Clinton promulgó la Ley de Baja Médica Familiar. La ley concedía a los trabajadores permisos familiares y médicos de hasta doce semanas si surgía la necesidad. La baja no era remunerada, pero la ley garantizaba la protección de sus puestos de trabajo y que su seguro médico no se vería afectado.

Una de las cosas que Clinton no hizo, algo muy importante para él, fue proporcionar asistencia sanitaria asequible a todos los estadounidenses. Mientras Clinton se presentaba a las elecciones, se hablaba mucho de la reforma sanitaria. En la actualidad, Estados Unidos y Sudáfrica son los únicos países desarrollados que no ofrecen asistencia sanitaria universal a sus ciudadanos. En los años 90, Clinton quería cambiar esta situación. Socialmente, cambiaría la vida de los estadounidenses y, políticamente, garantizaría que la mayoría de la población de clase media y trabajadora se alineara con los demócratas.

Los republicanos estaban firmemente decididos a no dejar que esto sucediera y se opusieron enérgicamente a un proyecto de ley de reforma sanitaria.

Tras su toma de posesión, Clinton creó un grupo de trabajo para elaborar una propuesta. Su esposa, Hillary, fue la encargada de redactar el proyecto. El producto final, una propuesta de 1.350 páginas, era difícil de entender para el público medio, y nunca llegó a ponerse en marcha.

La reforma sanitaria fracasó por varias razones. En primer lugar, Clinton la presentó al Senado cuando ya habían concluido las discusiones presupuestarias, en lugar de hacerlo con antelación. Por lo tanto, no debería haber sido una sorpresa que el Senado no aprobara la propuesta. En opinión del Senado, costaría demasiado dinero y la cobertura ofrecida a los estadounidenses era demasiado amplia.

La falta de voluntad de compromiso de la administración empeoró las cosas. El consenso general era que la propuesta era demasiado radical. Cuando un grupo de trabajo empezó a buscar soluciones de compromiso, se perdió el impulso y la reforma acabó fracasando y archivándose.

Incluso hoy en día, la sanidad universal y el control de armas siguen siendo temas muy controvertidos y profundamente divisivos en Estados Unidos.

Escuela Secundaria de Columbine

Alrededor de las 11:19 de la mañana del 20 de abril de 1999, dos adolescentes armados con pistolas entraron en la Escuela Secundaria de Columbine, situada en los suburbios de Denver, y empezaron a disparar a los alumnos que se encontraban fuera. Después, entraron en la escuela y mataron a tiros a más estudiantes.

A las 11:35 de la mañana, trece personas habían muerto: doce alumnos y un profesor. Otras veintiuna personas resultaron heridas y lesionadas. Pasado el mediodía, los adolescentes se suicidaron, poniendo fin a su espeluznante y absurda matanza.

Aunque Columbine no fue el primer tiroteo en una escuela de Estados Unidos, la opinión pública quedó devastada e indignada por algo así. Afectó a Clinton a un nivel más profundo, y la forma en que manejó la tragedia sentó un precedente sobre cómo debían comportarse los futuros presidentes y llevó a examinar cómo han evolucionado las funciones presidenciales a lo largo del tiempo.

Tras el tiroteo de Columbine, Clinton visitó a las familias de las víctimas. Consoló a las víctimas, las escuchó y desempeñó el papel de «consejero en jefe». Fue una ruptura con la actitud a menudo estoica de los anteriores presidentes, que mantenían sus emociones bajo control.

Tras el tiroteo, Clinton abogó por un control más estricto de las armas, pero no consiguió nada. Hoy en día, el control de armas es un tema divisivo en la política estadounidense, y los tiroteos en escuelas, así como otros tiroteos masivos, siguen siendo un problema.

La política exterior de Clinton

Cuando Clinton llegó a la presidencia, no tenía mucha experiencia en asuntos o política exterior. Llegó al poder en un momento muy interesante. La Guerra Fría había terminado y la Unión Soviética se había derrumbado; era casi como un mundo nuevo.

Clinton comprendió rápidamente la importancia de la globalización y la vio como una forma de desarrollar las relaciones internacionales, disfrutar de una prosperidad compartida y promover la paz. Creía que la política exterior estadounidense debía diseñarse para la era global y que debía evolucionar y adaptarse constantemente para mantenerse a la altura de los nuevos tiempos.

En 1993, dio la bienvenida a nuevos miembros en la OTAN, permitiendo que evolucionara desde las alianzas de la Guerra Fría para incluir nuevas amistades y asociaciones. Rusia se incorporó al G-8, e incluso se utilizaron tropas rusas para ayudar en misiones de la OTAN.

Clinton redujo las tensiones con Corea del Norte mediante la diplomacia y, en 1994, consiguió incluso negociar un acuerdo con el país para desmantelar las armas nucleares. También se esforzó por crear lazos más fuertes con Corea del Sur.

En resumen, intentó crear un entorno mundial más integrador. Examinaremos más detenidamente algunos de los acontecimientos y conflictos internacionales más notables que tuvieron lugar durante la presidencia de Clinton, aunque, como la mayoría de los temas de este libro, esto solo araña la superficie de lo que ocurrió durante su presidencia.

Guerra de Bosnia

La guerra de Bosnia comenzó con la desintegración de la República Federativa Socialista de Yugoslavia, que incluía a Croacia, Bosnia-Herzegovina, Serbia, Eslovenia, Macedonia y Montenegro. Cuando el bloque soviético empezó a desmoronarse, las seis repúblicas de Yugoslavia también empezaron a dividirse por motivos étnicos.

En junio de 1991, Eslovenia y Croacia declararon su independencia. Menos de un año después, Bosnia-Herzegovina también declaró su intención de separarse. Se independizó oficialmente el 1 de marzo de 1992, lo que se convirtió en el catalizador de la guerra.

Aprovechando la crisis, los serbobosnios, con la ayuda de Serbia, emprendieron una campaña para limpiar étnicamente el país de bosnios o musulmanes bosnios. Su objetivo final era acabar con la población musulmana y crear un Estado libre de bosnios. Comenzaron su ofensiva bombardeando y tomando la capital de Bosnia, Sarajevo. Los musulmanes bosnios huyeron por millares.

El genocidio de Bosnia se cobró la vida de casi 100.000 civiles, la mayoría bosnios. Más de dos millones de personas fueron desplazadas, y hasta cincuenta mil mujeres fueron víctimas de violaciones, violencia y otras brutalidades. Miles de personas desaparecieron y nunca volvieron a ser encontradas.

Al principio, la ONU y Estados Unidos se negaron a intervenir hasta el verano de 1995, cuando los serbobosnios mataron a ocho mil hombres y niños en Srebrenica en diez días. Srebrenica había sido designada por la ONU como refugio seguro. Entre veinticinco mil y treinta mil mujeres y niños fueron maltratados y/u obligados a trasladarse a otras zonas musulmanas. Algunos de ellos subieron a autobuses y nunca se los volvió a ver.

Fue entonces cuando Clinton decidió que había que hacer algo. Puso en marcha la Operación Fuerza Deliberada. La OTAN dirigió ataques aéreos, lanzó una ofensiva en Croacia e intervino en la guerra.

La administración Clinton negoció el tratado de paz. Los Acuerdos de Dayton, firmados por Bosnia, Serbia y Croacia en 1995, pusieron fin a una guerra larga y sangrienta. Según el tratado, Bosnia seguiría siendo un solo Estado, pero tendría dos partes: la Federación de Bosnia y Herzegovina, poblada mayoritariamente por comunidades de origen bosníaco y croata, y la República Srpska, poblada mayoritariamente por serbios. La capital, Sarajevo, permaneció indivisa.

La intervención estadounidense y el posterior tratado de paz sirvieron para demostrar la destreza de Estados Unidos en la escena internacional y la habilidad negociadora y diplomática de Clinton. El acuerdo sigue vigente hoy en día y se utiliza en la estructura de gobierno de Bosnia-Herzegovina.

La forma en que se gestionó Bosnia también sirvió de precedente para lo que ocurriría en Kosovo unos cuatro años más tarde.

Conflicto de Kosovo

Tres años después de que terminara la guerra en Bosnia, los albaneses luchaban contra los serbios y el gobierno yugoslavo en Kosovo. Después de que Eslovenia y Croacia declararan su independencia, los albaneses de la República Federal de Yugoslavia decidieron separarse también y crear su propia república, llamada Kosovo. La crisis provocó otra ronda de limpieza étnica por parte de Yugoslavia, ya que los soldados yugoslavos, principalmente serbios, expulsaron a los albaneses del país o los hicieron matar.

Tras haber presenciado la guerra de Bosnia, esta vez el mundo internacional estaba decidido a no quedarse al margen. Clinton declaró la emergencia nacional el 9 de junio de 1998, y la OTAN intervino poco después lanzando la Operación Fuerza Aliada.

La OTAN y las fuerzas estadounidenses iniciaron ataques aéreos contra edificios gubernamentales y otras infraestructuras de Yugoslavia. Tras soportar once semanas de bombardeos, las fuerzas yugoslavas se retiraron de Kosovo.

El 9 de junio de 1999 se firmó el Tratado de Kumanovo, por el que el gobierno yugoslavo aceptaba retirarse tras las fuerzas de la OTAN. Tras la salida de los yugoslavos, las tropas de la OTAN entraron en Kosovo para iniciar una misión de apoyo a la paz.

En estos dos ejemplos, podemos ver cómo Clinton y Estados Unidos tomaron las riendas; decidieron un curso de acción y lo llevaron a cabo. En la década de 1990 no se cuestionaba la autoridad ni la superioridad de Estados Unidos como potencia mundial.

El escándalo Clinton-Lewinsky

Por último, ningún capítulo sobre Clinton puede estar completo sin mencionar su aventura con Monica Lewinsky. El escándalo sexual político sacudió a la nación y todavía hoy se discute y se habla mucho de él.

En el verano de 1995, Monica Lewinsky, recién licenciada, empezó a trabajar en la Casa Blanca como becaria en la oficina del jefe de gabinete. Unos meses más tarde, en otoño, fue trasladada al Ala Oeste, junto con otros becarios, para realizar tareas administrativas básicas. Esto la puso en contacto con Clinton, que quedó prendado de la joven y bella Lewinsky.

Monica y el Presidente Bill Clinton

https://commons.wikimedia.org/wiki/File:Bill_Clinton_and_Monica_Lewinsky_on_February_28,_1997_A3e064206641168d9466c84c3e31ccc2f.jpg

La propia Monica quedó prendada del presidente. Ambos se involucraron rápidamente, y siguieron viéndose y teniendo encuentros sexuales, incluso después de que Monica aceptara un trabajo en otra oficina. En 1997, dejaron de mantener relaciones sexuales y se mantuvieron en contacto por teléfono.

El romance salió a la luz después de que Monica se lo contara a una amiga y compañera de trabajo llamada Linda Tripp, que traicionó a Monica contándoselo a un agente literario y grabando en secreto sus llamadas telefónicas. Mientras tanto, Kenneth Starr, un abogado independiente que investigaba las inversiones de Bill y Hillary en una empresa, descubrió el escándalo. La historia cobró rápidamente vida propia y el escándalo estalló. Los estadounidenses se quedaron sorprendidos y fascinados.

Al principio, Clinton negó la aventura, pero cuando salió a la luz un vestido azul de Monica con manchas de semen, dio marcha atrás. Más tarde, Clinton admitió ante un gran jurado que, de hecho, había tenido un comportamiento inapropiado con Lewinsky. Se disculpó públicamente por su comportamiento.

En octubre de 1998, la Cámara de Representantes solicitó su destitución. En el juicio celebrado en febrero de 1999, Clinton fue absuelto. Aunque Clinton había quebrantado claramente la confianza del público estadounidense, terminó su mandato como presidente manteniendo unos buenos índices de audiencia.

El escándalo pudo conmocionar al país, pero no disminuyó la admiración o devoción de mucha gente por Clinton. Sin embargo, Hillary se enfrentó a muchas críticas por permanecer a su lado. Lewinsky fue avergonzada y acosada públicamente. El estigma del *affaire* se aferró a ella durante décadas. En 2016, cuando Hillary Clinton se presentó a las elecciones presidenciales contra Donald Trump, el escándalo volvió a salir a la luz y se utilizó contra ella en campañas de desprestigio.

A pesar de haber hecho muchas cosas buenas y de haber dejado un gran legado, la presidencia de Clinton siempre estará marcada por el caso Lewinsky.

Capítulo 29: Los años de George W. Bush: El 11-S y la guerra contra el terrorismo

Si el mandato de Clinton fue fácil, tranquilo y sin tensiones, la presidencia de George W. Bush fue todo lo contrario. Su presidencia empezó mal casi desde el principio, desde las propias elecciones.

La carrera por la presidencia entre él y el candidato demócrata Al Gore había sido muy reñida. Cuando la jornada electoral estaba llegando a su fin, el 7 de noviembre de 2000, no estaba muy claro quién era el ganador. En algunos estados, como Nuevo México y Oregón, la contienda estaba demasiado reñida y así permaneció durante días.

Finalmente, Florida se convirtió en el centro de atención de los resultados de las elecciones presidenciales, y algunas cadenas anunciaron que Al Gore era el ganador previsto. Más tarde se invirtió la tendencia y Bush fue declarado vencedor. Al Gore llamó a Bush el 8 de noviembre para felicitarlo y reconocer su victoria. Sin embargo, a la mañana siguiente se descubrió que solo unos cientos de votos separaban a Bush de Gore, lo que situaba el margen de victoria en torno al 0,1%. Al Gore volvió a llamar a Bush para rescindir su concesión.

Los equipos jurídicos de ambos partidos se desplazaron a Florida y se llevó a cabo un recuento mecánico que situó a Bush por delante de Gore por poco más de trescientos votos. Pero la victoria de Bush, que siguió siendo impugnada, se vio afectada por otras cuestiones legales. El caso llegó hasta el Tribunal Supremo de EE. UU., donde se decidió poner fin al proceso de recuento. Los veinticinco votos electorales de Florida fueron otorgados a Bush, confirmando su victoria. Bush tomó posesión como 43.º presidente el 20 de enero de 2001.

Cuando Bush dejó el cargo, su índice de aprobación rondaba los veinte puntos. Su administración fue excesiva y él no era un líder estelar. Por lo tanto, estaba lamentablemente mal preparado para los acontecimientos que se avecinaban.

11 de septiembre

Unos ocho meses después de que Bush asumiera el cargo, Estados Unidos fue atacado por terroristas. El 11 de septiembre de 2001, entre las 7.59 y las 8.42 de la mañana, despegaron cuatro aviones de pasajeros. Dos aviones procedían de Boston (Massachusetts), uno de Washington (D. C.) y un cuarto de Newark (Nueva Jersey). Todos los vuelos se dirigían al mismo lugar: California. Lo que ninguno de los pasajeros podía saber es que entre ellos viajaban terroristas vinculados a Al Qaeda.

Los cuatro aviones fueron secuestrados. Nunca llegaron a su destino. En su lugar, dos de los aviones se dirigieron a Nueva York y se estrellaron contra las Torres Gemelas del World Trade Center. El primer avión impactó contra la Torre Norte a las 8:46 a. m.; el segundo se estrelló contra la Torre Sur a las 9:03 a. m.

Torres Gemelas en llamas
Michael Foran, CC BY 2.0 <https://creativecommons.org/licenses/by/2.0>, vía Wikimedia Commons; https://commons.wikimedia.org/wiki/File:WTC_smoking_on_9-11.jpeg

El tercer avión se estrelló contra el Pentágono a las 9:45 a. m., mientras que el cuarto avión, que probablemente tenía como objetivo la Casa Blanca o el Capitolio, se estrelló en un campo del oeste de Pensilvania porque los pasajeros se defendieron.

Los atentados se conocen comúnmente como el 11-S. Un total de 2.996 personas murieron durante los atentados y miles resultaron heridas. La mayoría de las víctimas eran del World Trade Center.

Los atentados conmocionaron a los estadounidenses, causando dolor y más tarde ira. Todas las miradas estaban puestas ahora en Bush.

Guerra global contra el terrorismo

Tras el 11-S, Bush tenía un objetivo en mente: derrotar al terrorismo. Pronto lanzó una campaña denominada guerra global contra el terrorismo. Una de las primeras cosas que hizo fue congelar los activos de cualquier grupo vinculado a actividades terroristas, al tiempo que exigía a los talibanes que dejaran de proteger a los miembros de Al Qaeda.

A principios de octubre, estaba planeando ataques militares en Afganistán contra Al Qaeda. También planeó que el ejército estadounidense prestara ayuda a los necesitados de Afganistán.

La invasión de Afganistán por tropas estadounidenses y aliadas se produjo un mes después de los atentados del 11 de septiembre. Bush lo consideró un acto de autodefensa. Su objetivo era el régimen talibán, ya que había proporcionado un refugio seguro a Al Qaeda.

Durante los primeros días de la guerra, Estados Unidos llevó a cabo ataques aéreos. Tras perder a algunos actores clave, el régimen talibán empezó a desmoronarse, aunque no permaneció así mucho tiempo. Los talibanes se reagruparon. Durante las dos décadas siguientes, las cosas siguieron así, con cada bando ganando un poco y luego perdiendo otro poco.

Afganistán se convirtió en la guerra más larga que Estados Unidos había librado nunca. Cuando las tropas estadounidenses finalmente se marcharon en 2021, quedó claro que Estados Unidos había perdido la guerra.

Guerra en Irak

Mientras intentaba acabar con Al Qaeda, Bush empezó a presionar a Sadam Husein por varias cosas, entre ellas sus vínculos con terroristas y sus armas de destrucción masiva. Sadam, por supuesto, se negó a cortar lazos o a desmantelar las armas. En marzo de 2003, Bush decidió que

Saddam tenía que irse, y se pusieron en marcha operaciones militares con ese fin.

La razón oficial aducida por la administración Bush para la invasión de Irak fue desarmar al país, erradicar a Al Qaeda y liberar al pueblo iraquí de la tiranía de Sadam. Sin embargo, existe la creencia generalizada de que la invasión tuvo más que ver con el petróleo que con la liberación del pueblo, ya que no había pruebas reales de la existencia de armas de destrucción masiva en Irak ni de que Sadam tuviera relación alguna con Al Qaeda. Algunos creen que Estados Unidos quería estabilizar el suministro mundial de petróleo y asegurarse de que no habría interrupciones en la salida de petróleo de Irak. Otros creen que fue la forma que tuvo Bush de afirmar de nuevo el dominio estadounidense sobre el mundo tras los atentados terroristas.

Cualquiera que fuera la verdadera razón, las tropas estadounidenses invadieron Irak en marzo de 2003. Algunas tropas de otros países aliados también se unieron a la invasión. En abril, la mayor parte de Bagdad estaba bajo control estadounidense y Sadam se había escondido. En diciembre, fue capturado por Estados Unidos, y condenado y ejecutado tres años después, en diciembre de 2006, por el Alto Tribunal iraquí.

Sin embargo, esto no puso fin inmediatamente a la guerra. Por el contrario, la destitución de Sadam provocó un vacío de poder.

La guerra en Irak, también llamada segunda guerra del golfo Pérsico, duró hasta diciembre de 2011, cuando Estados Unidos se retiró finalmente de Irak tras no poder negociar una prórroga de su estancia con el gobierno iraquí. En noviembre de 2011, el Senado votó a favor de poner fin a la guerra, y el 15 de diciembre, la guerra llegó a su fin formal.

La política interior de Bush

Mientras Bush y su administración estaban ocupados con la guerra contra el terror, también tuvo que hacer frente a numerosas crisis internas.

La Gran Recesión

Uno de los mayores retos a los que se enfrentó Bush en casa fue la Gran Recesión. Se consideró la peor crisis económica que había vivido el país desde la Gran Depresión.

La recesión se debió a tres causas principales:

- La inestabilidad del mercado inmobiliario. A principios de la década de 2000, el mercado de la vivienda estaba en auge y los prestamistas aprobaban hipotecas a malos acreedores. Muchos

de los préstamos no se pagaron, y el mercado inmobiliario se desplomó.
- Crisis bancaria.
- Dramática caída del mercado bursátil, que acabó con gran parte de la riqueza.

En respuesta a la recesión, el Congreso aprobó la Ley de Recuperación y Reinversión de 2009. La ley reservó 800.000 millones de dólares para ayudar a la recuperación de la economía. Otro programa llamado Programa de Alivio de Activos Problemáticos (Troubled Asset Relief Program, TARP) también ayudó al crecimiento de la economía. Bush además introdujo desgravaciones fiscales que ayudaron a las pequeñas empresas.

Sanidad

En lo que respecta a la sanidad estadounidense, Bush contribuyó a reforzarla reformando Medicare y añadiendo prestaciones farmacéuticas. Sus políticas proporcionaron a unos cuarenta millones de personas un mejor acceso a los medicamentos recetados. Sus reformas pretendían que la sanidad fuera más asequible y accesible para los estadounidenses.

Bush obtuvo un segundo mandato como presidente, en parte debido a su mayor popularidad inmediatamente después del 11-S y a su campaña contra el terrorismo. Su mandato estuvo marcado por una serie de acontecimientos realmente difíciles, pero como presidente fue bastante anodino.

El legado que dejó está ligado principalmente al 11-S y al terrorismo, así como a su mala gestión del Katrina. Irónicamente, se ha hecho más respetado y popular en los años posteriores a su presidencia.

El huracán Katrina

El otoño de 2005 fue un periodo especialmente difícil en la presidencia de Bush. Además del 11-S, que desembocó en la guerra de Irak, el presidente Bush tuvo que hacer frente a las devastadoras consecuencias del huracán Katrina.

Katrina, un ciclón tropical de categoría 5, barrió las Bahamas y golpeó el sureste de Estados Unidos el 23 de agosto de 2005. Cuando tocó tierra cerca de la zona de Miami y Fort Lauderdale, en Florida, era un huracán de categoría 1, pero en los días siguientes, a medida que seguía moviéndose y circulando, fue ganando fuerza. Cuando finalmente llegó a Nueva Orleans, se había convertido en un huracán de categoría 5. El sur de Luisiana se llevó la peor parte.

Con 1.392 víctimas mortales, Katrina se convertiría en uno de los huracanes más mortíferos. También se convertiría en el huracán más caro que jamás haya azotado el país, causando entre 97.000 y 145.500 millones de dólares en daños.

La respuesta del presidente Bush al Katrina fue muy criticada en su momento y sigue siendo vista de forma negativa en la actualidad. Su administración tardó en responder a la catástrofe y no actuó con decisión ni empatía. Las tropas federales tardaron días en llegar a la zona. Para empeorar las cosas, mientras el Katrina azotaba la costa del golfo, Bush estaba de vacaciones en Texas y permaneció allí. Cuando regresó a Washington, sobrevoló Nueva Orleans, contemplando la devastación desde las alturas. La percepción pública de esta medida dañó aún más su imagen.

Sin embargo, una vez que Bush se puso manos a la obra, se enviaron 7.200 soldados a Nueva Orleans. El 2 de septiembre firmó un paquete de ayuda de 10.500 millones de dólares. Con el paso de los años, la ayuda gubernamental aumentó drásticamente y se calcula que asciende a entre 126.000 y 140.000 millones de dólares, incluidas las desgravaciones fiscales. Bush también se aseguró de visitar la zona varias veces y reunirse con la gente.

Sin embargo, la impresión que quedó grabada en la mente de la gente fue que podría y debería haber hecho más.

Capítulo 30: Barack Obama: El primer presidente negro

Durante la década de 1950 y especialmente en la de 1960, cuando los disturbios, la violencia y las protestas en torno al movimiento por los derechos civiles estaban en su apogeo, parecía inimaginable que, algún día, Estados Unidos pudiera tener un presidente negro.

En 2008, Barack Obama ganó las elecciones presidenciales y se convirtió en el 44.º presidente de Estados Unidos. Fue el primer presidente afroamericano. Fue un acontecimiento monumental e histórico. De repente, parecía que ya nada era imposible en Estados Unidos.

Presidente Obama
https://commons.wikimedia.org/wiki/File:President_Barack_Obama.jpg

Después de los años estresantes y llenos de angustia de la administración Bush, Obama se sintió como un nuevo comienzo, un principio esperanzador y el cambio de rumbo para la mayoría de los estadounidenses.

Las políticas nacionales de Obama

Durante los dos mandatos de Obama como presidente, contribuyó positiva y negativamente al país. Cuando asumió el cargo, heredó unos Estados Unidos que atravesaban muchos desafíos. Luchaba por recuperarse de un colapso económico y lidiaba con las secuelas de varias guerras, incluida la guerra contra el terror. Las tropas estadounidenses estaban inmersas en una guerra en Afganistán, y el futuro parecía sombrío.

Durante su campaña, Obama prometió al pueblo estadounidense que reactivaría la economía, reduciría el déficit a la mitad y cerraría el polémico centro de detención de Guantánamo (Cuba), donde se rumoreaba que se torturaba y maltrataba a los prisioneros. Prometió provocar el cambio y asegurar el prestigio de Estados Unidos en todo el mundo. Eran grandes promesas. Si bien es cierto que Obama dejó un legado perdurable e hizo mucho por el país, no fue capaz de cumplir todas sus promesas.

Durante su primer mandato, Obama aprobó leyes sobre tres temas importantes: la economía, la sanidad y las instituciones financieras.

Una de sus políticas económicas, la Ley de Recuperación y Reinversión de 2009, ayudó a reactivar la economía y a reducir la tasa de desempleo. Las desgravaciones fiscales dieron un impulso muy necesario a los ingresos de los estadounidenses y evitaron que unos 5,3 millones cayeran por debajo del umbral de la pobreza.

Obama ayudó a reestructurar el American International Group (la mayor aseguradora del país) para evitar futuros colapsos. Hizo lo mismo con el sistema financiero para asegurarse de que las instituciones fueran capaces de resistir cualquier recesión económica. Las políticas de Obama también aportaron estabilidad a la crisis inmobiliaria y salvaron la industria automovilística.

Su mayor legado podría ser la firma de la Ley de Asistencia Sanitaria Asequible. Obama se comprometió a hacer que la sanidad fuera asequible e igual para todos, ya que creía que la sanidad era un derecho y no un privilegio. Como hemos visto en secciones anteriores, la sanidad había sido un tema muy disputado durante numerosas presidencias. La ley, comúnmente conocida como Obamacare, garantizaba que todos los estadounidenses pudieran permitirse un plan de seguro médico. La ley obliga a todas las compañías de seguros médicos a ofrecer un determinado tipo de cobertura con sus planes.

Esto cambió la vida de familias con dificultades que ni siquiera podían permitirse ir al médico. Las familias más afectadas fueron las negras, las de minorías, las propietarias de pequeñas empresas y las que se encontraban por debajo del umbral de pobreza.

Por desgracia, no todo el mundo era partidario de la ley. Una de las principales razones por las que la gente no apoyó el Obamacare tiene más que ver con la política partidista que con la ley en sí. Algunos demócratas pensaban que la ley no hacía lo suficiente y daba demasiado control a las compañías de seguros. Querían avanzar hacia un sistema sanitario totalmente gestionado por el gobierno.

Por otro lado, muchos republicanos estaban convencidos de que el gobierno federal no debía intervenir en el sistema sanitario. También se opusieron a la subida de impuestos necesaria para poner en marcha la ley, así como al aumento de las primas de las compañías de seguros.

El aumento de las primas hizo que algunas personas tuvieran la sensación de que la sanidad costaba mucho más que antes. A esto no ayudó el aumento de los costos de la atención sanitaria y del costo de la vida.

Obamacare no proporcionó la asistencia sanitaria gratuita y universal con la que algunos soñaban, pero fue el comienzo de algo y cambió la vida de millones de estadounidenses.

Obama y la comunidad LGBTQ

Según los defensores de la comunidad LGBTQ, el presidente Obama fue el presidente partidario de este colectivo. Hizo mucho por su causa. El gobierno de Bush no había hecho nada por la comunidad; de hecho, la hizo retroceder al apoyar una enmienda constitucional que prohibiría el matrimonio entre personas del mismo sexo.

Obama prometió hacer lo contrario. Quería que su administración trabajara duro para apoyarlos. En 2009, el derecho al matrimonio entre personas del mismo sexo quedó consagrado en la Constitución. Los gobiernos federal y estatales dejaron de tener autoridad para prohibir los matrimonios entre personas del mismo sexo.

Ese año también se aprobó una ley federal contra los delitos de odio para proteger los derechos de las personas LGBTQ. La política de Clinton de «prohibido preguntar, prohibido decir» fue derogada en 2010, permitiendo a los miembros LGBTQ del ejército servir sin prejuicios. Además de estas medidas, Obama también firmó órdenes ejecutivas para proteger a la comunidad LGBTQ de la discriminación por parte de los empleadores.

Fue el primer presidente en apoyar la igualdad matrimonial, así como el primero en reconocer la existencia de personas transgénero, invitando incluso a la Casa Blanca al director ejecutivo del Centro Nacional para la Igualdad Transgénero.

Las medidas de Obama hicieron avanzar a pasos agigantados a la comunidad LGBTQ tras permanecer estancada durante décadas.

Crisis nacionales

En el ámbito nacional, durante la presidencia de Obama se produjeron varios sucesos desastrosos y trágicos que le exigieron unir al país y proporcionarle apoyo emocional y fuerza.

Una de esas tragedias fue el tiroteo en la Escuela Primaria de Sandy Hook, que tuvo lugar el 14 de diciembre de 2012. Fue el tiroteo más mortífero en una escuela primaria de la historia de Estados Unidos, con un saldo de veinte niños y seis adultos muertos. El autor de los disparos fue Adam Lanza, de veinte años.

Después de matar a su propia madre en su casa con un rifle que ella le había comprado, reunió sus otras armas y se dirigió a la escuela primaria. Entró en la escuela cerrada disparando a una ventana sobre las 9:30 de la mañana. Su ataque duró menos de once minutos y terminó con su propia vida.

Ese mismo día, Obama se dirigió al público estadounidense y dijo que había que poner fin a tragedias como esta y que era necesario un cambio. A pesar de su deseo de cambiar las leyes de control de armas, cuando dejó el cargo se había avanzado muy poco.

Otra tragedia notable fueron los atentados del maratón de Boston. Este atentado terrorista fue perpetrado por dos hermanos chechenos de origen kirguís.

Mientras se celebraba el maratón de Boston el 15 de abril de 2013, los dos hermanos detonaron dos bombas cerca de la línea de meta de la carrera. Tres personas murieron y otros cientos resultaron heridos, muchos de los cuales perdieron partes del cuerpo y quedaron discapacitados permanentemente.

Obama se dirigió una vez más al pueblo estadounidense y rindió homenaje a las víctimas y a todos los que participaron en las labores de rescate. En cada uno de estos incidentes, se lamentó con la nación y consoló a la gente, de forma muy parecida a lo que había hecho Bill Clinton tras la masacre de Columbine.

La política exterior de Obama

Además de un desastre económico, Obama también heredó dos guerras en Irak y Afganistán que Bush había iniciado durante su campaña contra el terror. Una de sus promesas de campaña fue que retiraría las tropas estadounidenses de las guerras y establecería mejores relaciones.

Al año de su primer mandato, Obama anunció que el número de tropas estadounidenses en el extranjero se reduciría drásticamente de 160.000 a 50.000 en el plazo de un año. Tenía previsto retirar el resto en 2011. El proceso se desarrolló según lo previsto y, en 2012 solo quedaban 150 soldados estadounidenses en Irak.

Sin embargo, en Afganistán, Obama accedió a la petición del ejército de enviar veintiún mil soldados más al país para mantener a raya al régimen talibán. Pronto decidió que sería necesario un nuevo curso de acción en Afganistán, ya que la guerra se había prolongado durante mucho tiempo. Consideró que el gobierno afgano debía estar en condiciones de derrotar a los talibanes por sí solo.

Uno de sus mayores logros en la lucha contra el régimen talibán fue el asesinato de Osama bin Laden, líder de Al Qaeda y cerebro del 11-S. Los Navy SEALS lo mataron en mayo de 2011. Los soldados estadounidenses comenzaron a retirarse de la región tras este hecho.

Obama también consiguió restablecer los lazos diplomáticos de Estados Unidos con Cuba, rotos desde los primeros días de la Guerra Fría.

Obama y el ISIS

Cuando ISIS creció en poder, Obama, al principio, subestimó la amenaza. Sabía que los estadounidenses y el Gobierno estaban «cansados de la guerra» y quería cambiar la imagen de Estados Unidos luchando continuamente en guerras. Así que optó por no lanzar ataques en Siria ni hacer nada para detener al grupo rebelde. Sin control, los radicales se convirtieron en un peligroso grupo extremista.

En 2014, Obama se dirigió a los estadounidenses y afirmó que destruiría al ISIS. En cuestión de semanas, ordenó ataques contra objetivos del ISIS en Siria. Aumentó el número de tropas estadounidenses en Irak para ayudar en la lucha contra el ISIS. Cuando terminó su mandato como presidente, la situación en Irak y Siria seguía siendo inestable y precaria.

A una situación ya de por sí complicada se sumaron las crecientes ambiciones del líder ruso Vladimir Putin en Oriente Medio y Ucrania, donde ordenó una ocupación militar. Las sanciones de Estados Unidos y otros países no hicieron nada para cambiar sus planes.

Las guerras de Obama

Como consecuencia directa o indirecta de la guerra de Estados Unidos contra el ISIS, los talibanes y Al Qaeda, Estados Unidos acabó involucrándose en otras guerras. La promesa electoral de Obama de poner fin a la participación estadounidense en conflictos internacionales extenuantes como Irak y Afganistán fue una promesa que no pudo cumplir. Obama ganó el Premio Nobel de la Paz en 2009, pero declaró públicamente que consideraba que determinados acontecimientos y circunstancias justificaban que un país entrara en guerra.

Durante toda su presidencia, las fuerzas estadounidenses siguieron en guerra, con campañas militares en al menos siete países: Irak, Siria, Afganistán, Libia, Pakistán, Somalia y Yemen.

¿Por qué inició estas guerras? Las causas son variadas y complicadas, pero he aquí un rápido desglose.

- La implicación en Irak comenzó con crisis humanitarias que podrían haber afectado a los intereses estadounidenses y rápidamente evolucionó hacia una lucha contra el ISIS.
- Al principio, Obama intentó mantenerse al margen de Siria, incluso cuando el presidente sirio Bashar al-Ássad autorizó el uso de armas químicas contra la población civil. Sin embargo, cuando el ISIS se convirtió en una amenaza seria y viable, Obama sintió que no tenía más remedio que atacar el país.
- Afganistán fue una guerra heredada a la que Obama empezó a poner fin retirando las tropas cuando un nuevo presidente llegó al poder en el país.
- La guerra en Libia comenzó como parte de una misión de la ONU con potencias aliadas para proteger a los civiles libios de un régimen opresor. El Consejo de Seguridad de la ONU aprobó el uso de la fuerza. Tras la muerte de Muamar el Gadafi, cesaron los ataques aéreos en Libia. Sin embargo, la situación en

Libia es hoy cualquier cosa menos estable.
- Estados Unidos se implicó en Pakistán a causa de los talibanes.
- Somalia fue atacada debido a sus afiliaciones con una red terrorista.
- Yemen se enfrentaba a las amenazas de Al Qaeda.

En cada situación, Obama sintió que tenía que intervenir por la seguridad y los intereses estadounidenses. Sin embargo, eso no cambia el hecho de que cuando dejó el cargo, el país estaba implicado en más guerras que cuando llegó a la Casa Blanca.

Una de las cosas cruciales que cambiaron fue la forma de hacer la guerra. Obama se alejó de las tropas tradicionales que combatían en zonas de guerra y prefirió utilizar unidades de comandos de élite y tecnología como armas cibernéticas y drones armados. Obama autorizó cerca de 550 ataques con aviones no tripulados, que mataron a casi 4.000 personas. Algunas de ellas fueron muertes de civiles.

El legado de Obama

No se puede negar el impacto del legado de Obama y su popularidad entre el pueblo estadounidense. Tuvo sus críticos. Muchos no estaban de acuerdo con su estilo de gobierno. Tuvo un índice de aprobación medio del 47,9%, y cuando dejó el cargo, lo hizo con un índice de aprobación del 53%, solo ligeramente por debajo del de otros dos presidentes enormemente populares, Reagan y Clinton.

Obama intentó solucionar muchos de los problemas a los que se enfrentaba Estados Unidos a principios de la década de 2000 e hizo mucho bien. Por desgracia, también involucró a Estados Unidos en más conflictos internacionales.

Sin embargo, el legado más importante y duradero que dejó fue que un hombre negro de origen humilde y educación de clase media pudiera llegar a ser presidente. De repente, ya no parecía tan imposible imaginar que una mujer o una minoría llegaran a la presidencia. Su legado es la esperanza de que todo es posible.

Capítulo 31: Donald Trump: Un presidente controvertido

Cuando la presidencia de Obama llegó a su fin, también lo hizo cualquier atisbo de normalidad para Estados Unidos y el mundo en general. La asombrosa victoria de Donald Trump en las elecciones presidenciales de 2016 alteró el orden mundial e inauguró un periodo de turbulencias y profunda inestabilidad, tanto dentro como fuera del país.

Pero antes, echemos un rápido vistazo a Trump y a cómo se convirtió en el 45.º presidente de Estados Unidos.

Donald Trump

Nacido en el seno de una familia adinerada de ascendencia alemana, Trump asistió a colegios privados y tuvo una educación privilegiada. Con el tiempo se incorporó al negocio de su padre, llamado Trump Management. A principios de la década de 1970 fue nombrado presidente de la empresa.

Trump pronto cambió el nombre del negocio por el de Organización Trump y se expandió al sector inmobiliario. Con los años, creó un imperio de miles de millones de dólares y se dedicó a varias cosas, como tener su propio programa de televisión, *The Apprentice*.

También militó en distintos partidos políticos. En 1987 era republicano. Una década después, se afilió al Partido Reformista. Unos años más tarde, en 2001, se registró como demócrata antes de volver a ser republicano en 2009.

El 16 de junio de 2015, Trump celebró un mitin de campaña en la Torre Trump de Nueva York. Bajó por una escalera mecánica dorada y anunció su intención de presentarse a la presidencia. Trump se enfrentó a la candidata demócrata Hillary Clinton, cuya formación académica, tiempo en Washington y logros demostraban que era una candidata adecuada para dirigir el país. Trump, por su parte, cautivó a la gente, a pesar de que no tenía una verdadera formación política, sino que se centraba en dirigir un imperio empresarial.

En un sorprendente giro de los acontecimientos, Trump ganó las elecciones.

Presidente Donald Trump
Gage Skidmore; Este archivo está bajo licencia Creative Commons Attribution-Share Alike 2.0 Generic; https://en.wikipedia.org/wiki/File:Donald_Trump_%28300023082644%29.jpg

¿Cómo lo consiguió Trump?

Se hizo eco del mensaje de Ronald Reagan prometiendo «hacer de Estados Unidos grande otra vez». Este sencillo mensaje significó algo para una parte significativa de la población. Cansados de las guerras y de sentir que no se hacía nada por su país, a mucha gente le gustó el mensaje de que la nación volviera a ser grande y recuperara lo que se había perdido.

Mientras Hillary apelaba a la lógica de la gente, aportando propuestas y promesas frías y meditadas, Trump apelaba a las emociones de la gente. No importaba que sus promesas no tuvieran sentido o fueran ilógicas; decía lo que la gente quería oír.

Otra cosa que Trump tenía a su favor era el miedo a elegir a una mujer como presidenta. Nunca antes una mujer había dirigido el país, y parecía que muchos estadounidenses no estaban preparados para ello. Muchas personas (mujeres incluidas) también albergaban una intensa aversión hacia Hillary por ser la mujer que apoyó a su marido durante su escándalo sexual. Algunos la veían como controladora y «mandona». El escándalo de los correos electrónicos de su época como secretaria de Estado durante la presidencia de Obama también resurgió y fue perjudicial para su campaña. El escándalo tuvo que ver con el uso por parte de Hillary de su servidor privado de correo electrónico para manejar información sensible y clasificada. Esto condujo a una investigación del FBI. Aunque Hillary se disculpó públicamente y asumió su responsabilidad, el escándalo influyó enormemente en la desconfianza de la gente. Finalmente, el FBI determinó que ninguno de los documentos estaba clasificado.

Sean cuales sean las razones, Trump ganó las elecciones. Hillary ganó el voto popular. Tuvo casi tres millones de votos más que Trump, lo que convirtió su derrota en el mayor margen de voto popular de la historia de Estados Unidos.

Estados Unidos primero

Trump hablaba mucho de poner a «Estados Unidos primero», pero ¿qué significaba eso?

El concepto de «Estados Unidos primero» no era nuevo; se remontaba a un eslogan de campaña republicano que se utilizó por primera vez ya en la década de 1880. Era la noción de que el nacionalismo estadounidense debía ser lo primero y que el país debía mantener una postura no intervencionista.

Las políticas «Estados Unidos primero» de Trump fueron muy controvertidas porque suponían una ruptura total con el papel que Estados Unidos había desempeñado durante muchas décadas. Tras el final de las dos guerras mundiales, Estados Unidos emergió como superpotencia. La nación desempeñaba a menudo un papel pacificador y trabajaba para mantener el equilibrio en el orden internacional. Estados Unidos se consideraba una nación diversa, multicultural y democrática en la que se daba prioridad a los derechos humanos, la igualdad y las libertades individuales.

Los presidentes anteriores creían firmemente que Estados Unidos tenía el deber moral de cumplir un determinado papel. La postura de Trump se alejó drásticamente de esto. También desató algunos pensamientos y creencias que muchos habían mantenido bajo control durante años, con sus valores dando lugar a la noción de supremacía blanca.

Algunos puntos clave de las políticas económicas de la administración Trump son los siguientes:

- recortes de impuestos para individuos y corporaciones;
- esfuerzos para deshacerse y reemplazar la Ley de Atención Médica Asequible de Obama;
- restricciones a la inmigración.

Sus políticas tuvieron un impacto directo en numerosos actos y acuerdos. Echemos un breve vistazo a algunos acontecimientos y momentos notables de la presidencia de Trump.

Políticas de inmigración

Durante décadas, Estados Unidos había sido un país al que acudían en masa nuevos inmigrantes, la mayoría en busca de una vida mejor y del «sueño americano».

Una de las prioridades inmediatas de Trump fue tomar medidas enérgicas contra la inmigración. Es famoso su discurso sobre la construcción de un muro entre México y Estados Unidos para impedir que los inmigrantes crucen ilegalmente.

Algunas de las cosas que implementó como parte de sus políticas de inmigración incluyen lo siguiente:

- Eliminación gradual de la Acción Diferida para los Llegados en la Infancia (DACA). El nombre DREAMers (por Development, Relief, and Education for Alien Minors Act) se les dio a los niños que entraron al país por medios ilegales cuando eran niños. Bajo DACA, no tenían los mismos derechos que un ciudadano estadounidense (por ejemplo, no podían votar), pero se les permitía trabajar, tener un número de seguridad social y muchos otros beneficios. Trump intentó desmantelar el programa en numerosas ocasiones. DACA fue aprobado para continuar con algunos cambios menores en agosto de 2022.
- Separación de familiares en la frontera con México. Los niños fueron separados de sus padres o tutores. Mientras que los adultos fueron procesados legalmente, los niños fueron llevados y puestos en centros de retención. Es probable que muchas familias nunca vuelvan a reunirse.

- Imposición de una prohibición de viajar y suspensión de la llegada de refugiados.

Estas son solo algunas de las políticas que implementó, esencialmente destrozando todo lo que Estados Unidos ha representado, especialmente a los ojos de otros países de todo el mundo.

Disolución del TLCAN y el nuevo acuerdo USMCA

Trump disolvió el TLCAN con México y Canadá, que había estado en vigor desde 1994. El acuerdo permitía el libre comercio entre los tres países y aumentaba el comercio entre ellos. Cada día, aproximadamente 1.400 millones de dólares de mercancías fluían a través de la frontera.

En opinión de Trump, el TLCAN era uno de los peores acuerdos que Estados Unidos había hecho nunca, y dejó claro durante las elecciones que iba a deshacerse de él si salía elegido. Si bien es cierto que el TLCAN provocó la pérdida de unos 800.000 puestos de trabajo durante casi dos décadas, más de 6 millones de empleos dependían de la continuidad del comercio con México. También mantenía bajo el costo de los productos para los consumidores.

Trump derogó el acuerdo y lo sustituyó por el USMCA (Acuerdo Estados Unidos-México-Canadá) en 2018. En esencia, el nuevo documento no era más que una actualización del antiguo acuerdo. Según Trump, las actualizaciones deberían crear 176.000 nuevos puestos de trabajo para 2024. Aún no está claro si Estados Unidos está en camino de cumplir este objetivo.

Cuando Obama llegó a la presidencia, un objetivo importante de su política exterior era mantener la paz y fomentar una mejor relación con Cuba. Lo hizo retirando a Cuba de la lista de países incluidos en la lista negra. El enfoque de Trump en política exterior se ha centrado principalmente en «Estados Unidos primero», y como tal, revirtió la decisión de Obama a principios de 2021. Su administración impuso nuevas sanciones a Cuba y volvió a designar al país como «estado patrocinador del terrorismo», que incluye a otros países como Corea del Norte, Siria e Irán.

Comercio con China

Trump estaba decidido a reprimir las negociaciones comerciales con China, pero este acuerdo fue más confuso. El acuerdo firmado en enero de 2018 dejó muchas cosas sin resolver.

Cuando Trump impuso aranceles comerciales a China, intentaba obligar al país a cambiar lo que consideraba un comercio desleal y rebajar el déficit comercial que tenía con Estados Unidos.

En 2021, se realizó un estudio para ver si la guerra comercial de Trump con China era rentable. En lugar de ser rentable, sus impulsivas políticas comerciales costaron a la economía estadounidense alrededor de un cuarto de millón de puestos de trabajo.

Acuerdo de París sobre el clima

El 12 de diciembre de 2015, 196 países acordaron un tratado internacional en torno al cambio climático llamado Acuerdo de París. En virtud del tratado, los países participantes acordaron reducir sus emisiones de gases de efecto invernadero para limitar el calentamiento global y lograr la neutralidad climática. Fue un tratado histórico porque, por primera vez en la historia, la mayor parte del mundo trabajaba unida por un objetivo común: combatir el cambio climático.

Al año de asumir el cargo, Trump anunció su intención de retirarse del Acuerdo Climático de París. Los retrasos con la normativa de la ONU supusieron una demora de tres años. Para cuando la retirada entró en vigor, se estaban celebrando unas nuevas elecciones presidenciales.

En 2021, tras la elección de Biden como presidente, EE. UU. se reincorporó al Acuerdo del Clima de París.

Acuerdos de Abraham

Casi todos los presidentes han tenido algo que decir en el actual conflicto de Oriente Próximo, y Trump no fue diferente. Uno de sus logros más notables fueron los Acuerdos de Abraham.

Los Acuerdos de Abraham fueron un acuerdo alcanzado entre Estados Unidos, Emiratos Árabes Unidos e Israel el 13 de agosto de 2020 para mejorar la relación entre los países. Recibió el nombre de Abraham por ser profeta tanto en el judaísmo como en el islam.

Mientras el conflicto palestino-israelí sigue agravándose, Biden intenta utilizar los acuerdos para animar a otros países árabes a normalizar también sus relaciones con Israel.

Pandemia de coronavirus

La última parte de la presidencia de Trump se detuvo cuando una pandemia arrasó el mundo. La administración Trump estaba lamentablemente mal preparada para el virus, ya que Trump había disuelto el equipo de respuesta a pandemias en 2018.

Siguieron el caos y la confusión absolutos, y Trump se negó a reconocer que hubiera siquiera un problema. Incluso elogió a China por haber manejado el virus de manera eficaz y aseguró al pueblo estadounidense que la pandemia no les afectaría ni entraría en el país, a pesar de que los expertos le aconsejaban lo contrario.

Algunas de las afirmaciones de Trump durante la crisis incluyeron negar el virus, decir que desaparecería milagrosamente en primavera, que no era más que la gripe, que las afirmaciones de muertes eran muy exageradas y que nada de esto era culpa suya.

No hace falta decir que Trump no manejó la pandemia de manera adecuada. Su administración dejó a los estadounidenses a su suerte.

Elecciones presidenciales de 2020

Cuando llegaron las elecciones presidenciales de 2020, Trump anunció su intención de presentarse a la reelección. Una mayoría significativa de estadounidenses y del mundo pensaba firmemente que un segundo mandato de Trump sería desastroso, pero parecía bastante probable que ganara otro mandato.

Joe Biden, vicepresidente de Obama, que anteriormente había dicho que nunca se presentaría a las elecciones presidenciales, se convirtió en el candidato presidencial del Partido Demócrata.

Siguió un intenso periodo de campaña entre los dos nominados, y el 3 de noviembre de 2020, Biden ganó las elecciones. Trump se negó a reconocer su derrota y afirmó que se había producido un fraude electoral y que, de hecho, él había ganado las elecciones.

Él y sus partidarios siguieron difundiendo estas ideas, y el 6 de enero de 2021, cuando se estaban certificando los resultados de las elecciones en el Capitolio, los partidarios de Trump atacaron el Capitolio. La turba estaba decidida a interferir en el traspaso de poderes y reclamar la presidencia para Trump. Mientras los alborotadores irrumpían en el Capitolio, matando a varias personas e hiriendo y traumatizando a cientos de otras, Trump no hizo nada para detenerlos inmediatamente. En el momento de escribir estas líneas, el Departamento de Justicia está concluyendo su investigación oficial sobre el papel de Trump en los disturbios.

A pesar de los disturbios, la certificación se completó. Joe Biden fue reconocido oficialmente como presidente electo. Tomó posesión el 20 de enero de 2021 como 46.º presidente. Desde que asumió el cargo, ha trabajado duro para revocar muchas de las políticas y reformas de Trump.

También dio prioridad a la pandemia firmando una ley de ayuda de 1,9 billones de dólares y prometió a los estadounidenses un rápido despliegue de vacunas. En su centésimo día en el cargo, la administración Biden había conseguido distribuir 200 millones de vacunas.

Muchas de las promesas de campaña de Biden se centraban en devolver a Estados Unidos y a la presidencia a lo que eran antes de Trump. Queda por ver si eso podrá conseguirse o no, ya que algunas de las políticas de Trump han cambiado el panorama de Estados Unidos y sus efectos perdurarán durante décadas.

Por ejemplo, Trump nominó a tres jueces del Tribunal Supremo (una hazaña inaudita) en la época moderna. Esto cambió el equilibrio de poder en el Tribunal Supremo, lo que significó que muchas sentencias judiciales importantes podrían ser anuladas más fácilmente. Esto sucedió el 24 de junio de 2022, cuando el Tribunal Supremo anuló el caso Roe contra Wade, una legislación histórica que había convertido el derecho y el acceso al aborto en un derecho federal.

El verdadero costo de estas decisiones probablemente se verá y sentirá en las próximas décadas.

Conclusión: De cara al futuro

Estados Unidos es una nación extraordinaria que se construyó y creó a partir de casi nada. Un grupo de personas con un sueño se reunieron hace siglos y decidieron que querían cortar los lazos con Europa y forjar sus propios caminos. Y a través de todos los altibajos del país, este es el tema que perdura: el deseo de ser independiente, de ser líder y de seguir un sueño.

Los sueños de igualdad impulsaron los movimientos de mujeres y de derechos civiles. La búsqueda del «sueño americano» atrae hasta hoy a miles de nuevos inmigrantes al país.

No cabe duda de que los últimos años han sido turbulentos para Estados Unidos, tanto a escala nacional como internacional. Pero no es nada que no hayan vivido antes. Si algo podemos aprender de la historia de Estados Unidos es que este país siempre encuentra la manera de superar las adversidades y salir victorioso.

A medida que el mundo comienza a asentarse en una nueva realidad pospandémica bajo la dirección de una nueva administración, la esperanza es que Estados Unidos recupere una vez más el prestigio y la influencia de que solía disfrutar y sea un faro de democracia, derechos humanos e igualdad.

Vea más libros escritos por Enthralling History

Fuentes

https://www.history.com/topics/exploration/francisco-vazquez-de-coronado

https://www.history.com/topics/colonial-america/thirteen-colonies

https://www.history.com/this-day-in-history/new-amsterdam-becomes-new-york#:~:text=Following%20its%20capture%2C%20New%20Amsterdam%27s,Island%2C%20Connecticut%20and%20New%20Jersey.

https://www.britannica.com/event/American-Revolution

https://www.history.com/news/american-revolution-causes

https://www.loc.gov/classroom-materials/united-states-history-primary-source-timeline/american-revolution-1763-1783/british-reforms-1763-1766/

https://www.nps.gov/subjects/americanrevolution/timeline.htm

https://www.worldatlas.com/articles/major-battles-of-the-american-revolutionary-war.html

https://www.battlefields.org/learn/articles/10-facts-founding-fathers#:~:text=Fact%20%231%3A%20These%20seven%20men,John%20Jay%20and%20James%20Madison.

https://www.whitehouse.gov/about-the-white-house/our-government/the-constitution/

https://history.state.gov/milestones/1776-1783/articles

https://www.mtsu.edu/first-amendment/article/1448/bill-of-rights#:~:text=To%20ensure%20ratification%20of%20the,fourths%20of%20the%20state%20legislatures.

https://www.usa.gov/branches-of-government#item-214500

https://www.history.com/topics/us-presidents/george-washington#america-s-first-president

https://www.britannica.com/event/Louisiana-Purchase

https://www.history.com/topics/19th-century/war-of-1812

https://www.digitalhistory.uh.edu/disp_textbook.cfm?smtID=2&psid=2986

https://www.battlefields.org/learn/war-1812/battles/tippecanoe

https://www.semtribe.com/stof/history/seminoles-today

https://www.history.com/topics/native-american-history/trail-of-tears

https://www.thecanadianencyclopedia.ca/en/article/northwest-territories-and-confederation

https://www.encyclopedia.com/history/dictionaries-thesauruses-pictures-and-press-releases/oregon-treaty-1846

https://history.state.gov/milestones/1830-1860/texas-annexation

https://www.nps.gov/civilwar/facts.htm#:~:text=The%20Union%20included%20the%20states,Abraham%20Lincoln%20was%20their%20President.

https://www.history.com/topics/american-civil-war/vicksburg-campaign

https://www.nps.gov/articles/a-short-overview-of-the-battle-of-antietam.htm

https://www.historynet.com/battle-of-fredericksburg/

https://www.history.com/news/7-things-you-should-know-about-the-battle-of-gettysburg

https://www.ducksters.com/history/civil_war/border_states.php

https://www.archives.gov/publications/prologue/2010/spring/newnation.html

https://www.pbs.org/wgbh/americanexperience/features/grant-impeachment/

https://guides.loc.gov/chronicling-america-spanish-american-war

https://www.ushistory.org/us/44b.asp

https://www.khanacademy.org/humanities/us-history/rise-to-world-power/age-of-empire/a/the-progressive-era#:~:text=The%20period%20of%20US%20history,progress%20toward%20a%20better%20society.

https://www.smithsonianmag.com/history/when-roosevelt-and-jp-morgan-fixed-coal-mine-strike-180975311/

https://www.history.com/news/the-strike-that-shook-america

https://www.pbs.org/tpt/slavery-by-another-name/themes/progressivism/

https://www.khanacademy.org/humanities/us-history/the-gilded-age/american-west/a/the-dawes-act

https://www.loc.gov/classroom-materials/immigration/native-american/removing-native-americans-from-their-land/

https://www.mnhs.org/fortsnelling/learn/us-dakota-war#:~:text=The%20Fort%20Snelling%20Concentration%20Camp&text=In%20December%20soldiers%20built%20a,a%20hospital%20and%20mission%20station.

https://www.historytoday.com/archive/months-past/end-great-sioux-war

https://www.legendsofamerica.com/warren-wagon-train-raid/

https://www.doi.gov/blog/conservation-legacy-theodore-roosevelt#:~:text=After%20becoming%20president%20in%201901,is%20found%20across%20the%20country.

https://www.pbs.org/wgbh/americanexperience/features/carnegie-biography/

https://www.khanacademy.org/humanities/us-history/rise-to-world-power/us-in-wwi/a/the-league-of-nations#:~:text=The%20League%20of%20Nations%20was,opposition%20from%20isolationists%20in%20Congress.

https://www.history.com/topics/roaring-twenties/roaring-twenties-history

https://www.history.com/this-day-in-history/truman-doctrine-is-announced

https://www.history.com/topics/world-war-ii/marshall-plan-1

https://www.khanacademy.org/humanities/us-history/postwarera/postwar-era/a/start-of-the-cold-war-part-2

https://en.wikipedia.org/wiki/Third_World#Development_aid

https://www.history.com/topics/black-history/martin-luther-king-jr-assassination#king-assassination-conspiracy

https://www.jfklibrary.org/learn/education/teachers/curricular-resources/elementary-school-curricular-resources/ask-not-what-your-country-can-do-for-you

https://study.com/academy/lesson/culture-of-1960s-america.html

https://www.history.com/news/vietnam-war-origins-events

https://www.britannica.com/topic/oil-crisis

https://www.worldbank.org/en/about/history/the-world-bank-group-and-the-imf

https://www.history.com/this-day-in-history/helsinki-final-act-signed

https://www.history.com/news/jimmy-carter-camp-david-accords-egypt-israel

https://en.wikipedia.org/wiki/1979_oil_crisis#Effects

https://www.studysmarter.us/explanations/history/cold-war/second-cold-war/

https://www.american-historama.org/1945-1989-cold-war-era/iran-contra-affair.htm

https://www.history.com/topics/1980s/iran-contra-affair

https://www.encyclopedia.com/history/encyclopedias-almanacs-transcripts-and-maps/malta-summit

https://www.nps.gov/articles/start-treaty-1991.htm

https://history.state.gov/departmenthistory/short-history/firstgulf

https://www.britannica.com/event/Persian-Gulf-War

https://millercenter.org/president/clinton/domestic-affairs
https://srebrenica.org.uk/what-happened/bosnian-war-a-brief-overview
https://time.com/5120561/bill-clinton-monica-lewinsky-timeline/
https://www.pbs.org/wgbh/pages/frontline/shows/kosovo/etc/cron.html
https://www.georgewbushlibrary.gov/research/topic-guides/global-war-terror
https://www.history.com/this-day-in-history/baghdad-falls-iraq-war
https://www.acorns.com/learn/investing/what-caused-great-recession-of-2008/
https://obamawhitehouse.archives.gov/the-record/economy
https://www.cms.gov/Regulations-and-Guidance/Legislation/Recovery
https://millercenter.org/president/obama/foreign-affairs
https://www.cnn.com/2014/09/23/politics/countries-obama-bombed/index.html
https://www.vox.com/policy-and-politics/2017/1/17/14214522/obama-lgbtq-legacy
https://en.wikipedia.org/wiki/Paris_Agreement
https://doggett.house.gov/media/blog-post/timeline-trumps-coronavirus-responses
https://www.cnn.com/2021/04/28/politics/president-biden-first-100-days/index.html

www.ingramcontent.com/pod-product-compliance
Lightning Source LLC
LaVergne TN
LVHW051728080426
835511LV00018B/2932